Frank Engster, Aldo Haesler, Oliver Schlaudt

Kleine Philosophie des Geldes im Augenblick seines Verschwindens

Frank Engster, Aldo Haesler, Oliver Schlaudt

Kleine Philosophie des Geldes im Augenblick seines Verschwindens

Matthes & Seitz Berlin

Inhalt

PRAELUDIUM

Der Abgrund

Pascal sah eine Kluft, wo er auch ging und stand.
Ein Abgrund ist das All: Traum, Handlung, Wort, Verlangen!
Wie oft ist über mich der Wind des Schrecks gegangen,
Daß sich mein Haar erhob, von eisger Furcht gebannt.

Die Tiefen und die Höhn, das Graun, das uns umfangen,
Das Drehn des Weltenraums, der stummen Wüsten Land …
Auf meiner Nächte Grund malt Gott mit kundger Hand
Die Schauer eines Traums voll endlos schwerem Bangen.

Ich fürchte mich vorm Schlaf, gleichwie ein Tor man scheut
Zu unbekanntem Land, wo finstrer Schrecken dräut,
Unendlichkeit seh fahl ich durch die Fenster strahlen,

Und meine Seele, die es schwindelt, füllt mit Neid
Das wesenlose Nichts in seiner Einsamkeit.
O! niemals mehr sein als Geschöpfe und als Zahlen!

Charles Baudelaire.[1]

Das Verschwinden des Geldes aus unserer Erfahrung

In Robert Bressons letztem Film *Das Geld* (*L'argent*) aus dem Jahr 1983 setzt ein gefälschter, von zwei Pariser Oberschülern aus nichtigen Gründen in Umlauf gebrachter 500-Francs-Schein eine Tragödie in Gang: Der geprellte Besitzer eines Fotogeschäfts erkennt den Schein, den zuvor seine Frau entgegengenommen hat, als falsch und entledigt sich seiner schadlos, indem er damit den Heizöllieferanten Yvon bezahlt. Dieser fliegt indes im Restaurant auf, als er – nichts Böses ahnend – mit dem Schein seine Rechnung begleichen will. Der Richter lässt Milde walten, aber Yvon verliert seine Anstellung. Er lässt sich als Fahrer des Fluchtwagens in einen Banküberfall verstricken und wird zu Gefängnishaft verurteilt. Seine Frau wendet sich von ihm ab, er begeht einen Suizidversuch. Aus dem Gefängnis entlassen, ermordet er noch am selben Abend die Besitzer eines kleinen Hotels und raubt die Kasse aus. Er findet Zuflucht bei einer leidgeprüften Frau, die mit ihrem beruflich gescheiterten, alkoholkranken Vater und einem durch ein körperliches und geistiges Leiden an das Bett gefesselten Sohn am Stadtrand lebt. Nach einigen Tagen des geteilten und fast idyllischen Alltags in der Oase von Haus und Garten erschlägt Yvon seine Gastgeberin und ihre Familie auf bestialische Weise mit einer Axt, bevor er sich der Polizei stellt. Die Motive seiner Tat bleiben unklar – vielleicht sind sie für die Aussage des Films auch nicht von Bedeutung.

Bressons Film orientiert sich an Lev Tolstois im Jahr 1911 posthum veröffentlichter Erzählung *Der gefälschte Kupon* (*Фальшивый купон*). Der Film setzt einige Elemente der Erzählung frei zu einer kürzeren Parabel zusammen, die indes dem Geist der Vorlage zumindest vordergründig die Treue hält. Vor allem die Erzählweise ist identisch: eine lakonische Abfolge von kurzen, distanzierten Szenen, deren Geschehen aufgrund eines weitgehenden Verzichts auf Psychologisierung ihren Akteuren seltsam äußerlich bleibt. Auf einen zweiten Blick zeigt sich allerdings ein fundamentaler Unterschied zwischen beiden Werken. Die Änderung des Titels gibt zu denken: Aus »Der gefälschte Kupon« wurde »Das Geld«. Bressons Film erzählt zwar noch immer die Geschichte einer gefälschten Banknote, handelt aber offenbar nicht vom falschen, sondern vom echten Geld, dem Geld als solchem. Bei Tolstoi reduzierte sich die Rolle des gefälschten Kupons tatsächlich noch darauf, verhängnisvolle Kettenreaktionen in einer Gesellschaft auszulösen, deren moralische Substanz zerfallen ist und die daher nur noch notdürftig zusammenhält. Der Ursprung des Problems wird von Tolstoi nur vage angezeigt: Moderne, Stadt, Staat, Kirche, Herrschaft. Deutlich ist allein der Gegenentwurf im Evangelium. Nirgends stellt Tolstoi aber eine intrinsische Verbindung seiner Gesellschaftsdiagnose mit dem Geld her. In diesem Punkt weicht Bressons Werk dramatisch von der Vorlage ab. Wie ein Filmkritiker zusammenfasste: »Das unheilvolle ›Wesen‹, das hier am Werk ist, ist das Geld selbst: Die Funktionsweise eines ganzen kapitalistischen Systems verdichtet sich in der Fortbewegung einer gefälschten Banknote und der unaufhaltsamen Katastrophe, die sie auslöst. Auf seinem Weg durch die Gesellschaft entmenschlicht das Geld jeden, mit dem es in Berührung kommt, unabhängig von seiner Klassenzugehörigkeit oder seinen religiösen oder ideologischen Überzeugungen.«[2]

Für diese Interpretation des Films, die bei einem zutiefst katholischen Regisseur nicht auf der Hand liegt, gibt es in der Tat deutliche Hinweise. Zuerst beobachtet man, dass der Pfad der gefälschten Banknote kein zufälliger ist – sie folgt ehern dem sozialen Gradienten: von den Sprösslingen des Großbürgertums über bürgerliche Ladenbesitzer hin zum Proletariat. Die Bourgeoisie regelt ihre Probleme diskret mit Geld, während die Kriminellen aus ärmlichen Verhältnissen von bürgerlichen Richtern verurteilt werden, um sodann – wie Bresson es unzweideutig darstellt – gleichsam wie Hunde an der Leine ins Gefängnis gebracht zu werden.

Einen zweiten triftigen Hinweis findet man in dem frappierenden Kontrast zwischen der dramatischen Handlung des Films und dem völlig gleichgültigen Fortgang des städtischen Alltags im Hintergrund. Die Sprache des Films ist hier die der Geräusche. Fast immer ist Verkehrslärm im Hintergrund zu hören, sogar während der Szenen, die in den isolierten Räumen des Klassenzimmers und des Gerichtssaals spielen. Draußen geht die Welt ihren gewohnten Gang – und wenn das Drama im Vordergrund durch das Falschgeld ausgelöst wurde, dann – so der zwingende Umkehrschluss – geht die restliche Welt ihren gewohnten Gang doch gerade dank des *echten* Geldes, welches den reibungslosen Ablauf des Alltags garantiert – und damit auch die Klassenstruktur zementiert: Reiche mit viel Geld, Arme ohne Geld. Das Personal mag wechseln, die Klassen bleiben. Das Geld hat den längeren Atem.

Diese Rolle des Geldes wird endlich noch an einem dritten Hinweis deutlich: Während das Geld in unserer Gesellschaft das bestimmende Agens bleibt, ändert sich seine Rolle im persönlichen Drama des Protagonisten Yvon: Im ersten Akt – dem Alltagsleben – dreht sich alles um das Geld und die monetär vermittelte Transaktion. Ständig sind Franc-Scheine zu sehen, die die Hände wechseln (Abb 1). Im zweiten Akt – dem Gefängnis – ist das Geld ausgeschlossen. Dies ist durchaus Teil der Strafe. Die Realität des Gefängnisses suspendiert die Verurteilten aus ihrer bürgerlichen Existenz. Die Inhaftierten sind auf den direkten Warentausch zurückgeworfen, Fleisch gegen Zigaretten in der Kantine, Essensbons gegen Rasierwasser während der Messe. Im dritten Akt – der Zuflucht am Stadtrand – scheint, kurz bevor die Tragödie im Blutbad endet, schließlich für einen Augenblick die Utopie eines uneigennützigen Gebens und Teilens bloß um des Anderen willen auf. Yvon wird ohne bestimmten Grund und in Unkenntnis der Umstände, mithin aus reiner Menschlichkeit aufgenommen. Als seine Gastgeberin die Wäsche im Garten aufhängt, bietet Yvon ihr eine Handvoll Haselnüsse an, die er gerade gepflückt hat. Die Geste stellt aber keine Bezahlung dar. Sie gehorcht nicht der Logik des Tauschs, sondern der Gabe. Jeder gibt von dem, was er hat. Allein, das Geld duldet keine Utopien, und das kurze Aufscheinen eines Glücks jenseits des Geldes verschwindet ebenso schnell. Die letzte Frage Yvons an seine Gastgeberin, bevor die Zuschauer das Blut ihres eingeschlagenen Schädels über die Tapete spritzen sehen, wird lauten: »Où est l'argent? – Wo ist das Geld?« (»Где деньги?« bei Tolstoi).

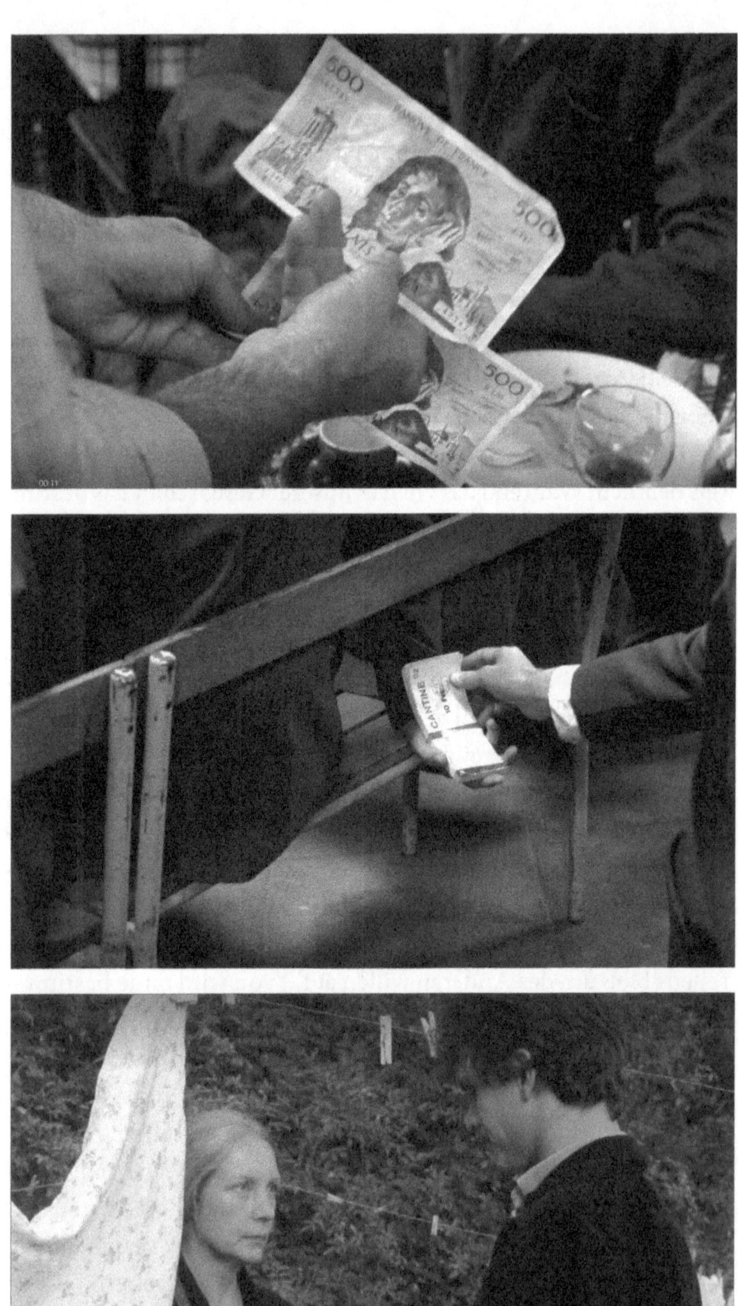

Abb. 1: Drei Szenen aus Robert Bressons Film *L'Argent* (1983)

Bressons filmisches Meisterwerk bietet einen direkten Blick in den Kapitalismus. Das Kunstwerk hat dabei eine Erkenntnisfunktion: Es strebt keine künstlerische Schönheit um ihrer selbst willen an, sondern bereitet die soziale Wirklichkeit ästhetisch so auf, dass wir zu einem intuitiven Verständnis und einem Bewusstsein der Gesetzmäßigkeiten und äußeren Bestimmungsgründe gelangen, denen unsere Handlungen unterliegen.

Allein, wie vertraut ist uns diese soziale Wirklichkeit noch? Was im Film sinnliches Schlüsselelement ist, der Bargeldverkehr, verschwindet zusehends aus unserem Leben. Die Barzahlung weicht immer mehr elektronischen Zahlungsmitteln und -vorgängen. Für große Summen ist dies schon lange der Fall. Aber die Technologie des kontaktlosen Bezahlens hat dem digitalen Zahlungsverkehr nun auch die letzte Festung des Bargeldes erschlossen, nämlich die kleinen Beträge, die bisher noch aus dem Portemonnaie bestritten wurden. Mit der Pandemie erhielt das kontaktlose Bezahlen auch seinen hygienischen und epidemiologischen Sinn und gehört nun, wie der PayPal-Konzern zufrieden feststellte, zur »neuen Normalität«.[3]

Was bedeutet diese Veränderung für Bressons Film und die Form des Bewusstseins, die er vermittelte oder zumindest vermitteln wollte? Vielleicht wird man der nächsten Generation zum Verständnis des Films einen historischen Kommentar über die alten Gepflogenheiten des Gebrauchs von Bargeld liefern müssen. Die Historisierung ist indes nicht das eigentliche Problem. Auch in der Bildsprache der mittelalterlichen Malerei trug jede Farbe, jede Geste und jedes Attribut eine symbolische Bedeutung, die wir heute nicht mehr kennen, aber einfach nachschlagen können. Bei Bressons Film liegt der Fall anders. Der Film bedient sich nicht eines Symbols aus dem künstlerischen Repertoire seiner Zeit, sondern greift ein Element aus der sozialen Wirklichkeit auf, das tagtäglich von jedem Einzelnen erfahren wird, um an diesem Element zu einer Erkenntnis unserer Gesellschaft und Lebenswirklichkeit zu kommen. Und in dieser Wirklichkeit wird sich mit dem Verschwinden des Bargeldes bald eine Tür, eine Möglichkeit der Erkenntnis geschlossen haben. Wir gehen in eine Welt über, in der Bressons Film nicht mehr möglich sein wird.

Natürlich mag das Verschwinden des Bargeldes ein bloßes Epiphänomen darstellen. Bargeld ist schließlich nicht gleich Geld, sondern nur eine seiner materiellen Erscheinungsformen, weshalb das Geld – das wir hier immer als kapitalistisches Geld ansprechen – auch nicht mit dem Bargeld verschwinden wird. Es wird weiter das bestimmende Agens der kapitalistischen Moderne sein. Zudem gibt es natürlich weder einen funktionalen noch einen erkenntnismäßigen Zusammenhang von Kapitalismus und der Zirkulation von Geld als Bargeld. Kapitalismus kann es auch ohne Bargeld geben – Marx selbst hat unterstrichen, dass das Geld desto besser seine Funktion erfüllt und seinem Wesen umso adäquater wird, je abstrakt-allgemeiner es ist –, und umgekehrt verbürgt die bare Münze in der Hand kein Bewusstsein über die eigene Verstrickung in die Strukturen des kapitalistischen Wirtschaftens. Ganz im Gegenteil hat der Bargeldverkehr durchaus seine eigene Mythologie mit sich gebracht und seinerseits den in jedem beliebigen Lehrbuch der Wirtschaftswissenschaft kolportierten falschen Anschein wecken können, dass es im Kapitalismus »mit rechten Dingen zugeht«, unter seiner Ägide die Menschen nämlich einfach aus freien Stücken Güter tauschen können, wobei ihnen das Geld als neutrales Werkzeug dieses Geschäft bedeutend erleichtert. Der Geldverkehr – egal, welche Form das Geld darin annimmt – erzeugt die Selbstdarstellung des Kapitalismus als einer Gesellschaft, in der Gleiche aus freien Stücken und zu beiderseitigem Vorteil miteinander in Verkehr treten.

Doch das Bargeld ließ eben noch den anarchistischen Akt der Fälschung zu, was sich Bresson künstlerisch zunutze macht. Am *falschen* Geld soll sein *wahres* Wesen abgelesen werden. Das Falschgeld lässt in Bressons Parabel mit einem Mal die grundsätzliche Ungleichheit und die herrschende Gewalt deutlich werden, die das *wahre* Geld verdeckt, und somit besteht der Kunstgriff von Bressons Film darin, durch das Falschgeld die Selbstdarstellung des Kapitalismus als freier und gerechter Gesellschaft zu entlarven und zu widerlegen.

Mit dem Bargeld und seinem Verschwinden hat es also eine Bewandtnis. Obgleich bloßes Epiphänomen, ist das Verschwinden des Geldes zugleich Symptom einer tieferliegenden Wahrheit, es zeigt nämlich den Übergang in ein neues Stadium des Kapitalismus an, in dem auch unsere Verstrickung durch Formen von Subjektivität und Bewusstsein eine neue Gestalt annimmt. In seinem Verschwinden als sinnlich-materielles Ding totalisiert sich das Geld, um genau in dieser Totalisierung restlos zu verschwinden – in einer Allmacht und Allgegenwart, die das vorliegende Buch zu bestimmen sich vornimmt.

Die Totalisierung des Geldes in der Hard Modernity

Während das Geld als Bargeld allmählich aus unserer alltäglichen Erfahrung und Lebenswirklichkeit verschwindet, existiert es nicht einfach im Hintergrund in anderen Formen und Medien weiter, und es dehnt auch nicht einfach nur seinen Wirkungskreis immer weiter aus – sinnbildlich in den Datenströmen, die sich dank digitaler Technologie mit Lichtgeschwindigkeit über den gesamten Globus bewegen und alle Bereiche durchdringen. Vielmehr wird beides, das Verschwinden des Bargelds wie seine Ausdehnung in das Hintergrundrauschen der Datenströme, gleichsam überlagert von einer *qualitativen* Veränderung und Weiterentwicklung des Kapitalismus. Wir sprechen von der Finanzialisierung und Monetarisierung in einer neuen, zweiten oder vielmehr in einer reflexiven Dimension.

Finanzialisierung und reflexive Kommodifizierung

Finanzialisierung bedeutet auf der basalen Ebene die fortschreitende Integration der ökonomischen Akteure in den Finanzsektor, also »finanzielle Inklusion« im Jargon der internationalen Institutionen. Es ist nicht leicht, Zahlen zur historischen Entwicklung der finanziellen Integration von Privathaushalten zu finden. Wie viele Personen oder Haushalte verfügten zu welchem Zeitpunkt überhaupt über ein Konto? Es ist noch gar nicht lange her, dass Löhne bar ausgezahlt wurden. Heute haben nicht nur fast alle

Haushalte in Industrienationen ein Konto, es gibt in Deutschland seit 2016 auch ein gesetzlich verbrieftes Recht darauf. Während dies als ein sozialer Fortschritt gepriesen wird, tut man gut daran, sich in diesem Zusammenhang der Diskussionen zu entsinnen, die im 19. Jahrhundert über das Recht auf Arbeit geführt wurden (das erstmalig 1848 in der 2. Französischen Republik anerkannt wurde und 1946 Verfassungsrang erhielt). Stellt das Recht auf Arbeit einen emanzipatorischen Fortschritt dar, weil es jedem Bürger ermöglicht, durch Arbeit sein Leben zu bestreiten – oder das genaue Gegenteil, nämlich ein »Recht auf Elend«, nach den Worten Paul Lafargues, da nun nichts anderes als die Ausbeutung als vermeintliches Recht festgeschrieben wurde?[4] Seien wir also gegenüber dem Recht auf finanzielle Inklusion auf der Hut. Zeichnet sich nicht in der Tat ab, dass mit ihr die Ausbeutung in einer Art zweiten Ordnung nach der Arbeitskraft nun auch auf ihr Einkommen zugreift, etwa durch den Privatkredit und Techniken der Verschuldung und der Finanzialisierung? Werden Daten zu Bankkonten, zum Zahlungsverkehr, zum Kaufverhalten etc. der Ware Arbeitskraft nun nicht ebenfalls zu Waren, um sie umfassend zu bewirtschaften, von der Kontrolle über die (Risiko-)Bewertung und die Berechnung des Kaufverhaltens bis zum schlichten Weiterverkauf der gewonnenen oder auch aufbereiteten Daten an Kapitale und Dienstleister, aber auch Institutionen und Staaten? Mit dem Bankkonto ergibt sich auf jeden Fall die Möglichkeit des bargeldlosen Zahlungsverkehrs, der sich in den letzten zwanzig Jahren immer weiter durchgesetzt hat und nun im Begriff ist, das Bargeld vollends zu verdrängen. Das bargeldlose Bezahlen ist dabei nicht einfach ein Trend, der sich aus den Kundenwünschen ergibt und Zeit spart, sondern wird von den Banken (z. B. der *Better than cash alliance*) aktiv vorangetrieben. Die Finanzinstitute sichern sich damit einen immer größeren Anteil an den monetären Transaktionen, die in immer größerem Maße nicht mehr direkt zwischen den Akteuren stattfinden, sondern durch die Finanzindustrie vermittelt werden – was einen Geniestreich darstellt, an dem sich bereits ein Entwicklungsgesetz des Kapitalismus ablesen lässt: Das Bezahlen der Ware wird selbst zu einer Ware. Der Kapitalismus kann mithin sein Wachstum auch realisieren, indem er, statt neue Güter und

Dienstleistungen zu schaffen oder noch nicht warenförmige Dinge und Leistungen zu kommodifizieren, bereits existierende Waren und das Geld in zweiter Potenz verwertet.

Wir beobachten diese reflexive Kommodifizierung seit den 1970er-Jahren, seit der Entkoppelung des Geldes vom Goldstandard und dem Aufstieg der ökonomischen Techniken des Finanzkapitalismus, der politischen Techniken des Neoliberalismus sowie der Technologien des Digitalen und der Informationsverarbeitung. Die reflexive Kommodifizierung dreht sich letztlich um die Ware Arbeitskraft, die laut Marx ja den Schlüssel der kapitalistischen Akkumulation darstellt, da ihre Arbeit mehr Wert produziert, als sie zur eigenen Reproduktion benötigt und im Lohn erhält, weshalb aus ihrem Kauf auch bei »gerechter«, äquivalenter Entlohnung noch ein Nicht-Äquivalent herausspringt – der Mehrwert. Diese Verwertung von Arbeitskraft und Kapital setzt sich heute in zweiter Potenz fort, denn die beiden Produktionsfaktoren verwerten und reproduzieren sich zunehmend weniger durch die Produktion klassischer materieller Waren in Landwirtschaft und Industrie, also Lebensmitteln, Kleidung, Nahrung und der Waren industrieller Massenproduktion einschließlich der Produktionsmittel selbst.[5] Aufseiten des Kapitals werden stattdessen zunehmend seine eigenen Verwertungs- und Reproduktionsbedingungen kommodifiziert, finanzialisiert und kapitalisiert, vor allem durch die Emission und den Handel von Eigentumstiteln aller Art, durch Kreditgeld und Staatsanleihen sowie durch Derivate. Die gewaltigen Summen, die hier zirkulieren, insbesondere durch Kreditgeldschöpfung und im Derivatehandel, verbleiben weitgehend in der Finanzsphäre und erzeugen ihre Gewinne durch die Kreisläufe des Finanzbereichs und in Gestalt von Zinsen, Dividenden, Renten usw. Unklar und zugleich die große Frage ist natürlich, ob – und wenn ja, durch welche Mechanismen der indirekten Aneignung und Umverteilung – diese Gewinne weiterhin in letzter Instanz aus der produktiven Verwertung der Arbeitskräfte stammen – oder ob hier eine Entkoppelung stattgefunden hat und entsprechend Entwertungsprozesse und Kapitalvernichtungen anstehen. Auf der anderen Seite – nämlich aufseiten der Arbeit – erfasst die Kommodifizierung nun zunehmend die Produktion und Reproduktion der Ware Arbeitskraft selbst. Die Ware Arbeitskraft wird also nicht mehr nur durch die Kommodifizerung ihrer »primären« Bedürfnisse wie Wohnen, Essen, Kleidung reproduziert, und ihre Reproduktion wird auch nicht mehr nur durch die Waren des industriellen Massenkonsums erweitert. Im »post-industriellen Zeitalter« gehören zur Produktion der Ware Arbeitskraft und zur Erweiterung ihrer Reproduktion auch lebenslanges Lernen, Kitas und Ausbildung, verschiedene Formen der Kommunikation, Kunst und Kultur, Care-Arbeit, Mobilität, alle Arten von Security usw. – Arbeiten, die vor allem als Dienstleistungen kommodifiziert werden.

Damit diese Arbeiten kommodifiziert werden können und damit sie als günstige Massenwaren analog den Waren der industriellen Massenproduktion produziert werden können, müssen sie wie vordem Landwirtschaft und Industrie einer Art taylorisierten und fordistischen Formierung unterzogen werden. Darum hat ein regelrechter Neo-Taylorismus Einzug gehalten, vor allem im Bereich bestimmter Dienstleistungen, im Verwaltungswesen, im Universitätsbetrieb, im Gesundheitswesen, im Bereich des Gig-Working usw. Zugleich muss die Massenproduktion kostengünstig sein, und dafür muss der Preis der Ware Arbeitskraft beständig entwertet oder zumindest niedrig gehalten werden. (Auch scheint die Prognose, dass Künstliche Intelligenz, maschinelles Lernen, Automatisierung und mobile Robotik unqualifizierte Arbeit überflüssig machen, nicht zu stimmen. Ganz im Gegenteil hat dieses HighTech den schnell wachsenden Niedriglohnsektor der *platform-based digital labor* oder *clickwork* hervorgebracht.[6]) Diese Entwertung und Prekarisierung wurde durch den Neoliberalismus und den Finanzkapitalismus bewirkt, aber mit der Entwertung aufseiten der Ware Arbeitskraft sinken eben auch die Preise der von ihr produzierten Waren und Dienstleistungen, sodass diese wiederum von den geringen Einkommen konsumiert werden und in die Reproduktion der Ware Arbeitskraft eingehen können. Wie die statistischen Daten bestätigen, besteht z. B. das Geschäftsmodell der Essenslieferdienste wie UberEats oder Lieferando hauptsächlich darin, dass sich Geringverdiener von Geringstverdienern bedienen lassen.[7]

Im digitalen Kapitalismus und in der Sharing Economy werden endlich auch die Subjekte und ihre Objekte umfassend in Wert gesetzt, monetarisiert und in die Verwertung einbezogen, und zwar mitunter gerade, indem bestimmte Bereiche oder Teile auf- und abtrennbar werden und kommodifiziert werden können: die Wohnung (Airbnb), das Auto (Uber), das Fahrrad oder der Kleintransporter (die erwähnten Bring- und Lieferdienste), aber auch Wissen und Fähigkeiten, Daten und Informationen, Aufmerksamkeit und Affekte usw. Es handelt sich wiederum nicht mehr um die Objekte der unmittelbaren, primären Reproduktion wie Wohnen, Essen und Trinken, Kleidung, auch nicht um die sekundären Reproduktionsmittel aus der industriellen Massenproduktion wie Automobil, Haushaltswaren, Elektrogeräte etc. Was im Zuge der Kommodifizierung in zweiter Potenz kommodifiziert und zum ökonomischen Objekt wird und mit der Produktionsweise der Objekte auch die klassische Objektvorstellung (Objekt als einheitliche, geschlossene Entität oder Identität) prekär werden lässt, sind Wissen und Bildung, Kunst und Kultur, Kommunikation, Informationen und Daten, Mobilität, Tourismus, Gesundheit, Fitness und Wellness, Sport, Esoterik, Gaming, Sexualität, affektive Arbeit usw. Kurz, die Kommodifizierung in zweiter Potenz bringt neue und zusätzliche Formen der Arbeitskräfte, neue Formen von Kapital sowie neue Warentypen hervor – wie in einem zweiten Ursprung dessen, was Marx als »ursprüngliche Akkumulation« beschrieb, nämlich als (gewaltsame) Scheidungs- und Freisetzungsprozesse von Arbeitskräften einerseits und Kapital andererseits. Setzte der erste Ursprung die Verwertung von Arbeitskraft und Kapital allererst in Kraft, und zwar in den Gestalten der industriellen Moderne, so setzt der zweite Ursprung an der Erschöpfung der Verwertung ebendieser Gestalten der industriellen Moderne an.

Diese Verwertung in zweiter Potenz von Arbeiten, Kapitalformen und Waren kennzeichnet den »postmodernen«, postindustriellen Kapitalismus und unterscheidet ihn nicht nur vom klassischen industriellen Kapitalismus, sondern auch vom Realsozialismus, der in der alten, fordistisch-industriellen Moderne des 20. Jahrhunderts den Erschöpfungstod fand. In genau diese Entwicklung einer Verwertung in zweiter Potenz schreibt sich auch die »finanzielle Inklusion« ein, durch welche der Kaufakt und der Zahlungsverkehr selbst noch einmal zu einer Ware werden, wobei die informationstechnologische Infrastruktur des bargeldlosen Zahlungsverkehrs hier durch volle Automatisierung die Taylorisierung von menschlicher Arbeit sogar weitgehend überflüssig macht. Was wir hier beobachten, ist ein neuer Status des Geldes, der ebenfalls durch einen Gebrauch in zweiter Potenz entsteht. Denn neben der bloßen Ausdehnung des Geschäftsbereichs sorgt das bargeldlose Bezahlen auch dafür, dass die ökonomischen Akteure ganz nebenbei enorme Mengen an Daten liefern, die der Finanzindustrie und den Unternehmen quasi kostenlos und als Beiprodukt mitgeliefert werden (was die ohnehin immer schon problematische Trennung von Finanzkapital und industriellem Kapital endgültig unscharf werden lässt).

Diese Kommodifizierung von Daten und Informationen rund um den Zahlungsverkehr reduziert sich nicht darauf, dass einfach das informationelle Kräfteverhältnis umschwingt – zugunsten des Finanzsektors und zu unseren Ungunsten. Vielmehr vergeht das unsichtbar gewordene Geld, das bloß noch als elektronischer Impuls mit Lichtgeschwindigkeit anonym übermittelt wird, in eine Art Geschichtslosigkeit (man entsinne sich, wie viel Biographie und erlebte Wirklichkeit, wenn auch schon immer kapitalistisch zugerichtet, noch in einer Lohntüte oder einem Sparstrumpf steckten!). Zugleich wird mit der elektronischen Zahlungsabwicklung unsere eigene Geschichte an einem anderen Ort minutiös notiert und ständig vergegenwärtigt. Die gesamte Gegenwart wird speicherbar, getrackt und durch dieselbe digitale Technik zugleich überwachbar, nachvollziehbar, auswertbar und verwertbar, und damit werden unsere Identitäten, unser Begehren und Verhalten auch kontrollierbar, vorhersagbar und steuerbar gemacht (*nudges*). Geschichte hat damit einen neuen Ort erhalten, eine Art Metagedächtnis, aus dem nichts verschwindet, oder vielmehr in welches das Geld einwandert, im selben Maß, in dem aus dem Alltagsverkehr das Bargeld verschwindet. Während wir also in eine Art Geschichts- und Bewusstlosigkeit entlassen sind, wissen die Knotenpunkte des Finanznetzes und des digitalen Gedächtnisses immer mehr über uns und können bald jeden Schritt unseres Lebens lückenlos nachvollziehen und gegenwärtig halten – und womöglich zumindest nach Wahrscheinlichkeiten auch antizipieren und steuern.

Diese Entwicklung lässt sich von verschiedenen Perspektiven her aufschlüsseln und in ganz unterschiedlichen Begriffen erzählen. Eine Version handelt von den ökonomischen Interessen des Finanzsektors, eine andere von dem politischen Projekt von Überwachung und Kontrolle in der Postdemokratie. Während diese Perspektiven ihr gutes Recht haben mögen, drohen sie aber zugleich, die Tiefendimension unsichtbar zu machen, um die es uns geht, nämlich die Tatsache, dass sich mit der Entmaterialisierung des Geldes eine ganz andere Entwicklung abzeichnet: eine neue Form kapitalistischer Verwertung durch reflexive Kommodifizierung, die auch eine neue Form von Subjektivität und Bewusstsein mit sich bringt, die immer weniger sinnliche Anhaltspunkte ihrer kapitalistischen Formung finden.

Das Verschwinden des Bargelds und das schwindelerregende Wachsen der Geldmenge

Das beschriebene Wachstum des Kapitalismus durch eine beständige Extensivierung und Intensivierung des Verwertungsprozesses – wie gesehen in Prozessen einer reflexiven Zweitverwertung und einer Verwertung und Akkumulation in zweiter Potenz – zieht eine beständige Vermehrung der Geldmenge mit sich. War dies schon in »normalen« Zeiten die logische Folge einer beständigen Profitmaximierung, wäre in der Finanzkrise von 2008 und dann in der COVID-Pandemie die Weltwirtschaft ohne eine drastische Erhöhung der Geldmenge einfach zusammengebrochen. »*Quoiqu'il en coûte* – koste es, was es wolle«, schrieb der französische Finanzminister Bruno Le Maire als Losung auf das Banner des monetären Weltrettungsprogrammes während der Corona-Pandemie, als das Geld an aller ökonomischen Verwertung vorbei vermehrt wurde. Wie durch ein Wunder sprach niemand mehr von Austerität oder Kapitalgesetz, von geschundenen Menschen und Tieren, vom nahenden Abgrund unseres Planeten durch eine destruktive Wachstumsdynamik, die ihrerseits kosten mag, was sie wolle. Zugleich erhalten immer mehr Postapokalyptiker regen Zulauf, indem nicht nur gigantische Weltrettungsprogramme wie der *Green New Deal* (GND) plötzlich als finanzierbar erscheinen und einem Hyper-Wohlstand das Wort geredet wird, der sich durch die Förderung von Spitzen- und von Sozialtechnologie anschickt, jede Form von Knappheit aus der Welt zu schaffen (Stichwort »vollautomatisierter Luxuskommunismus«[8]). Das Geld scheint einer Überwindung der Knappheit zuzustreben: Entsprach die Millionensprache dem größten Teil des 20. Jahrhunderts, so herrscht zu Beginn des 21. die Milliardensprache, um nun in der zweiten Dekade sich als Billionensprache ungestört breitzumachen. Im Zeitalter der Exponentialität können nur noch Logarithmen abbilden, was vor sich geht.

Zwar halten unbelehrbare Geldrealisten immer noch daran fest, dass diese (Staats-)Verschuldungen in Billionenhöhe von den kommenden Generationen einmal zurückgezahlt werden müssen, doch werden sie sich ganz praktisch durch die Realität widerlegen lassen müssen. Es ist zu vermuten, dass die zukünftigen Generationen in den nächsten Jahrzehnten ganz andere Sorgen haben werden als die Begleichung (imaginärer) Schulden ihrer Vorfahren. Und, in theoretischer Absicht gefragt, woher kommt das Geld, das diese Schulden ausmacht? Wie kann die Geldmenge erweitert und vergrößert werden, ohne durch die Verwertung hindurchgegangen und durch ihre Vergangenheit abgegolten zu sein? Tatsächlich handelt es sich um eine *creatio ex nihilo*, eine Schaffung aus dem Nichts, per Knopfdruck am Computer, weshalb der Soziologe Aaron Sahr von *keystroke-Kapitalismus* spricht.[9] Wie die Regisseurin Carmen Losmann 2020 in ihrem Dokumentarfilm *Oekonomia* aufzeigte, ist diese Wahrheit, dass Banken Geld durch einen bloßen Federstrich aus dem Nichts schaffen können, so etwas wie das dunkle Familiengeheimnis des Kapitalismus. In den gängigen Lehrbüchern der Wirtschaftswissenschaft wird es geflissentlich ignoriert oder falsch dargestellt, und auch den Bänkern und Finanzexperten, die es gezwungenermaßen besser wissen, treibt es die Schamesröte ins Gesicht, da sich die offenbare Magie der Geldschöpfung nicht mit ihrem Verständnis ökonomischer Rationalität und – wer weiß? – vielleicht auch nicht mit ihrem Gerechtigkeitssinn vereinbaren lässt. Das Recht zu dieser Geldschöpfung haben nicht nur die Zentralbanken, sondern auch private Kreditinstitute. Gehörte lange Zeit Geldschöpfung zu den Majestätsrechten (Regalien), so wurde dieses Monopol seit dem Mittelalter privatisiert, zuerst verdeckt und diskret, sodann mit der Neuzeit immer fulminanter und deklarierter. Im Grunde ist diese Schöpfung nichts anderes als eine Verallgemeinerung der Seigniorage oder, verdeutscht, des Schlagsatzes – und damit zusammenhängend des Souveränitätsprinzips. War früher der *seigneur* souverän, weil er seine Kriege und seinen Prunk über den Schlagsatz finanzierte, so ist heute jeder souverän, der über den Schlagsatz verfügt. Der moderne Kapitalismus wird in Rücksicht auf dieses Wachstum der Geldmenge also nicht mehr als eine prometheische Entfesselung der Produktivkräfte verstanden werden können, noch als Produkt einer innerweltlichen Askese oder einer absonderlichen Gier, sondern einzig als autogene (und gleichsam entelechische, nämlich nach Verwirklichung der vorbestimmten Form strebende) Vermittlung durch ein Geld, das von jener Entfesselung der Produktivkräfte ebenso befreit zu werden scheint wie von Askese oder Gier. Die beiden Pole des Geldes, die *creatio ex nihilo* einerseits und die *creatio ad infinitum* andererseits, stehen, obgleich Ersteres Letzteres erst ermöglicht, zugleich in einem latenten Spannungsverhältnis zueinander, wie der amerikanische Wissenschaftshistoriker Philip Mirowski schon 1990 – am logarithmischen Maß der wachsenden Geldmenge gemessen also in grauer Vorzeit – in eindrucksvollen Worten beschrieben hat:

> Die Konstitution der monetären Invarianz durch bestimmte Tauschstrukturen und die Dekonstruktion dieser Invarianz aufgrund der dauernden Expansion des Werts durch Verschuldung und deren Zwilling, den Profit, schafft [...] eine immanente Spannung. Für die Akteure gibt es keine Garantie, daß die Ausdehnung der monetären Einheit nicht in einer galoppierenden Inflation und im Zusammenbruch des Marktsystems

> endet. Die Institutionen, die die Verantwortung für die Integrität der monetären Einheit tragen, stehen daher immer mit denjenigen Akteuren auf Kriegsfuß, die ihre eigenen Bilanzen ausdehnen wollen. Die modernen Märkte sind eine Arena des ständigen Kampfes der Akteure ›etwas für nichts‹ zu bekommen, und von regelnden Institutionen, die Invarianz der Werteinheit einigermaßen zu bewahren. Es ist das Verhängnis der Letzteren, daß, wenn sie tatsächlich vollkommen erfolgreich wären, sie auch den Profit verhindern würden, was natürlich die politische Lebensfähigkeit des Systems unterminieren würde. Deshalb balanciert die Gesellschaft aus Sicht einer gesellschaftlichen Theorie des Werts in einem instabilen Gleichgewicht auf dem Scheitelpunkt eines Widerspruchs. Es wird so getan, als bleibe etwas erhalten, wobei das gar nicht der Fall ist, aber die Alternative wäre das Chaos. Es ist kein bloßes Ornament, wenn wir unsere Währung mit dem Motto schmücken: »In God We Trust«.[10]

Bei der Lektüre dieser Analyse und dem Studium der ihr zugrundeliegenden Tatsachen, nämlich der Schaffung des Geldes aus dem Nichts und dem exponentiellen, gen unendlich weisenden Wachstum der Geldmenge, kann man durchaus von einem Schwindel ergriffen werden, wie es auch Blaise Pascal beim Gedanken an die Abgründe des Nichts und der Unendlichkeit geschah – derselbe Philosoph, dessen Portrait ausgerechnet den 500-Francs-Schein ziert, um den sich Bressons Film dreht (Abb. 1):

> Wenn der Mensch – notierte Pascal – sich so ansiehet, wird ihn Schauder ergreifen, indem er sich mit seiner Masse, die die Natur ihm gegeben hat, gleichsam schwimmen sieht zwischen den beiden Abgründen der Unendlichkeit und des Nichts, von welchen beiden er gleich fern stehet. Er wird zittern beim Anblick dieser Wunder; und ich glaube, daß, wenn seine Neugier sich in Bewunderung umwandelt, er vielmehr aufgelegt seyn wird, diesen Wundern im Stillen nachzudenken, als sie mit Vermessenheit aufzusuchen.[11]

Pascal soll – worauf sich auch das eingangs zitierte Sonett Baudelaires bezieht – in späteren Jahren infolge eines Kutschenunfalls, bei dem zwei der vier Zugpferde von einer geländerlosen Brücke in den Tod stürzten und auch der Philosoph ihnen um ein Haar hinterhergerissen worden wäre, tatsächlich in halluzinatorischen Episoden immer wieder einen sich zu seiner Linken auftuenden Abgrund wahrgenommen haben, weshalb die Legende will, dass er stets einen Stuhl an dieser Stelle platziert habe.[12] Mirowski bietet uns das bloße, auf den Dollarnoten vermerkte Gottvertrauen als Halt, mithin, wenn man sich einmal auf die Verfasstheit des Geldsystems eingelassen und seine Funktionsprinzipien kennengelernt hat, eine Art »*quia absurdum*«, wie es bekanntlich Tertullian zugeschrieben worden ist: *credo, quia absurdum est*, d. h. ich glaube daran, nicht obwohl, sondern gerade weil es der Vernunft zuwider läuft und mein Fassungsvermögen übersteigt. Doch Geld *ist* nicht, weil man *trotz allem*, trotz all seiner scheinbaren Absurdität, daran glaubt. Wäre Geld ein Glaubenswerk, ein »absolutes Mittel«, wie einst Georg Simmel in seiner *Philosophie des Geldes* verkündete, dann genügte es, nicht mehr an es zu glauben – oder auch nur nicht mehr an es glauben zu müssen –, und sein Spuk wäre beendet. Wäre Geld nur ein Säkularisat, die Transponierung göttlicher Omnipotenz aufs Allzumenschliche, genügte eine kleine Ernüchterung, um uns wieder auf den geruhsamen Pfaden der Realwirtschaft zurechtzufinden. Leider Gottes, möchte man sagen, ist die Sache nicht so einfach. Es geht nicht darum, dem Geld unser Vertrauen zu entziehen, wie viele naive Geister heute noch seine Macht verstehen möchten. Es geht zwar um eine Absurdität oder eine Anomalie, der wir aber mit Tertullians Fatalismus nicht beikommen können. Geld *ist* nicht, weil wir trotz all seiner Absurdität daran glauben. Es ist und entfaltet sich zunächst einmal nur, ohne dass wir wissen, was es ist, und vielleicht *ist* Geld zunächst genau Ausdruck dieser Verlegenheit, dass es für uns und an unserer Stelle mit unseren Verhältnissen rechnet, ohne dass wir dieses Rechnen verstehen. Wir können nur mit seinem Rechnen rechnen. Die Auflösung dieses Geldrätsels mag sich zwar als eine reine Erkenntnisfrage darstellen, doch angesichts der planetarischen Zerstörung, die seine Pleonexie anrichtet (πλεονεξία, das Mehr-haben-Wollen), ist sie vielleicht die *Schicksalsfrage* der heutigen Menschheit schlechthin.

Monetarisierung und neoliberale Konterrevolution

Im Gleichschritt mit der Kommodifizierung und Verwertung in zweiter Potenz sowie mit der Finanzialisierung und der Ausdehnung der Geldmenge beobachtet man endlich noch eine dritte Dimension in der Entwicklung des Geldes seit den 1970er-Jahren, nämlich eine Ausdehnung der monetären Sprache. Ironischer-, wenn nicht gar fatalerweise bedient sich diese Ausdehnung ausgerechnet der Kritik an ökonomischen Kennziffern als Vehikel. Die Kritik an Größen wie dem Bruttoinlandsprodukt ist heute im Mainstream angekommen. In Frankreich berief der konservative Präsident Nicolas Sarkozy 2008 eine prominent besetzte Kommission, um die Schwächen der volkswirtschaftlichen Gesamtrechnung und ihrer Wohlstandsindikatoren zu analysieren und Alternativen aufzuzeigen, und die EU unterhält mit »Beyond GDP« ein eigenes Programm. Das Problem der klassischen Kennziffern ist, dass sie auf faktische monetäre Transaktionen auf den Märkten bezogen sind und somit die gesellschaftlichen Realitäten jenseits des Marktes – Hausarbeit, unbezahlte Pflegearbeit, ehrenamtliches Engagement, Ökologie – nicht abbilden. Aber das Problem, dass Geld nicht die ganze Realität abbildet, lässt sich auf zwei komplementäre Weisen formulieren. Dass das Geld unsere Abhängigkeit von der Natur und der Gesellschaft nur rein quantitativ abbilden kann und die Illusion eines autonomen Universums zirkulierender Waren erzeugt, könnte Anlass sein, es auf seinem eigensten Terrain herauszufordern und sich grundsätzlich darauf zu besinnen, was es überhaupt bedeutet, den Wert eines Dings als monetäre Größe auszudrücken. Welchen Begriff von Wert unterstellen wir darin? Oder vielmehr, welche Bereiche und Tätigkeiten lassen sich durch Geld in Wert setzen und werden von ihm als Wert begriffen und uns rein quantitativ zu denken gegeben – ohne dass wir jene Quantifizierung und In-Wert-Setzung recht begreifen? Tatsächlich geschieht aber das Gegenteil.

Ökonomen arbeiten hart daran, die Sprache des Geldes begriffslos auf die fehlende Hälfte auszudehnen. Internationale Organisationen wie die Weltbank und die Vereinten Nationen veröffentlichen eine umfangreiche Methodenliteratur zu der Frage, wie man auch die ökologische und gesellschaftliche Reproduktion jenseits des Marktes in der Sprache des Marktes beschreiben kann.

Der monetäre Kosmos ist mithin im Begriff, alles zu erschließen und sich somit in sich selbst zu verschließen. Wir haben unlängst vorgeschlagen, diese neoliberale Konterrevolution als Übergang in eine »hard modernity« zu beschreiben.[13] Die Gesellschaften verlieren die Fähigkeit, zu träumen, die Ästhetik wird hart (*hard* wie in der Pornographie), der Liberalismus toleriert keine Faxen mehr und zeigt sein autoritäres Gesicht. Wenn wir nicht nur die post-industrielle Verwertung in zweiter Potenz, die finanzkapitalistische Entfesselung des Geldes durch seine Entkoppelung vom Goldstandard sowie die Ausdehnung der Sprache des Monetären, sondern auch den Beginn der neoliberalen Konterrevolution auf den Anfang der 1970er-Jahre legen – nämlich auf den chilenischen Militärputsch am 11. September 1973, der unter dem Beifall Friedrich von Hayeks und mit kräftiger Unterstützung von Milton Friedmans »Chicago School« den ersten konsequent neoliberalen Umbau einer Volkswirtschaft als blutiges Realexperiment einleitete[14] –, so geht diese neue Epoche 1983, als Bressons Film in die Kinos kam, schon in ihr zehntes Jahr. Margaret Thatcher ist zu diesem Zeitpunkt bereits seit vier Jahren britische Premierministerin, Ronald Reagan ist im dritten Jahr seiner Amtszeit als US-amerikanischer Präsident, und Helmut Kohl, gerade zum Kanzler der BRD gewählt, schickt sich an, die »geistig-moralische Wende« einzuläuten, also insbesondere die Vermögenssteuer zu schleifen und das Privatfernsehen einzuführen. Obgleich bereits die Kälte der Restauration herrscht, ahnt sie noch kaum ihre Möglichkeiten. Robert Bresson kann noch *L'Argent* drehen. Aber dies ist nun seinerseits vierzig Jahre her. Der Neoliberalismus mag nach einem halben Jahrhundert ungebremsten Siegeszuges in eine Legitimationskrise geraten sein. Zugleich wird er aber weltweit nicht nur von den progressiven Eliten, sondern auch von denselben reaktionären und faschistischen, aber durchaus demokratisch legitimierten Kräfte beerbt und noch verschärft, die gegen diese »Globalisten« und »neoliberalen Eliten« ins Feld ziehen.

Ziehen wir die aufgelesenen Fäden zusammen: Profite und Wirtschaftswachstum erhalten sich durch eine Kommodifizierung zweiter Ordnung aufrecht, durch welche auch die Geldströme noch einmal verwertet werden, das Geld vermehrt sich schwindelerregend, dehnt seine Herrschaft aus, verhärtet sich durch eine allgegenwärtige Monetarisierung – und entzieht sich mit dem Verschwinden des Bargeldes zugleich der sinnlichen Wahrnehmung. Es totalisiert sich, verschwindet in dieser Totalisierung, ist nirgends mehr, weil überall, und wird in seiner Totalisierung und Allgegenwart unsichtbar. Es wird zu dem Wasser, von dem die Fische noch nie gehört haben und erst recht keinen Begriff haben, wie David Foster Wallace in einer philosophischen Parabel erzählt[15] – mit dem Unterschied, dass sich unsere Geldströme, ohnehin schon flüssig, dematerialisieren und damit tatsächlich ins Undenkbare der Datenströme verflüchtigen. Mit dem Sinnlichen verschwindet auch das Blendende seiner Geltung, auch wenn es in der Vergangenheit Anlass zu eigenen Fehldeutungen war, und damit verschwindet auch der letzte sinnliche Anhaltspunkt dafür, es überhaupt mit einem Problem zu tun zu haben. Mit dem Verschwinden des Geldes in seiner sinnlichen Form schließt sich somit das Fenster für das Nachdenken über das Geld, womit wir wieder bei unserem Ausgangspunkt angelangt sind. Vielleicht können wir heute, im Augenblick seines Verschwindens als Bargeld, ein letztes Mal die Frage nach dem Geld stellen. Was ist das Geld? Worauf lassen wir uns eigentlich ein, wenn wir uns auf das Geld einlassen?

Das Geldrätsel

Das erste Rätselhafte am Geldrätsel ist indes, warum es überhaupt rätselhaft ist. Der italienische Barockphilosoph Giambattista Vico ist für die These bekannt, dass die Geschichte den vorzüglichsten Erkenntnisgegenstand des Menschen darstelle, da wir sie ja selbst gemacht haben und daher auch direkte Einsicht in sie haben. Als eine harte Nuss erscheint der neuzeitlichen Philosophie vielmehr die Naturerkenntnis, eben weil wir die Natur in der europäischen Neuzeit als das radikal Andere unserer selbst verstehen und somit wirklich nicht klar ist, wie man zu ihrer Erkenntnis kommen könne, also einer *adaequatio intellectus et rei*, wenn doch Geist und Natur sich vollkommen fremd und unvermittelbar sind. Geld aber ist nicht Natur, sondern eine vom Menschen geschaffene Institution – eine Institution fürwahr, die, wie wir noch ausführlich zeigen werden, unsere gesellschaftlichen Verhältnisse durch ökonomische In-Wert-Setzung und Quantifizierung nicht nur objektiviert, sondern *naturalisiert* und gleich jener ersten Natur uns äußerlich werden lässt. Und doch: Wenn wir das Mittel dieser Objektivierung und Naturalisierung unserer gesellschaftlichen Verhältnisse selbst geschaffen haben, sollte dann die Erkenntnis seiner Funktionen und seines Funktionierens nicht ein Leichtes sein, sofern sie nicht sogar überflüssig ist, da wir als Architekten des Geldes die Regeln seines Funktionierens doch gar nicht im Nachhinein erkennen müssen, sondern im Vorhinein nach unserem Wollen und Gutdünken festgelegt haben?

Dass diese Annahme ein fataler Irrtum ist, haben laut Friedrich Engels schon die alten Griechen lernen müssen. In *Der Ursprung der Familie, des Eigentums und des Staates* beschrieb er, wie die Athener die Kontrolle über das von ihnen geschaffene Geld verlieren:

> Wie rasch aber, nach dem Entstehn des Austausches zwischen einzelnen und mit der Verwandlung der Produkte in Waren, das Produkt seine Herrschaft über den Produzenten geltend macht, das sollten die Athener erfahren. Mit der Warenproduktion kam die Bebauung des Bodens durch einzelne für eigne Rechnung, damit bald das Grundeigentum einzelner. Es kam ferner das Geld, die allgemeine Ware, gegen die alle andern austauschbar waren; aber indem die Menschen das Geld erfanden, dachten sie nicht daran, daß sie damit wieder eine neue gesellschaftliche Macht schufen, die Eine allgemeine Macht, vor der die ganze Gesellschaft sich beugen mußte. Und diese neue, ohne Wissen und Wil-

> len ihrer eignen Erzeuger plötzlich emporgesprungne Macht war es, die, in der ganzen Brutalität ihrer Jugendlichkeit, ihre Herrschaft den Athenern zu fühlen gab.[16]

Zwar hat der Mensch das Geld geschaffen, und mit ihm das Mittel der Objektivierung und Naturalisierung seiner ureigensten Verhältnisse. Aber er ist offenbar nicht sein Gebieter. Mehr noch, wie jedes kulturelle oder technische Artefakt und jede soziale Institution führt es ein Eigenleben und hat eine unverfügbare Eigendynamik. Wir können uns seiner Zwecke nie ganz sicher sein. Obgleich ein Artefakt oder eine Institution ursprünglich zu einem bestimmten Zweck geschaffen worden sein mag (und selbst dies ist nie einfach zu entscheiden), kann sich der Zweck im Laufe der Zeit ändern, und die Artefakte selbst sind es, die diese Änderung bewirken. Neue Generationen von Artefakten treten auf, agieren in neuen technischen und politischen Konstellationen und eignen sich das materielle Erbe zu ihren eigenen Zwecken an. Oder eine Institution verfestigt sich in einer Gesellschaft, ohne dass überhaupt jemand noch einen Zweck mit ihr verfolgte. In der biologischen und kulturellen Evolution spricht man von solchen Zweckverschiebungen als »Exaptationen«: Nicht passt sich hier der Organismus oder die Kultur wie in einer Adaptation der Umwelt an, sondern bestehende Eigenschaften erweisen sich in einer veränderten Umwelt als zweckdienlich in einer Hinsicht, an die zuvor niemand denken konnte. Michel Foucault hat aus dieser Einsicht den Leitfaden seiner historischen Forschung gemacht: »Fixe Bedeutungen existieren nicht«, »nichts hat eine letzte Begründung« können wir bei ihm lesen,[17] und dies bedeutet: Die Dinge haben keinen eingeschriebenen Zweck, der historisch feststünde (und wieder tut sich zu Pascals Linken ein Abgrund auf …). Die eigene und gegenwärtige soziale Welt steht uns mithin so fremd gegenüber wie die Natur eines fremden Kontinents, sodass die soziale Welt eine ebenso fremde *zweite* Natur ist. Die Zwecke und Funktionen der Institutionen, in denen wir selbst leben, sind uns nicht eher bekannt als die funktionalen Zusammenhänge in einem Ökosystem, welches erst noch erforscht werden muss. Das Gefängnis ist Foucaults Paradebeispiel.

Es existierte schon lange – als Kerker –, bevor es im 18. Jahrhundert zur paradigmatischen Institution des Strafvollzugs wurde. Davor diente es nicht der Disziplinierung. Im Kerker machte man einen Feind unschädlich oder hinderte einen Schuldner an der Flucht. Die latenten Funktionen und Möglichkeiten drängen dabei nicht unbedingt aus eigener Kraft zur Realität. Das Potential des Geldes schlummerte viele Jahrhunderte, bis es durch die kapitalistische Initialzündung schlagartig selbstbezüglich wurde: Es kam erst zu sich, indem es sich zur eigenen Vermehrung in die Bestandteile der Produktion entäußerte, mehr noch, es kam zu sich, indem es sich durch diese Bewegung seines sich selbst äußerlich und anders Werdens auch selbst quantitativ übersteigt – und durch diesen Selbstzweck der eigenen Vermehrung, durch diese bewusstlose Reflexivität eine neue Gesellschaftsordnung begründete, die fortan in ihrer Geschichte dieses Zu-sich-Kommen des Geldes eingeschrieben findet.

Wir haben es bei dieser Entwicklung allgemein gesprochen mit einer Koevolution von Gesellschaft und Geld zu tun. Ihre spezifische Struktur und Dynamik erschließt sich, sobald man auf gewisse Rekursivitäten in der Entwicklung achtet, die sich in den jeweiligen koevolvierenden Bereichen von Geld und Gesellschaft ereignen. Wer hätte z. B. erwarten können, dass die letztlich wohl nur auf Wirtschaftsopportunismus beruhende Aufkündigung des Bretton-Woods-Abkommens durch Richard Nixon am 15. August 1971 zu solch strukturellen Umwälzungen in der spätindustriellen Gesellschaft führen würde, wie wir sie nach einem halben Jahrhundert Verspätung einigermaßen verstehen? Wer hätte gedacht, dass die Einpflanzung eines Chips auf einer Kreditkarte durch Roland Moréno im Jahr 1975 solch ungeheuren Einfluss auf sinkende Transaktionskosten und gesteigerte Effizienz der Zahlungssysteme haben würde, dass heute selbst eine kleine Flasche Trinkwasser à 45 Cent per *card* bezahlt werden kann? Es sind oft winzige technische Neuerungen, die zu Schmetterlingseffekten führen – so z. B. die Gutenbergsche Druckerpresse oder die Verbindung von Computern durch eine Telefonleitung. Wenn ihr Auftreten auch rein aleatorisch ist, gilt dasselbe nicht von der Tatsache, dass sie eine Wirkung entfalten können. Es ist vielmehr ihr gesellschaftlicher und heute spezifisch kapitalistischer Kontext, in den sie sich einschreiben und ohne den sie nicht auf diese Weise wirksam werden können. Der Kapitalismus in seinen verschiedenen Formen und Stadien räumt diesen technischen Neuerungen ihren Ort und ihre Wirksamkeit ein und bildet so die Ökologie einer Ökonomie, in der die technischen Neuerungen »aktiviert« werden und ihr Potential entfalten können. Und ironischerweise bewirkt dieser kapitalistische Kontext durch alle Neuerungen hindurch diesen generellen Trend in der Geschichte des Geldes: Es wird ebenso universell wie rein und unsichtbar, kurz, es wird seinem Wesen adäquat durch seine progressive Befreiung von materiellen, geographischen, kulturellen, ästhetischen usw. Beschränkungen. Es kommt durch all die technischen Neuerungen zu sich durch seine zunehmende Entmaterialisierung, so sehr diese Techniken auch ihrerseits materiell ausfallen.* Die Effekte von Koevolution und evolutionärer Eigendynamik teilt das Geld mit allen Artefakten und sozialen Institutionen. Zugleich unterscheidet es sich aber auch von ihnen. Tatsache ist nämlich auch, dass wir bis zuletzt im Geld allenfalls ein probates Medium und neutrales Werkzeug sahen, das in unseren Händen die Zirkulation der Dinge und Menschen beschleunigen und vereinfachen konnte. Woher kommt dieser Schein? Wie es schon Lewis Mumford und viele Kulturkritiker vor und nach ihm ahnten, invertiert sich an einem Punkt der Entwicklung das Verhältnis von Hand und Werkzeug: War vorher das Werkzeug eine Verlängerung der Hand, verwandelt sich nun die Hand in eine Erweiterung des Werkzeugs, das mit der Hand auch das Denken ergreift. Dasselbe spielt sich natürlich auch beim Geld ab. Doch beide, Werkzeug und Geld, verwandeln im Umbruch in den Kapitalismus vollständig ihr Wesen. Die

* Die Entmaterialisierung betrifft natürlich nur das Interface mit dem Geldverwender. Denn elektronisiertes Geld lässt sich zwar weder in der Hand halten noch unter dem Fußboden vergraben, gleichzeitig beruht es aber auf einer immensen materiellen Infrastruktur. Der gigantische Energieverbrauch der Bitcoin-Technologie ist ein schlagendes Beispiel dafür.

klassische Maschine des industriellen Zeitalters wie die universelle Rechenmaschine des post-industriellen Zeitalters, der Computer, brechen mit dem Werkzeug, verlängern, verbessern und verstärken nicht mehr die individuelle menschliche Arbeit, sondern orchestrieren die Arbeit als eine genuin gesellschaftliche und nun auch kapitalistische Tätigkeit und setzen ihre produktive Verwertung in Kraft. Und ebenso bricht auch das kapitalistische Geld mit seinem werkzeughaften, vorkapitalistischen Charakter und wird zum Mechanismus, oder besser: zum Maschinischen der fortlaufenden Wertextraktion, der Akkumulation um ihrer selbst willen, ja wird zur universellen Maschine des Sozialen schlechthin. Dies ist die kapitalistische Technik des Geldes, mit der wir es heute zu tun haben.

Dieser Bruch zwischen Werkzeug und Maschine wie zwischen vorkapitalistischem und kapitalistischem Geld betrifft schließlich auch das Denken. So wie die Maschine im Gegensatz zum Werkzeug nicht mehr bloß mit der Hand auch das individuelle Denken ergreift, sondern der Arbeit einen gesellschaftlichen-kapitalistischen Charakter gibt, so ergreift auch das kapitalistische Geld nicht mehr bloß unser individuelles Handeln und Denken wie ein Werkzeug, sondern setzt in der Verrechnung und im Prozessieren von ökonomischen Werten sein Denken an unsere Stelle. Die Einsicht, dass die Vermittlung der kapitalistischen Gesellschaft durch Geld und Wert den Formen sowohl des individuellen Denkens als auch eines überindividuellen transzendentalen Subjekts entspricht, verdanken wir natürlich Alfred Sohn-Rethel (über den die Autoren des vorliegenden Buches übrigens auch erst zusammengefunden haben). Gegenüber diesem Pionier einer Einheit von Geld- und Erkenntniskritik sehen wir im Geld indes nicht bloß den sinnlichen Ausdruck einer der warenförmigen Vermittlung entspringenden »realen Abstraktion«, sondern den Ursprung selbst dieser Warenform – einer Form, die zugleich als Schein zu kritisieren ist, weil sie jene dem Geld gegenüber vorkritische Vorstellung hervorbringt, das Geld vermittele lediglich einen Warentausch und sei daraus ableitbar.

Wir nähern uns hier der Einsicht, dass der Geldfetischismus auch auf die Erkenntnis durchgreift und es ihr insbesondere verunmöglicht, im Geldfetisch seine Wirklichkeit als Kapital zu erkennen. Denn das Geld *gilt* nicht nur im individuellen Denken und Handeln, sondern auch außerhalb und überindividuell. Damit hat das Geld mehr als »nur« eine transzendentale Bedeutung: die Möglichkeitsbedingungen unseres Denkens, die uns das Geld vorgibt, sind in seinem kapitalistischen Selbstbezug und seinem maschinischen Verrechnen unseres gesellschaftlichen Zusammenhangs auch eigenständig und außerhalb unseres Denkens und Handelns wirksam und insofern auch nicht mehr durch eine individuelle Selbstreflexion in unserem Denken und unserer Erkenntnisweise auffindbar. Wir sprechen daher von einem *Hyperfetischismus*. Das Rätsel des Geldes kann nicht mit den Mitteln der Erkenntnis und des Denkens als Fetisch aufgeklärt und einer kohärenten Theorie zugeführt werden – nicht nur, weil diese Mittel selbst durch diesen Fetischismus konstituiert sind, sondern auch, weil sie ein bewusstloses, maschinisches Denken außerhalb unseres individuellen Verstandes betreffen. Diese ebenso bewusstlose wie eigenständige »Denken« und Prozessieren des Geldes findet in den elektronischen Netzen statt und führt zu einer Überlagerung von quantitativen ökonomischen Werten und Informationen in Form von binären Daten und Codes.

Diese Überlagerung von ökonomischen Werten mit Informationen in Form von Daten führt dazu, dass zwei Grundgesetze des Kapitalismus einander ins Gehege kommen. Zum einen ist das Geld als Kapital unaufhaltsam auf dem Siegeszug. Kapital ist Geld, das auf ständige Akkumulation angelegt wird (Pleonexie), *koste es, was es wolle*. Das andere Gesetz der Akkumulation ist, dass Wissen sich vermehre: Ψυχῆς ἐστι λογος ἑαυτὸν αὔξον, »Der Seele ist das Wort eigen, das sich selbst mehrt« (Heraklit).[18] Auch hier mehrt sich etwas durch seinen Selbstbezug und eine naturwüchsig-automatische Reflexivität, denn das Eigentliche des Menschseins besteht bekanntlich darin, dass sich in ihm das Wissen mehrt, *komme, was wolle*. Es scheint, dass sich Geld heute mit einer solchen Wucht und einer solchen Intensität vermehrt, dass für die selbstzweckhafte Vermehrung von Wissen nicht nur weder Freiraum noch ein Zeitraum der Muße und der Kritik zur Verfügung stehen. Vielmehr erschließt Kapitalbewegung nun, nach der Materie, dem

Körper und den menschlichen Beziehungen, auch diese Vermehrung des Wissens: Ein Wissen, das kapitalisiert wird als Daten und Information und mit dem Selbstzweck der Verwertung und Kapitalakkumulation übereinkommt. Ziel einer Philosophie des Geldes kann daher nicht sein, das Rätsel des Geldes zu »lösen«. Es gilt vielmehr, einen Versuch zu unternehmen, der Rätselhaftigkeit des Geldes – des Wassers, in dem wir schwimmen –, überhaupt noch gewahr zu bleiben, während wir den letzten sinnlichen Anhaltspunkt dieser ontologischen Anomalie aus den Händen verlieren. In dieser Situation kann es nicht mehr angehen, dem geschichtlichen Ursprung des Geldes nachzuforschen, geldpolitische Diskurse zu pflegen, postmonetäre Szenarien zu entwerfen, Kultur- und Psychogeschichten zu verfassen usw. usf. In dieser Situation stellt sich unweigerlich die trivialste aller Fragen, die Frage, wovon denn eigentlich die Rede ist, wenn wir vom Geld sprechen. Diese Frage ist eine ontologische, eine philosophische Grundfrage. Und sie ist bislang vor allem darum unzureichend gestellt worden, weil eben nicht nach der kapitalistischen Tiefenstruktur des Geldes gefragt wurde.

Die Philosophie des Geldes

Das Gebot der Stunde lautet mithin, sich über die Bedeutung des Geldes im Augenblick seines Verschwindens bewusst zu werden. Wir wiederholen, die Leitfrage unseres Buches lautet: Worauf lassen wir uns eigentlich ein, wenn wir das Geld verwenden?

Diese Frage hat eine genuin philosophische Dimension: Wir fragen nach der *objektiven Bedeutung* des Geldes – also einer Bedeutung, die dem Geld selbst durch seine objektivierende Dimension eigen ist –, eine Objektivität, über die wir weder in Theorie noch Praxis verfügen, aber die durchaus über uns verfügt, nämlich unser Denken und Handeln bestimmt. Es handelt sich bei unserer Untersuchung also weder um eine Geschichte des Geldes noch um eine Mikrosoziologie des Geldgebrauchs oder eine ökonomische Geldtheorie, denn alle drei empirischen Ansätze verfehlen diesen eigentlich philosophischen Gehalt der Frage nach dem Geld.

Geschichtliche Rekonstruktionen des Geldes mögen zwar informativ und erhellend sein. Aber sie vermögen nicht die dem Geld eingeschriebene Logik zu offenbaren – aus dem einfachen Grund, dass sich nur von dieser Logik schon ausgehend rekonstruieren lässt, wie das vorkapitalistische Geld historisch bis zu dem Punkte seines Umbruchs gelangte, an dem der Urknall seines kapitalistischen Selbstbezugs sich ereignete, dessen zunehmende Expansion, ja Explosion wir immer noch erleben. Aber umgekehrt lässt sich aus dem historischen Studium nicht die mit ihm neu einsetzende Logik gleichsam ableiten.

Mikrosoziologische Geldstudien sind ihrerseits ebenso instruktiv wie verführerisch, weil sie die Spielräume des Sozialen und des Subjekts zeigen: Wenn das Geld in der Welt ist, beginnen die Subjekte, es auf ihre Weise zu nutzen, mit ihm zu improvisieren, um ihre sozialen Beziehungen mit seiner Hilfe geschmeidiger zu gestalten und ihm dabei neue und idiosynkratische Bedeutungen zu geben. Aber einer solchen Soziologie geht es um die *subjektive* (oder bestenfalls *intersubjektive*) *Bedeutung* des Geldes. Sie ist naiv, insofern sie ausblenden muss, dass das Geld auch eine *objektive Bedeutung* hat, über die wir nicht verfügen, gerade weil wir uns in ebendiesem sozialen und subjektiven Sinne auf das Geld einlassen. »*People are smarter than money*«, befand die Soziologin Viviana Zelizer.[19] Aber dies gilt eben erst, wenn sich seine eigene Logik schon unsichtbar durchgesetzt hat.

Einer ökonomischen Geldtheorie endlich geht es zwar durchaus um die *objektiven* Strukturgesetze des Geldwesens. Aber diese werden als empirische Zusammenhänge makroökonomischer Steuerungsgrößen aufgefasst (Preisbildung, Zinssätze, Geldmenge, Inflationsrate etc.). Die orthodoxen Ökonomen betrachten das Geld dabei als eine Art Maschinenöl der Wirtschaft, also als ein neutrales Mittel. Heterodoxe Ökonomen wissen, dass dies nicht stimmt, sondern das Geld auch ganz andere, qualitativ neuartige ökonomische Dynamiken induziert. Aber auch hier haben wir es bloß mit einem empirischen Zusammenhang zu tun, der, obzwar objektiv, nicht *bedeutungsmäßig* ist.

Uns geht es weit darüber hinaus darum, dass das Geld auch begrifflich oder, wenn man so möchte, metaphysisch nicht neutral ist. Dem Geld sind bereits ein Gesellschaftsentwurf, eine Temporalität, eine Kosmologie und auch eine Anthropologie eingeschrieben, und natürlich Vorstellungen von Gerechtigkeit, von Reichtum und von Rationalität. All das lässt sich nur in einer genuin philosophischen – kategorialen, sozialphilosophischen, kosmologischen und epistemologischen – Reflexion angemessen, dem Geld selbst angemessen erfassen. Wir interessieren uns in unserer kleinen Philosophie des Geldes für die zivilisatorische, chronologische und kosmologische, kurz »weltentwerfende« Bedeutung des Geldes: Welche Zeitlichkeit bringt das Geld mit, welche Kosmologie eröffnet es und welchen Begriff von Logik und Rationalität schreibt es in die Gesellschaft ein und uns vor?

Das sind die drei Dimension, um die es uns geht. Den drei Dimensionen entsprechen die drei Kapitel *Chronos, Kosmos* und *Logos. Chronos* macht den Anfang, da in ihm das Verhältnis von Quantifizierung und Zeit, Logik und Geschichte analysiert wird und dieses Kapitel somit von der merkwürdigen Anfangslosigkeit des Geldes handelt. Wir werden hier den »kapitalistischen Urknall« erkunden und zeigen, warum eine historische Untersuchung der Geldentwicklung mit der Verbindung von Quantifizierung und Zeit ihren Anfang nehmen muss. Der historische Anfang des kapitalistischen Geldes fällt in unseren Umgang mit Geld und Zeit, denn darin beginnt die spezifisch kapitalistische Zeit und »ihre« Geschichte. Die Logik des Geldes ist zeitlos und gilt universell, weil sie die Logik der Verzeitlichung der Zeit selbst ist und durch Quantifizierung eine ›Ökonomie der Zeit‹ begründet, mit der ein ökonomisches Verhältnis von Vergangenheit, Gegenwart und Zukunft erst in die – in *seine* – Geschichte eintritt. Die kapitalistische Ökonomie der Zeit und ihre Geschichtlichkeit entspringen einer Art Messung unserer Verhältnisse durch die Zeit: Wir halten uns durch das Geld an das Maß der Zeit und unterziehen uns dieser Zeit durch die Quantifizierung unserer Verhältnisse.

Das Kapitel *Kosmos* entwickelt die »kosmologischen« Implikationen der neuen Logik des kapitalistischen Geldes. Welchen neuen Begriff von Welt bringt sie mit sich und wie gestaltet sich in einer solchen das Zusammenleben der Menschen? In der genuin modernen Vorstellung gehen aus einer ökonomischen Transaktion beide Parteien als Gewinner hervor. Dies steht in scharfem Kontrast zur vorkapitalistischen Vorstellung, wonach in einer geschlossenen Welt Reichtümer im Grunde nur verschoben werden können, des einen Gewinn mithin des anderen Verlust darstellen muss und es keinen produktiven, irdischen Zugang zur Transzendenz und zum Unendlichen und dessen »produktiver Aktivierung« gibt. Den vormodernen Kosmos beschreiben wir durch die Sozialgrammatik des *Verschuldungszusammenhangs*, in dem jede wirtschaftliche Transaktion als ein Nullsummenspiel erscheint. Die moderne Auffassung muss dagegen die Grenzen des ebenso geschlossenen wie schuldhaften Kosmos sprengen, um das Unendliche und Unabschließbare artikulieren, ökonomisch in Kraft setzen und bewirtschaften zu können. Die neue Sozialgrammatik ist die des *Bereicherungszusammenhangs*, der sich nur in dem unendlichen Universum der Neuzeit und ihrem prinzipiell unendlichen Universalismus, dem Geld, realisieren kann. Aber in der alten Vorstellung vom Verschuldungszusammenhang machte sich eine ökologische Wahrheit geltend: Bei knappen Gütern kann eine beiderseitige Bereicherung nur funktionieren, wenn es einen Dritten gibt, der »die Zeche zahlt«. Dieser Dritte scheint verdrängt, aufgeschoben, und es ist unklar, ob und auf welche Weise er wieder in die Welt einbrechen wird. Gibt es einen Tag des Jüngsten Gerichts oder kann der Kapitalismus in der Ausweitung des Geldes auf ewig dieselbe Zukunft antizipieren, die er nach sich ziehen und in die er eintreten wird?

So offen diese Frage, so sehr bleibt unterdessen dieser Dritte im Kapitalismus unsichtbar, denn die Geldökonomie hat ihre eigenen Mechanismen, um ihn aus dem Sichtfeld zu entfernen. An dieser Stelle setzt das Kapitel *Logos* an. Das Geld bringt seine eigene Rationalität mit sich, die seiner zeitlichen Logik (*Chronos*) und der dieser inhärenten Kosmologie (*Kosmos*) entspricht. Wie stellt sich die Welt dem monetär denkenden ökonomischen Akteur dar? Welches sind seine Möglichkeiten, welches ist die richtige Wahl und die ökonomisch vernünftige Entscheidung? Hinter unserem Rücken hat das Geld die Standards definiert, an welchen sich diese Fragen entscheiden. Indem die Preise zu handlungsleitenden Faktoren werden, übersetzen sich Logik und Kosmologie des Geldes in eine subjektive Rationalität, die sich der Akteur unter kapitalistischen Bedingungen zu eigen macht. Das Geld bietet uns eine kalkulatorische Infrastruktur, die uns vergessen lässt, dass nicht wir uns ihrer, sondern sie sich ebenso unserer bedient. Sie legt erst fest, was uns als rational und was als irrational, was als möglich und was als unmöglich erscheint. Wissen reduziert sie auf Preissignale als bloße Steuerungsimpulse, womit sich der Keystroke-Kapitalismus in einen Keystroke-Logos übersetzt. In der »utopischen Verdopplung« der Monetarisierung schließt das Geld endlich die letzten Lücken in der Innenansicht der Welt. Der moderne Kosmos erweist sich damit in der *hard modernity* als unendlich und geschlossen zugleich – unendlich in seiner Ausdehnung, geschlossen im Ausschluss aller heterogenen Elemente, Ambivalenzen, Fluchträume und Möglichkeiten.

Im Schlusskapitel, dem *Finale,* führen wir die drei Dimensionen zusammen und kommen auf die Konsequenzen zu sprechen. Mittlerweile mangelt es nicht mehr an Kritiken des Geldes und auch »des Kapitalismus«, es mangelt auch nicht an Vorschlägen weicher oder sogar harter Geldreformen oder alternativer Geldpolitiken (bis hin zur Überwindung und Abschaffung des Geldes). Sie alle versuchen letztlich, dem Geld, zumindest seiner kapitalistischen Dynamik, zu entkommen. Wir fragen mit Foucault, ob wir überhaupt ermessen können, was es hieße, dem Geld zu entkommen.

Die drei Kapitel *Chronos, Kosmos* und *Logos* wurden jeweils von einem von uns drei Autoren in Hauptverantwortlichkeit redigiert. Jeder von uns macht Gebrauch von einem klassischen Autor der Geldtheorie und -kritik: *Chronos* versucht eine Radikalisierung von Marx' Kritik der politischen Ökonomie, im Hintergrund von *Kosmos* steht Simmels Kritik der Moderne, und *Logos* entfaltet eine Kritik der Schule von Hayek.

Da wir die Kapitel in einem Prozess der engen Zusammenarbeit und beständigen wechselseitigen Kritik verfasst haben, verzichten wir auf eine namentliche Zeichnung der Kapitel und betrachten das Buch als eine kollektive Arbeit, ohne indes den Modus seiner Entstehung durch Tilgung aller Heterogenitäten kaschieren zu wollen. Die mit diesem Buch verbundene *Zumutung* geht allerdings nicht allein auf unser Konto. Unsere Welt mutet ihren Bewohnern einiges zu, und wer sich in ihr als mündiges Wesen behaupten will, muss *sich* einiges zumuten. Insofern betrachten wir unsere Kritik des Geldes in der Tat als ein bloßes Werkzeug oder, zeitgemäßer, eine Dienstleistung.

CHRONOS

»Der Mensch als der Messende. – Vielleicht hat alle Moralität der Menschheit in der ungeheuren inneren Aufregung ihren Ursprung, welche die Urmenschen ergriff, als sie das Maß und das Messen, die Wage und das Wägen entdeckten (das Wort »Mensch« bedeutet ja den Messenden, er hat sich nach seiner größten Entdeckung benennen wollen!).«[20]

Friedrich Nietzsche

Was ist »das Geldrätsel«?

Warum ist es eigentlich so schwer, dem Geld angemessen zu werden, sei es im Alltagsverstand, sei es durch Wissenschaft oder durch Kritik?

Die erste Schwierigkeit liegt schon darin, dass das Geld sich den herkömmlichen einzelwissenschaftlichen Methoden entzieht, zugleich aber ganz unterschiedliche Darstellungen von sich verlangt. Es verlangt diese unterschiedlichen Darstellungen anscheinend gerade, *weil* es sich entzieht – und dieser Entzug ist bereits die gleichsam erste, vorrangige Bestimmung des Geldes. Jedenfalls hat das Geld im Versuch seiner Bestimmung nicht nur ganz unterschiedliche Theorien von sich hervorgebracht, vielmehr hat jede Einzeldisziplin der Gesellschafts- und Geisteswissenschaften jeweils ihre eigene(n) Geldtheorie(n). Es gibt philosophische, soziologische, ökonomietheoretische, psychoanalytische, kulturwissenschaftliche, politische und machttheoretische, anthropologische, ethnologische, linguistisch-sprachtheoretische, kommunikations- und medientheoretische, semiologische, religionswissenschaftliche Geldtheorien etc., ohne dass all dies zusammengenommen eine einheitliche Theorie ergäbe und ohne dass eine Art Metatheorie, die all diese Theorien von ihrem Standpunkt aus zusammenfasste, möglich erschiene. Die einzelnen Theorien bleiben nicht nur separat nebeneinanderstehen, sie widersprechen einander mitunter.

Damit nicht genug, bringt das Geld auch – vielleicht sogar zuvorderst – verkürzte und falsche Vorstellungen von sich hervor. Das geht oft einher mit einer verkürzten Gesellschafts- und Kapitalismuskritik, besonders schlagend in der Kritik des Zinses oder des Finanzkapitals oder gleich an »der« Moderne, und besonders verhängnisvoll im Antisemitismus (wie etwa Horkheimer, Adorno, Moishe Postone u. a. gezeigt haben). Das Geld bringt selbst diese wie immer auch verkehrten, verkürzten oder falschen Vorstellungen durch seine Unnahbarkeit und Unbestimmbarkeit in die Geldtheorien und in bestimmte Ideologien hinein und lässt sie in der Gesellschaft auch alltagspraktisch wirksam werden.

Kurzum, bislang ist keine allseits akzeptierte Theorie des Geldes gelungen. Einigkeit herrscht noch am ehesten darüber, dass uns das Geld ein *Rätsel* aufgibt. Der direkteste Weg zu seiner Lösung besteht indes vielleicht in der »detour« (Derrida), dem »Umweg«, der Lösung des Geldrätsels auszuweichen und uns zunächst seiner Rätselhaftigkeit selbst zuzuwenden. Wenn uns gelänge zu verstehen, warum sich das Geld einer einheitlichen und endgültigen Darstellung entzieht, oder warum die Übersinnlichkeit und blendende Reinheit seiner Geltung nicht aus seiner materiellen Gestalt zu erschließen, aber für die Gesellschaft auf ganz praktische und materielle Weise wirksam ist – wenn eine Darstellung dieser Rätselhaftigkeit gelänge, so käme dies vielleicht schon einer Lösung gleich. Denn liegt nicht die Rätselhaftigkeit des Geldes paradoxerweise darin, dass es für unsere Gesellschaft tatsächlich eine Art Lösung *ist*? Eine Lösung, die es durch seine Funktionen auf ganz praktische Weise durchführt, die es durch die realisierten Werte auf objektive Weise zur Darstellung und sogar universell zur Geltung bringt und die es in den Kreisläufen unserer Ökonomie geradezu expliziert? Löst es unsere Verhältnisse nicht auf praktische Weise ein und vermittelt sie zugleich? Und präsentiert es in den ökonomischen Werten nicht geradezu diese Lösung wie in einem ebenso mathematischen wie spekulativen *Rechnen*?

Versuchen wir, diesem Rechnen, das in der Unmittelbarkeit ökonomischer Werte ebenso in objektive, universelle Geltung gesetzt wie verschwunden ist, auf die Spur zu kommen: einem übergreifenden, naturwüchsig-automatischen Rechnen, das unser individuelles Rechnen und ökonomisches Handeln ermöglicht und doch von vornherein übersteigt und sich unserer Einsicht entzieht und im Entzug beides zugleich zu sein scheint, Rätsel und Lösung.

Das Rätsel des unergründlichen Ursprungs. Die unnahbare Herkunft des Geldes und die Verschränkung von Geschichte und Logik

Das Rätsel der Verstehbarkeit des Geldes fängt mit seinem unergründbaren Ursprung an. Die Frage nach einer Art Ursprung des Geldes muss vielleicht als Frage nach seinem Anfang, oder besser: seinem *Anfangen* gestellt werden. Wie also ist das Geld in die Welt gekommen?

Die erste Versuchung, das Anfangen des Geldes zu klären, besteht darin, seinen geschichtlichen Anfang zu suchen und seinen historischen Ursprung zu rekonstruieren, um so auch auf den logischen Grund seiner Existenz zu stoßen. Auch hier wimmelt die Literatur von konkurrierenden und mitunter sich gegenseitig ausschließenden Versuchen. Geld soll aus Verhältnissen der Gabe, Schenkung, Verpflichtung und Anerkennung entstanden oder Austauschverhältnissen, Handel und Warenverkehr entsprungen sein, oder aus Verhältnissen von Schuld, Kredit und Zinsen stammen, oder aus Verhältnissen des Einschreibens und Aufzeichnens, des Medialen und der Informationen, oder aus Verhältnissen von Opfer, Kult und dem Heiligen, oder aus Verhältnissen von Abgaben, Steuern und institutioneller und staatlicher Macht, oder aus Sklaverei und Krieg, oder auch aus bloßem Vertrauen und Konvention – um nur die einschlägigsten »Ursprungsszenen« zu nennen. Geld wird entsprechend mal als Gabe eingeführt, mal als Handels- und Tauschmittel, mal als Schuld, Verpflichtung und Kredit, mal als Zeichen und Medium, mal als heiliger Gegenstand, Pfand und Wertmaß, mal als gesellschaftlich wirksame Fiktion. Diese geschichtlichen Rekonstruktionen und Herleitungen stehen separat nebeneinander und sind mitunter unvereinbar. Ihr gemeinsamer Mangel und insofern ihre Wahrheit ist, wie zu zeigen sein wird, dass auf geschichtlichem Wege dem Geld nicht beizukommen ist.

Indes gibt es eine *logische* Gemeinsamkeit, die sich über alle geschichtlichen Unterschiede hinweg einstellt, denn anscheinend nimmt im Geld stets dasjenige Verhältnis gleichsam Gestalt an und wird manifestiert, das im Geld nichts als seine Vermittlung hat –

und doch dadurch allererst *als* Verhältnis eintreten kann. Wird Geld etwa über Verhältnisse des Austauschs und Handels eingeführt, dann ist Geld entsprechend ein herausgehobener, wertvoller Gegenstand oder Münze; entspringt es Verhältnissen der Gabe, ist es verpflichtende und Gemeinschaft stiftende wie strukturierende Sache; soll es Verhältnissen des Kultes und des Opferns entspringen, dann ist es heiliger Gegenstand (und kann sogar der Mensch selbst sein); in Theorien, die Geld über Kredit- und Schuldverhältnisse begründen, wird Geld durch die Übertragung von Eigentumsrechten und Schuld eingeführt und entsteht, wie in Kommunikations- und Medientheorien des Geldes, durch Ein- und Aufschreibsysteme und ist ein Bedeutung tragendes und vor allem übertragendes, teilendes und mitteilendes Medium, usw. Mit einem Wort: Geld und »sein« gesellschaftliches Verhältnis sind, mit Heidegger, *gleichursprünglich* oder, mit Hegels Dialektik, sie befinden sich in einer *spekulativen Identität.*

Diese Gleichursprünglichkeit führt in eine Verlegenheit, die sich zwangsläufig und doch ganz zwanglos einstellt: Verfolgt man eine *historische* Rekonstruktion des Geldes, führt sie gleichsam hinterrücks, wie bei einem Möbiusband (Abb. 2), auf die »andere Seite« – nämlich in eine Rekonstruktion der *Logik* des Geldes, und zwar »zuerst« der Logik jenes gegenseitigen Voraussetzens von Geld und gesellschaftlichem Verhältnis, das sich in all den unterschiedlichen Geldtheorien jeweils einstellt. Die Suche nach den geschichtlichen Entstehungsbedingungen des Geldes führt somit in den logischen Zirkel, dass Geld einerseits und gesellschaftliches Verhältnis andererseits, wie immer das Verhältnis im Einzelnen jeweils auch (historisch) ausfallen mag, sich gegenseitig voraussetzen und gegenseitig erschließen müssen. Die Verhältnisse scheinen dem Geld genau diejenige besondere, herausgehobene oder zentrale Stellung und zugleich diejenige leere Stelle einräumen zu müssen, an der steht, was eben darum zu Geld wird, aber je schon im starken Sinne *für* diese Verhältnisse in Kraft und in Umlauf sein muss, damit sie überhaupt eintreten können. Dieser logische Zirkel löst sich somit anscheinend nur durch Vermittlung und Verzeitlichung auf, ja beide, das Geld und die gesellschaftlichen Verhältnisse, *sind* dieser Zirkel,

Abb. 2: Ein Möbiusband in der antiken Kunst. Bodenmosaik aus Sentinum (beim heutigen Sassoferrato, Italien), 3. Jahrhundert n. Chr. In der Mitte des mit den Tierkreiszeichen geschmückten Möbiusbandes steht der Gott Aion als Verkörperung der Weltzeit. Außerhalb findet sich Gaia, die wir in *Kosmos* als die ausgeschlossene Dritte kennenlernen werden.

der sich schlicht als Vermittlung gesellschaftlicher Verhältnisse durch Geld ein- und darstellt.

Um diese Verschränkung anzuzeigen, sagt Marx, dass Geld, welche Gestalt es auch immer annehmen mag, »kein Ding, sondern ein gesellschaftliches Verhältnis« ist.[21] Und mit Marx' *Kritik der politischen Ökonomie* wollen wir dieser Verschränkung von Geld und gesellschaftlichem Verhältnis auf die Spur kommen, indem wir in einem forcierten Gebrauch seiner Ökonomiekritik versuchen, mit der *Logik von Messung und Quantifizierung* die kapitalistische »Ökonomie der Zeit« (Marx) zu erschließen.

Der Umbruch als neuer Ursprung und neuer Anfang: kapitalistisches Geld

Die beschriebene Zirkularität in den verschiedenen Geldtheorien ist vielfach bemerkt und kritisiert worden. Für die Suche nach dem Ursprung des Geldes bietet die Verlegenheit, in die der Zirkel führt, indes eine erste Lösung. Denn anscheinend *ist* Geld schlicht dieser logische Zirkel, und demnach müssen wir den logischen Zirkel nicht vermeiden oder überwinden, sondern es geht im Gegenteil zunächst darum, es mit seiner Notwendigkeit aufzunehmen und in ihm sogar das gesuchte Anfangen des Geldes selbst zu sehen. Das Geld ist schlicht deshalb geschichtlich nicht ableitbar, weil es mit oder besser *in* diesem Zirkel erst anfängt und nicht vom geschichtlich Vorangegangen, sondern vom Anfangen her sich begründet, und zwar vom Anfangen desjenigen Verhältnisses, das es vermittelt und allererst als Verhältnis setzt. Und ein solches gleichzeitiges Anfangen soll im Folgenden für unsere kapitalistische Gesellschaft untersucht und offengelegt werden. Denn was immer das Geld in der Geschichte auch gewesen sein mag und welche Verhältnisse es auch immer vermittelt haben mag: Es muss einen gemeinsamen Ursprung des *kapitalistischen* Geldes und »seiner« *kapitalistischen* Verhältnisse geben. Es muss mit dem Anfang des kapitalistischen Geldes auch eine Art gemeinsamen Umbruch gegeben haben, einen Umbruch sowohl in der Geschichte als auch in den Funktionen des Geldes und der ihm entsprechenden gesellschaftlichen Verhältnisse.

Dann aber ist das Geld nicht aus vorkapitalistischen Verhältnissen in einer evolutionären Entwicklung hervorgegangen, sondern es hat gleichsam mit diesen Verhältnissen gebrochen und ist selbst aus dem Bruch, der es von ihnen *trennt,* hervorgegangen. Das kapitalistische Geld entspringt erst denjenigen Verhältnissen, die fortan *kapitalistische* Verhältnisse sein werden und die das Geld selbst als solche vermittelt und dadurch im Wortsinn allererst mit sich bringt. Kurz, das

Geld – was auch immer es in seiner vorherigen Geschichte gewesen sein mag – fängt mit denselben Verhältnissen, die es im Kapitalismus in Kraft setzt und durch die es seinerseits in Kraft ist, gleichsam *neu an*. (Wir werden am Ende sehen, dass dies ein gesellschaftlicher Neuanfang nicht nur *in* der Geschichte und in der Zeit ist, sondern dass eine neue Gesellschaft und eine neue Geschichte anfängt durch eine ganz neue *Zeit*, die das Geld mit sich bringt und die mit ihm anfängt. Das »Anfangen« des Geldes und der Beginn der »Neuzeit« sind also wörtlich, nämlich unmittelbar zeitlich zu nehmen.)

Dass das Geld »im Bruch« mit vorkapitalistischen Verhältnissen hervorgegangen ist, ist ebenso historisch wie logisch zu verstehen: Das Neue sowohl aufseiten des Geldes als auch aufseiten der gesellschaftlichen Verhältnisse besteht darin, dass das Geld im Kapitalismus gesellschaftliche Verhältnisse in *Wert*verhältnisse *(um) bricht*. Erst im Kapitalismus schlägt das Geld, wie wir noch sehen werden, gesellschaftliche (Produktions-)Verhältnisse um in *quantitative* (Wert-)Verhältnisse, und durch diesen logischen (Um-)Bruch wird die Ökonomie gespalten in eine qualitative und eine quantitative Seite und reproduziert sich über die Vermittlung dieser beiden Seiten. Mehr noch, das Geld schlägt über dieses Umschlagen gesellschaftlicher in quantitative Verhältnisse seinerseits quantitativ um, nämlich in seiner selbstbezüglichen Bewegung als Kapital, sodass es dieselben Wertverhältnisse, die es in der Ökonomie hervorruft und sogar praktisch vermittelt, durch seine eigene Form als Kapital übergreift. Marx hat diese übergreifende Bewegung des Geldes formalisiert als dessen Kapitalform Geld-Ware-Geld plus Profit (G-W-G') Die qualitative und die quantitative Seite der Ökonomie sind in dieser selbstbezüglichen Kapitalbewegung aufgehoben, aber zugleich sind sie in die Selbständigkeit und in eine ungeheure Dynamik entlassen, die das Geld durch jene Kapitalbewegung immer wieder erschließen und »einfangen« muss. Denn dies ist die eigentliche kapitalistische Bestimmung des Geldes: dass es in den Waren Produktionsverhältnisse quantitativ erschließt, in deren beide Bestandteile, Arbeitskraft und Produktionsmittel, es selbst verwandelt und als Wert eingehen muss, sodass es in den Waren misst, was seine eigene Entäußerung in ihre Produktion wert gewesen ist.

Doch diese sich selbst messende Bewegung des kapitalistischen Geldes wird sich erst am Ende der Entwicklung herausstellen. Zunächst wollen wir die beiden Seiten, das gesellschaftliche Wertverhältnis auf der einen und das Geld auf der anderen Seite, jeweils getrennt für sich betrachten, um sie dann anschließend zusammenzuführen. Zunächst wenden wir uns den radikal neuen Verhältnissen zu, in die das Geld die Gesellschaft im Kapitalismus »umbricht«.

Der Umbruch in die kapitalistische Gesellschaft: Das rein gesellschaftliche Sein und der Kapitalismus als neuer Anfang

Es gibt bei Karl Marx eine unscheinbare Bestimmung, die auf ebenso präzise wie schlagende Weise zeigt, dass es einen radikalen Bruch sowohl in der Logik des Geldes als auch einen geschichtlichen Umbruch in der Gesellschaft gegeben haben muss: Erst im Kapitalismus stellt das Geld ein gesellschaftliches Verhältnis her, das »rein« ist. Erst jetzt gibt es eine »reine Gesellschaftlichkeit«, und es ist diese »Reinheit«, in der der Bruch mit allen vorkapitalistischen Verhältnissen steckt. Was ist unter dieser »Reinheit« zu verstehen?

Zunächst heißt *rein*, dass die kapitalistischen Verhältnisse geradezu bereinigt und befreit werden von allen vorherigen, oben aufgezählten Gabe-, Schuld-, Verpflichtungs-, und persönlichen Abhängigkeitsverhältnissen etc., und durch diese Bereinigung werden sie radikal von all diesen Verhältnissen getrennt. Doch die eigentliche Reinheit entsteht nicht durch diese historischen Bereinigungs- und Trennungsprozesse. Sie wird vielmehr dadurch erzeugt, dass das kapitalistische Verhältnis nicht nur von all den Verhältnissen, die ihm geschichtlich vorhergingen, bereinigt und getrennt wird, sondern von allem empirischen Dasein *überhaupt*. Das kapitalistische Verhältnis ist nämlich »rein« im kantischen Sinne von »nicht-empirisch«, d. h. es ist geschieden von aller natürlichen und überhaupt aller sinnlich erfahrbaren und aller stofflich-materiellen

Beschaffenheit und qualitativen Bestimmung, in denen es gleichwohl zur Erscheinung kommt und kommen *muss*. Marx bezeichnet dieses Nicht-Empirische, Übersinnlich-Ideelle des gesellschaftlichen Verhältnisses schlicht als »Wert«: Der Wert ist ein rein »gesellschaftliches Verhältnis«, in das »kein Atom Naturstoff«[22] eingeht – und erst die kapitalistische Gesellschaft tritt in ein solches Verhältnis ein. Natürlich hat es schon vor dem Kapitalismus Gesellschaften und somit soziale Verhältnisse gegeben – aber keine *rein* gesellschaftlichen Verhältnisse. Während Kant diese empirische Reinheit in die Formen des Subjekts und seiner Vernunft legt und als dessen »Vermögen a priori«, als »ursprünglich gegeben« und »spontan« konzipiert, kommt bei Marx die Reinheit, kommt dieses Übersinnliche und Ideelle aber nicht von vornherein durch das Subjekt und dessen Verstand ins Dasein und macht sich nicht als Vernunft objektiv geltend, sondern es kommt ebenso dem gesellschaftlichen Dasein im Kapitalismus objektiv zu, oder, wieder mit Kant, es kommt ihm »an-sich« zu (und bekanntlich bleibt uns nach Kant dieses Ansichsein, »das Ding an sich«, erkenntnisjenseitig). Und weil diese Reinheit nicht einseitig dem Subjekt, sondern ebenso dem Dasein und den Dingen an-sich zukommen soll, darum entspricht dieses rein gesellschaftliche Sein, das Marx als Wert entwickelt, eher dem »reinen Sein«, das Hegel in seiner *Wissenschaft der Logik* entwickelt.

Doch ob Kants »reine Vernunft«, Hegels »reines Sein« oder Marx' »rein gesellschaftliches Verhältnis« – in allen drei Fällen geht es darum, über diese Reinheit die Konstitution von *Objektivität* zu begreifen. Allein Marx aber beansprucht, das Nicht-Empirische und Ideelle der Objektivität, gleichsam das Objektive der Objektivität, auf ebenjene neue, bürgerlich-kapitalistische Gesellschaft zurückzuführen, und zwar auf die Reinheit, die durch die ökonomische In-Wert-Setzung ihres Verhältnisses entsteht. Marx' Begriff der Objektivität ist somit auch eine implizite und immanente Kritik jener philosophischen Konzeptionen von Reinheit und Objektivität bei Kant und Hegel, und diese immanente Kritik wird explizit, indem sie in einer Art materialistischer Wendung durch die Entwicklung und Darstellung ebenjener kapitalistischen Objektivität expliziert wird.

Diese materialistische Wendung reduziert sich nicht auf eine intellektuell-theoretische Wendung allein aufseiten der Marx'schen Kritik. Marx zeigt vielmehr, dass es die kapitalistische Gesellschaft selbst ist, die durch Werte ihre Verhältnisse als solche, als reine Relation und somit als ein negatives Sein oder eine negative Qualität, in einem ihr eigenen Materialismus in quantitative Werte (um-)bricht und gleichsam ins Positive wendet und objektiviert. Wir müssen uns also diese Objektivität ansehen, die im Kapitalismus durch den logischen Bruch und die materialistische Wendung aufseiten ökonomischer Verhältnisse erzeugt wird: den Wert und seine Reinheit. Im zweiten Schritt wollen wir dann diese Wendung untersuchen, die in der Gesellschaft selbst wirksam ist – diese Wendung wird dann das Geld sein.

Mit dem ökonomischen Wert gibt es zum ersten Mal in der Geschichte – und allein schon darum muss es einen radikalen Bruch und einen neuen Anfang gegeben haben – eine Ökonomie im strengen Sinne. Denn von unserer kapitalistischen Ökonomie aus zeigt sich im historischen Rückblick in den vor- oder nicht-kapitalistischen Gesellschaften überall das Ökonomische ungetrennt vom Nicht- oder Außer-Ökonomischen und »vermengt« mit den oben aufgezählten Verhältnissen: mit dem Religiösen und der feudalen Herrschaft, den gemeinschaftlichen und familiären Beziehungen, den personalen Abhängigkeiten und Verpflichtungen, den kulturellen Bräuchen und Traditionen usw. Diese Vermischungen sind der Grund, warum es keine eigenständige Ökonomie im strengen, heutigen Sinne gab – die radikale Eigenständigkeit und Selbstbezüglichkeit des Ökonomischen und dessen »reine« Gesellschaftlichkeit tritt erst im Kapitalismus in Kraft. Der Wert hat im Kapitalismus daher einen ganz anderen Status als in vor- und nichtkapitalistischen Gesellschaften. Erst im Kapitalismus werden nicht einfach Dinge in Wert gesetzt und quantifiziert, sondern ein gesellschaftliches *Verhältnis*, und in Wert gesetzt und quantifiziert wird wiederum nicht einfach das Verhältnis von Dingen, sondern das Verhältnis ihrer Produktion. Vor allem aber wird erst im Kapitalismus diese In-Wert-Setzung und Quantifizierung von Produktionsverhältnissen *reflexiv*, nämlich durch die »Verwertung von Werten«

einerseits und den kapitalistischen Selbstbezug des Geldes andererseits – beide darauf ausgerichtet, einen Gewinn hervorzubringen.

Nicht nur die Ökonomie als solche, sondern auch die einzelnen ökonomischen Kategorien, die in Wert gesetzt und als Werte verwertet werden und die dadurch ein gemeinsames ökonomisches Verhältnis teilen: Arbeitskraft, Produktionsmittel, Waren etc. – auch diese Kategorien werden mit einem Schlag kapitalistisch bestimmt und unterscheiden sich, genau wie die Quantifizierung selbst, von ihrer vorkapitalistischen Bedeutung (sofern sie vordem überhaupt schon existierten).

Die neue und spezifisch kapitalistische Bestimmung, die mit der kapitalistischen Quantifizierung als Wert in die Ökonomie und ihre Kategorien, ja in die Gesellschaft insgesamt einzieht, ist, genauer gesagt, eine *doppelte* Bestimmung, nämlich zum einen eine je besondere qualitative, gebrauchswertige und zum anderen eben jene reine Bestimmung, die radikal davon geschieden ist: die rein quantitative des Werts. Und diese *doppelte* Bestimmung tritt gerade durch das Reine ein, denn entscheidend für die doppelte Bestimmung ist, dass das Quantitative von jeder qualitativen, gebrauchswertigen Eigenschaft, Beschaffenheit und Bestimmung radikal getrennt ist und stattdessen jener eigenständigen Ökonomie entspringt, die im Kapitalismus durch das Verwerten quantitativer Werte begründet wird. Ein Tisch, ein Apfel, ein Haarschnitt, ein Computerprogramm etc. haben zum einen bestimmte soziale sowie materiell-stoffliche Eigenschaften und sind Gebrauchswerte, und alle diese qualitativen Bestimmungen und Beschaffenheiten können ganz unterschiedlich, ja unendlich vielfältig ausfallen (Nutzen, Status und Prestige, Gewicht, Geschmack, Aussehen, etc.). Diese Qualitäten haben aber zum anderen einen ökonomischen Wert, der daraus *nicht* ableitbar ist und durch den ein historisch ganz neues Verhältnis entspringt, das von allen diesen besonderen Qualitäten radikal geschieden ist und zugleich ihr Verhältnis bestimmt und regelt und darüber zu ihrer identischen, gleichsam negativen Qualität wird, eben der Qualität ihres Verhältnisses als rein quantitative Werte: Als Gebrauchswerte sind sie verschieden, als Werte sind sie gleich und stehen in einem rein quantitativen Verhältnis zueinander.

Durch diese doppelte Bestimmung sind die Dinge in sich gespalten und führen eine doppelte Existenz.

Diese Spaltung wie doppelte Bestimmung zieht sich durch alle ökonomischen Kategorien hindurch. So ist die Ware, das ökonomische Objekt schlechthin, innerlich gespalten und hat einen doppelten Charakter: als »Gebrauchswert« ist sie qualitativ bestimmt, als »Tauschwert« ist ihre einzige Qualität dagegen, rein quantitativ bestimmt zu sein. Gleiches gilt für die Arbeit, die in die Ware eingegangen ist: Sie ist »konkrete Arbeit«, sofern sie bestimmte Arbeit ist, die einen bestimmten Gebrauchswert hervorbringt, aber »abstrakte Arbeit«, sofern diese als Ware fungiert und als »Wert« gilt. Und mit Arbeit und Ware, nach Marx die Substanz und die Form des Wertverhältnisses, ist die gesamte Produktion im Kapitalismus gespalten und doppelt bestimmt: Sie ist einerseits materieller Arbeits- und Produktionsprozess, andererseits abstrakter Verwertungsprozess quantitativer Werte. Damit ist schließlich der Reichtum im Kapitalismus schlechthin doppelt bestimmt, denn er besteht einerseits aus einer gewaltigen Produktion materieller und immaterieller Waren aller Art, die beständig qualitativ differenziert, verbessert und ausgeweitet werden – Sinnbild dafür ist die »ungeheure Warensammlung«, die Marx gleich im berühmten ersten Satz des *Kapital* aufruft –, und zum anderen führt der Reichtum ein abstraktes, rein quantitatives Dasein, resultierend aus einem selbstzweckhaften »Akkumulieren um der Akkumulation willen«. Aber auch die anderen fundamentalen Kategorien der Ökonomie erhalten eine neue und spezifisch kapitalistische Bestimmung, etwa Gewinn, Zins, Armut, Krise, usw. Alle diese Kategorien mögen schon, genau wie Arbeit und Ware, in vor- und nicht-kapitalistischen Zeiten existiert haben. Aber sie erhielten ihre Bestimmung durch all die oben skizzierten vor- und nicht-kapitalistischen Anerkennungs-, Schuld-, Verpflichtungsverhältnisse etc., in denen, so verschieden sie auch ausfielen, das Ökonomische stets ungeschieden und »unrein« war; es existierte vermischt in Verhältnissen der gemeinschaftlichen Abhängigkeit, der feudalen, religiösen und personalen Herrschaft etc., aber eben nicht *rein* als solches. Erst im Kapitalismus geht die Gesellschaft ein Verhältnis mit sich selbst ein, das einerseits quantifiziert wird und qualitätslos und rein ist, das aber andererseits genau *dadurch* für die qualitative Entwicklung der Arbeit und der Arbeitskräfte, der Produktionsmittel und der Waren bestimmend wird und eine Ökonomie mit einer ungeheuren Dynamik freisetzt, mit einer gewaltigen Entwicklung der Produktionsmittel und der Produktivkraft. Kurzum, die Spaltung und der Doppelcharakter ergeben nichts weniger als die Form unserer kapitalistischen Vermittlung und Vergesellschaftung.

Die radikale Scheidung und doppelte Bestimmung treten durch den oben genannten Umschlag gesellschaftlicher in quantitative Verhältnisse ein: Dadurch ist die Ökonomie mit einem Schlag gespalten in eine qualitative und eine quantitative Seite. Der gesellschaftliche und geschichtliche Umbruch tritt also ein durch einen *logischen* Bruch, der zugleich auf eine buchstäbliche Weise gesellschaftliche Verhältnisse in ökonomische Wertverhältnisse *umbricht*. Dieser Umbruch findet ebenso in der Gesellschaft insgesamt wie in den einzelnen fundamentalen Kategorien der Ökonomie selbst statt, die dasselbe Verhältnis, das sie austragen, als ihre innere Spaltung wie doppelte Bestimmung an sich haben. Marx entwickelt seine Kritik der politischen Ökonomie über diese Spaltung und doppelte Bestimmung ihrer ökonomischen Kategorien, um darüber die Form ihrer gesellschaftlichen Vermittlung und ihren Zusammenhang einzuholen, aber auch, um die enorme geschichtliche Dynamik und Produktivkraft zu erschließen, die durch diese doppelte Bestimmung in Kraft tritt und den Kapitalismus gegenüber allen vorherigen Epochen auszeichnet.

Bevor gezeigt wird, dass es das Geld ist, das gesellschaftliche in quantitative Verhältnisse umbricht und diese radikale Spaltung hervorbringt, soll herausgearbeitet werden, dass auch dieser logische Anfang, der in der Logik dieses Umbruchs liegt und zugleich einen geschichtlichen Umbruch markiert, von seiner Überschreitung her zu begreifen ist. Der Kapitalismus fängt an, indem er von seiner Überschreitung her in sich eintritt.

Die qualitative wie die quantitative Seite sind im Kapitalismus von vornherein auf ihre ständige Entwicklung und Überwindung ausgerichtet. Denn Arbeit, Produktion, Waren, sie alle sind in ihrer qualitativen Bestimmung und Beschaffenheit dazu bestimmt, in eine *quantitative Verwertung und Vermehrung* einzugehen und sich gleichsam als Momente dieser quantitativen Reichtumsakkumulation zu bewähren, also Wert zu bewahren und zu vermehren. Die kapitalistische Gesellschaft unterzieht sich als erste Gesellschaftsform der Geschichte einer umfassenden Verwertung, um quantitativ über sich hinauszugehen und dadurch die Arbeiten und die Arbeitskräfte, die Produktionsmittel und die produzierten Waren und überhaupt alle Bereiche der Gesellschaft beständig zu »revolutionieren« (Marx), und zwar vor allem durch die Entwicklung von Wissenschaft und Technik und ihre Einschreibung in die Produktionsmittel und den Produktionsprozess. Die rein quantitative Verwertung und Akkumulation von Werten führt somit nicht nur zu einer ungeheuren Anhäufung von Reichtum in quantitativer, abstrakter Gestalt – Akkumulation des Geldes und des Kapitals –, sie führt auch zu einer ungeheuren *qualitativen* Veränderung der Gestalten des Reichtums und in eine dynamische gesellschaftliche und geschichtliche Entwicklung. Diese gegenseitige Dynamisierung von Qualität und Quantität führt insbesondere in eine rasante Entwicklung und Steigerung der Produktivkraft. Kurz, die kapitalistische Gesellschaft scheint sich von allen vorherigen Gesellschaften abzusetzen durch ihren Fortschritt in der Produktivkraft und den dazugehörigen Gestalten; sie ist eine »heiße« Gesellschaft (Lévi-Strauss) und kann nur eine solche sein.

Der logische wie historische (Um-)Bruch, der die kapitalistische Gesellschaft von allen »kalten« vorkapitalistischen Verhältnissen nicht nur durch einen nie dagewesenen ökonomischen Fortschritt abhebt, wendet sich, gleichsam im Nachhinein, noch gegen jene Vergangenheit. Von unserer kapitalistischen Ökonomie aus gesehen muss es nämlich scheinen, als seien die nicht- und vorkapitalistischen Gesellschaften geradezu darauf ausgerichtet gewesen, eine solche kapitalistische Initialzündung und einen solchen »take off« (den wir in *Kosmos* analysieren werden) zu verhindern. Der Reichtum hatte keine solche quantitative Form für sich, und er hatte vor allem keine selbstbezügliche Form der kontinuierlichen Vermehrung durch quantitative Verwertung gefunden. Ökonomischer Wert und Tauschwerte waren noch nicht Größen innerhalb eines gesamtgesellschaftlichen Verwertungsverhältnisses, sondern bloße Bewertungen, ohne dass sich daraus ein ökonomisches System und eine innere ökonomische Notwendigkeit ergeben hätte. Ein Schatz ist etwas kategorial anderes als ein Aktiendepot, und die Schatzinseln der vergangenen Jahrhunderte haben mit den Steuerparadiesen von heute nur den geographischen Ort gemein. Vor allem aber waren andere, aus kapitalistischer Sicht unökonomische und unproduktive und gleichsam unreine oder gar irrationale Werte (sofern der Wertbegriff hier überhaupt passt) wichtig, wie Status, Prestige, Ehre, Anerkennung, Verpflichtung, Freundschaft, gemeinschaftliche und personale Abhängigkeiten und Abgaben, religiöse Pflichten und Bezüge usw. Die Gesellschaft und ihre Gestalten waren also nicht nur nicht auf eine quantitative Reichtumsproduktion und die Steigerung der Produktivkraft ausgerichtet. Vielmehr muss es scheinen, als seien sie umgekehrt geradezu darauf ausgerichtet gewesen, sowohl mit ihrem Reichtum als auch mit den Elementen seiner Produktion heidnisch, religiös, verschwenderisch, rückhaltlos, irrational oder schlicht desinteressiert und gleichgültig umzugehen – jedenfalls aber aus kapitalistischer Sicht unökonomisch und unproduktiv, unfähig, ihn immanent und systematisch, aus innerer Notwendigkeit heraus zu erweitern und erweitert zu reproduzieren. (Einflussreich und noch für heutige Kapitalismuskritiker attraktiv war Aristoteles' Kritik an der »chrematistischen« Reichtumsakkumulation, der Akkumulation um ihrer selbst willen.)

Es war Georges Bataille, der wohl als Erster Gesellschaften explizit nach ihrem Umgang mit dem Reichtum unterschied und darauf aufmerksam machte, dass es nicht ihre Armut, sondern vielmehr ihr Reichtum ist, der die Gesellschaften jeweils in die Verlegenheit brachte, mit diesem exzessiven, »verfemten Teil« irgendwie umgehen und vor allem mit ihm *fertig* werden zu müssen.

Bereits vor Bataille hat Marx gezeigt, dass Krisen im Kapitalismus nicht nur einbrechen, wenn zu wenig, sondern auch und sogar vor allem, wenn zu viel Reichtum da ist. Eine Krise tritt ein, wenn zu viel Reichtum in all seinen ökonomischen Gestalten angehäuft wird, wenn Ware, Arbeitskräfte, Produktionsmittel, Geld, Wertpapiere etc. akkumuliert oder vielmehr überakkumuliert werden und daher nicht mehr produktiv verwertbar sind. Denn erst die kapitalistische Gesellschaft muss mit ihrem Reichtum dadurch »fertig« werden, dass er im Prozess seiner Herkunft in einer produktiven Verwertung »zugrunde geht« im Hegel'schen Sinne von: in seinen Grund zurückgeht. Erst im Kapitalismus wird Reichtum nicht rückhaltlos verausgabt oder prestigeträchtig verschwendet, er verharrt nicht unproduktiv in Hortung und Schatzbildung, und er zirkuliert auch nicht innerhalb bloßer Handelsbeziehungen. Sondern er wird in die Bestandteile seiner Produktion zurückverwandelt und durch die Verwertung von Arbeitskraft und Kapital auf sich selbst zurückgeführt – um dadurch über sich hinauszugehen und sich zu vermehren und zu akkumulieren (wir werden am Ende dieses Kapitels sehen, dass erst durch diese Logik der Akkumulation, also durch das Zugrundegehen wie Über-sich-Hinausgehen des Reichtums, sowohl eine dauerhafte, weil ständig wiederkehrende Gegenwart als auch »ihre« Vergangenheit und »ihre« Zukunft eröffnet werden).

Diese Möglichkeit, die kapitalistische Gesellschaft von vor- und nicht-kapitalistischen Gesellschaften abzugrenzen und einen radikalen Neuanfang zu bestimmen, stellt indes auch eine Verlegenheit dar. Sie ist methodischer Natur: Obwohl der ökonomische und produktive Umgang mit Reichtum historisch situiert ist und nur im Kapitalismus existiert, bringt dieser Umgang mit ökonomischen Werten eine Rationalität, eine Logik, ja eine Wahrheit mit sich, die dieser kapitalistischen Bedingtheit und historischen Begrenztheit widerspricht, weil es scheinen muss, als habe diese ökonomische Rationalität auch in Zeiten gegolten, in denen sie *noch* nicht wirksam wurde oder ihr zumindest nicht gefolgt wurde. Genau wie erst die neuzeitliche Naturwissenschaft durch die Quantifizierung der Naturverhältnisse eine *Wahrheit* der Natur hervorbringt, die doch universell ist und überhistorisch immer schon gegolten haben muss, bringt auch die Quantifizierung gesellschaftlicher Verhältnisse eine ökonomische Rationalität und eine Logik der Verwertung und der Reichtumsproduktion hervor, die als solche zeitlos wahr oder zumindest richtig zu sein scheint. Und es ist somit diese Rationalität der kapitalistischen Ökonomie, die uns nachgerade das universelle Maß zur Beurteilung noch ihrer Vorgeschichte geben will. Vor allem aber scheint sie auch für alle zukünftigen Zeiten zu gelten, und zwar allein schon darum, weil diese Rationalität der rationale und gleichsam natürliche Umgang mit der Zeit selbst ist (auch dies werden wir am Ende des Kapitels noch zeigen). Diese Rationalität eines produktiven Umgangs mit einer quantifizierten Zeit wäre somit durch keine andere, höhere oder gar universelle Rationalität überwindbar. Eine Ökonomie, die nicht auf der Quantifizierung ihrer Bestandteile beruht und die nicht produktiv – rational – mit Werten und quantitativen Größen rechnet und dadurch mit der Endlichkeit der Zeit wirtschaftet (oder die Endlichkeit der Zeit selbst bewirtschaftet), die sich nicht auf die Endlichkeit des Daseins ausrichtet und quantitativ in ihr einrichtet samt entsprechenden Vorstellungen von Gleichheit und Gerechtigkeit, eine solche ganz andere Ökonomie wäre weder theoretisch denkbar noch in der Praxis realisierbar.

Offenbar führt die Quantifizierung gesellschaftlicher Verhältnisse also zu mehr als »nur« zu einer geschichtlichen wie empirischen Bereinigung von allen vorkapitalistischen Verhältnissen. Diese Reinheit muss vielmehr einen geradezu überhistorischen, universellen Status innehaben. Die Quantifizierung bringt augenscheinlich eine rein *gesellschaftliche* Natur hervor, die analog der »eigentlichen«, ersten Natur eine unhintergehbare und unüberbietbare objektive Geltung für sich beansprucht. Die Quantifizierung gesellschaftlicher Verhältnisse geht daher nach Marx mit einer Naturalisierung, oder genauer: Selbstnaturalisierung einher. Sie wurde in der Gesellschaftskritik nach Marx, in Anspielung auf Hegels Konzeption des Geistes einerseits und den ahistorischen Status der Natur in der neuzeitlichen Naturwissenschaft andererseits, als »zweite«, »rein gesellschaftliche Natur« bezeichnet. Demnach würde Marx mit dieser Kritik der Naturalisierung gesellschaftlicher und spezifisch kapitalistischer Verhältnisse gleich eine doppelte

»materialistische Wende« gelingen, denn die Kritik würde sowohl die Wahrheit des neuzeitlichen Naturbegriffs als auch die Wahrheit des Hegel'schen Geistes herausstellen, ja, vielleicht stünde geradezu die Wahrheit des Wahrheitsbegriffs selbst auf dem Spiel.

Die materialistische Wendung

»Es hat eine Geschichte gegeben,
aber es gibt keine mehr.«
(Marx)

Die Quantifizierung gesellschaftlicher Verhältnisse, die als zweite Natur ein spezifisch kapitalistisches und doch ahistorisches Wertverhältnis hervorbringt, gibt sich der bürgerlich-kapitalistischen Gesellschaft in drei Formen ihrer Selbstvergewisserung und -verständigung auf eine verkehrte Art und Weise gleichwohl zu erkennen, nämlich 1. in der Philosophie, 2. in der Wissenschaft von der Ökonomie und im Alltagsverstand und 3. in der Naturwissenschaft, wobei der Naturwissenschaft eine eigentümliche Stellung zukommt.

1. Das Wertverhältnis findet in der Philosophie des Deutschen Idealismus seine im Wortsinn *ideale* Verarbeitung in den neuen Konzeptionen des Seins, also in der Ontologie, sowie im Begriff der Objektivität, entwickelt vor allem in Kants *Kritik der reinen Vernunft* und in Hegels *Wissenschaft der Logik*. Marx beansprucht für diesen Höhepunkt des bürgerlichen Selbstverständnisses eine Art materialistische Wendung, die im Anschluss an Feuerbachs Religionskritik in philosophischen Konzeptionen das gesellschaftliche Dasein des Menschen durchsichtig macht, aber auch die verschwundenen sozialen Bedingungen der Philosophie selbst sichtbar machen will. Marx will sie auf der Höhe seiner *Kritik der politischen Ökonomie* sichtbar machen durch eine Art Vergesellschaftung, die die Ideen und vor allem die *Probleme*, die durch die Philosophie formuliert wurden, in Kategorien der politischen Ökonomie überführt – und somit auch jene Probleme als solche der kapitalistischen Gesellschaft reformulierbar macht. Diese Vergesellschaftung der Philosophie, ihres Gegenstandes und ihres Problembewusstseins, betrifft indes gerade das Philosophische der Philosophie, nämlich das

Nicht-Empirische und Reine, Ideelle und Negative, das in Begriffen wie Sein, Vernunft, Negativität, Objektivität und Wahrheit entwickelt wird – und eben nicht in Kategorien von Wert und Geld.

2. Der Wert ist explizit präsent in der klassischen politischen Ökonomie, aber auch im Alltagsverstand der Subjekte in der bürgerlich-kapitalistischen Gesellschaft. Er ist *zu* präsent, insofern beide, Wissenschaft wie Alltagsverstand, den Wert verdinglichen, nämlich ihn wie eine dingliche Eigenschaft verstehen und fetischistisch wie eine quasi-natürliche Bestimmung der Arbeit, der Produktionsmittel und Waren sowie, allen voran, des Geldes reflektieren. Hier liegt das Problem zuvorderst darin, dass Wissenschaft wie Alltagsverstand den Wert gerade nicht radikal von seinen empirischen Erscheinungen zu trennen und unterscheiden vermögen, sondern z. B. an einen intrinsischen Wert von Waren oder des Goldes glauben oder ihn mit Gebrauchswert und Nutzen vermischen.

3. Schließlich kann das reine Sein der Gesellschaft, der *Wert*, wie sich in der Rede von der »zweiten Natur« schon zeigt, in eine Analogie gebracht werden zu dem Sein, das die Natur in der modernen Naturwissenschaft erhält. Wie für die Philosophie von Kant und Hegel ist auch für Marx die Naturwissenschaft in zweierlei Hinsicht Orientierung und sogar Vorbild. Zum einen, weil auch die Naturwissenschaft, wie die Philosophie (und im Gegensatz zur Wirtschaftswissenschaft und zum Alltagsverstand), kritisch zwischen der empirischen Erscheinung der Natur und ihrem Wesen unterscheidet: »[...] alle Wissenschaft wäre überflüssig, wenn die Erscheinungsform und das Wesen der Dinge unmittelbar zusammenfielen [...].«[23] Zum anderen orientiert sich Marx an dem Begriff der *Objektivität*, den die neuzeitliche Naturwissenschaft durch die Quantifizierung »ihrer« Verhältnisse gewonnen hat, also in der exakten Bestimmung der Naturverhältnisse durch Wertgrößen – und anscheinend gelingt die Objektivierung gesellschaftlicher Verhältnisse auf eine analoge Weise. Marx kann für seine Darstellung der kapitalistischen Ökonomie somit allein dadurch wissenschaftliche Strenge und Objektivität beanspruchen, indem er entwickelt, auf welche Weise die Ökonomie sich durch Quantifizierung naturwüchsig selbst objektiviert und objektiv an sich

bestimmt – und dadurch zu einer zweiten, gesellschaftlichen Natur wird.

Man kann Marx' Entwicklung des Werts und der Quantifizierung und Ökonomisierung gesellschaftlicher Verhältnisse durchaus als implizite Kritik dieser drei Formen des Wissens verstehen, und seine materialistische Wende kann dazu genutzt werden, jeweils ihre gesellschaftliche und ihre spezifisch kapitalistische Wahrheit hervorzukehren. Indes ging die Entdeckung dieses radikalen Bruchs, der durch die kapitalistischen Wertverhältnisse in die Gesellschaft und in das Denken eintritt, mit einem viel diskutierten Bruch innerhalb von Marx' eigener Gesellschaftskritik einher. Es gibt nämlich in seiner Suche nach einer angemessenen Gesellschaftskritik gleich *zwei* materialistische Wendungen, deren zweite zugleich einen frühen von einem späteren Marx trennt.

In seinen frühen Schriften vor der Ausarbeitung seiner Kritik der politischen Ökonomie, besonders in den Schriften der sog. *Deutschen Ideologie*, den *Ökonomisch-philosophischen Manuskripten aus dem Jahre 1844* und dem *Manifest der Kommunistischen Partei* von 1848, machte Marx nämlich seine materialistische Kritik noch an der Enteignung, Entfremdung und Ausbeutung der menschlichen Arbeit und der Arbeiterklasse durch die kapitalistischen Produktions- und Eigentumsverhältnisse fest. Aufgabe dieser ersten materialistischen Wendung war es zu zeigen, dass die menschliche Arbeit und die Arbeiterklasse sowie allgemein die gesellschaftliche Praxis des Menschen das Wesen und die treibende Kraft in der Gesellschaft und ihrer Geschichte sind, dass sie aber im Kapitalismus unter fremdbestimmten Verhältnissen stattfinden, durch die sie objektiviert und sich selbst entfremdet werden (und ebendiese Entfremdung des menschlichen Wesens und der menschlichen Praxis kehrt in den Formen der Philosophie, der bürgerlichen ökonomischen Wissenschaft und des Alltagsverstandes wieder). Als Marx sich dann ab den 1850er-Jahren der politischen Ökonomie zuwandte, wurde auch sein Begriff des Werts von vielen Lesern noch im Sinne dieses Materialismus interpretiert. Anhänger wie Gegner gingen davon aus, Marx entwickele eine objektive Arbeitswertlehre in der Tradition von Adam Smith und besonders David

Ricardo, die zeige, dass der Wert auf der Verausgabung lebendiger Arbeit der Arbeitskraft sowie auf deren Anwendung und Ausbeutung durch das Kapital und die Bourgeoisie beruhe.

Indes findet in diesen ökonomiekritischen Schriften noch eine zweite materialistische Wende statt, und diese präzisiert und verändert gleichsam retroaktiv jene erste Wende. Marx führt das gesellschaftliche Verhältnis der Arbeit und der Arbeiterklasse nun nämlich auf die *kapitalistische Form* zurück, in der Arbeit im Kapitalismus verwertet wird: Auf die Trennung der Produzenten von ihren (Re-)Produktionsmitteln und die Freisetzung der Arbeitskraft im Zuge der »ursprünglichen Akkumulation«, auf die In-Wert-Setzung und Verwertung der Arbeitskraft durch die Kommodifizierung ihrer Arbeitszeit, auf die Vermittlung ihrer Produkte als Werte und Waren, auf die Steigerung ihrer Produktivkraft durch die kapitalistischen Produktionsmittel usw. Dadurch bestimmt Marx die Arbeit und die kapitalistischen Produktionsverhältnisse nicht mehr allein durch Figuren der Enteignung, Verkehrung und Entfremdung wie in seinen vorigen Schriften, sondern, methodisch radikaler, durch *kritische Unterscheidungen*. Und die durchgehende Unterscheidung schlechthin ist, wie oben gezeigt, die Unterscheidung in eine qualitative und in eine quantitative Seite der Ökonomie und ihrer Kategorien: Im Kapitalismus werden sowohl die Arbeit und die Arbeitskraft als auch ihre Produktionsmittel, wie immer sie auch qualitativ ausfallen, quantitativ in Wert gesetzt und kommodifiziert. Auf genau diese In-Wert-Setzung und Quantifizierung der beiden Produktionsbestandteile zielt die zweite materialistische Wende. Genauer gesagt, zielt sie auf das Wesen, das diese Quantifizierung durchführt und die oben genannten Unterscheidungen in die Ökonomie hineinbringt. Dieses Wesen ist das Geld. Das Geld trifft die Unterscheidungen für eine Ökonomie, die sich über diese Unterscheidung ebenso vermittelt wie ihre Bestimmung ermittelt. Aufgabe der zweiten materialistischen Wendung ist daher folgerichtig, die kapitalistische Ökonomie durch diese kritischen Unterscheidungen hindurch zu entwickeln, darüber ihren Objektivitätstypus zu rekonstruieren sowie im Geld diejenige gesellschaftliche Form einzuholen, die diese Objektivität begründet und dadurch zum bewusstlos-automatischen, übergreifenden Subjekt wird – zu einem Subjekt noch neben dem Subjekt der »ersten« materialistischen Wendung, der Arbeiterklasse.

Es gibt bei Marx somit einen Materialismus der menschlichen Praxis, des Widerspruchs von Arbeit und Kapital und des Klassenkampfes, und es gibt einen Materialismus der zwar immateriellen und abstrakt-anonymen, aber praktisch wirksamen gesellschaftlichen *Form*. Im ersten Materialismus ist die Arbeiterklasse das eigentliche und zugleich sich selbst entfremdete, ausgebeutete und beherrschte Subjekt der Gesellschaft und der Geschichte, im zweiten wird das Geld zum überindividuellen Subjekt, indem es die Arbeitskraft und die Arbeit, die Produktionsmittel und die Produkte quantitativ ins Verhältnis setzt und darüber zur Form ihrer ökonomischen Vermittlung und Verwertung wird und gesellschaftliche Objektivität herstellt.

Kritik vom Standpunkt des Geldes

Auf der Höhe seiner *Kritik der politischen Ökonomie* kritisiert Marx die Gesellschaft nicht mehr allein vom Standpunkt der Arbeiterklasse, ihrer Arbeit und ihrer gesellschaftlichen Praxis, wie noch in den früheren Schriften. Er kritisiert die Ökonomie aber auch nicht vom Standpunkt der Wissenschaft. Er zeigt vielmehr, dass sich beide, die Arbeiterklasse und die Wissenschaft, auf den »Standpunkt« des Geldes stellen müssen, wollen sie ihre eigene Gesellschaft begreifen.

Sie müssen sich auf denjenigen »Standpunkt« stellen, den das Geld selbst im Kapitalismus gegenüber der Arbeitskraft und der Arbeit, der Produktion und ihren Produkten einnimmt, und zwar allein dadurch einnimmt, dass es die gesamte Ökonomie nichts anderem als ihrem eigenen Verhältnis aussetzt. Es setzt die Ökonomie ihrem eigenen Verhältnis aus, indem es sie einer *maßgeblichen Werteinheit* aussetzt und die Ökonomie durch Quantifizierung in Wert und allererst in ein ökonomisches Verhältnis *setzt*. Vereinfacht gesagt, steht das Geld also im Kapitalismus auf dem Standpunkt einer Werteinheit, die durch ebendiese Besetzung maßgeblich für die ökonomische Quantifizierung und Vermittlung der Gesellschaft wird. Indem das Geld diesen Standpunkt einer maßgeblichen Werteinheit besetzt hält und die gesellschaftlichen Verhältnisse ihrer Quantifizierung und Ökonomisierung aussetzt, wird es zum Subjekt derselben gesellschaftlichen Objektivität, die es allererst hervorbringt – aber die ihm paradoxerweise zugleich zum Gegenstand der In-Wert-Setzung und der Vermittlung wird.

Diese eigentümliche, zwiespältige Stellung: dass das Geld dieselbe Ökonomie einem Selbstverhältnis aussetzt, das es wie einen äußerlichen Gegenstand durch Werte identifiziert und repräsentiert, ereignet sich durch einen *Umschlag*, den Umschlag gesellschaftlicher Verhältnisse in quantitative und mithin ökonomische Verhältnisse. Durch diesen Umschlag hat die kapitalistische Ökonomie nicht einfach nur eine doppelte Bestimmung oder einen doppelten Charakter. Vielmehr ist sie auf merkwürdige Weise beides *zugleich*, nämlich eine qualitative, materielle (Re-)Produktion *als* quantitative Verwertung (d. h. in Form einer solchen). Durch den Umschlag verwirklicht das Geld dieses unscheinbare »als«, das doch nichts weniger durchführt und geltend macht als eine *spekulative Identität* beider Seiten. »Spekulative« Identität beider Seiten heißt, in der kapitalistischen Gesellschaft können die konkreten Arbeiten individualisiert, privatisiert und differenziert werden, die Produktion kann sich in eine unendliche Vielfalt der Dinge und der Gebrauchswerte und Bedürfnisse zerstreuen, die Produktionsmittel und -bedingungen können sich frei verändern und qualitativ entwickeln, kurz, die Gesellschaft kann sich auf eine letztlich *unendliche* qualitative Differenzierung, Veränderung und Vielfalt einlassen und einstellen, weil all diese *qualitativen* Veränderungen durch das Geld *quantitativ* ins Verhältnis gesetzt werden und durch oder eben *als* quantitative Werte vermittelt und verwertet werden.

So sehr die kapitalistische Produktionsweise in diese beiden Seiten gespalten ist und sich zugleich durch sie ins Verhältnis setzt und vermittelt, so sehr ist dieses Ins-Verhältnis-Setzen, Vermitteln und Entwickeln *weder* qualitativ *noch* quantitativ. Es ist methodisch. Es ist das Methodische dieses Umschlagens, das das Geld auf sich nehmen muss und sodann für die Ökonomie ebenso verkörpert wie durch seinen eigenen Wert zur Geltung bringt. Auch der eigentliche

Reichtum der kapitalistischen Produktionsweise ist mithin weder qualitativ noch quantitativ. Er muss, gleichsam davor, schon in diesem Methodischen liegen, um durch das Geld überhaupt diese Trennung und Unterscheidung *machen* und zugleich beide Seiten in ein Verhältnis *setzen* zu können. Der Reichtum der kapitalistischen Gesellschaft besteht somit weder in den produzierten Waren und in den Mitteln ihrer Produktion, also in den Arbeitskräften und Produktionsmitteln, noch besteht er in ihren jeweiligen Werten oder im bloßen Akkumulieren von Werten, also im Reichtum in seiner abstrakten, rein quantitativen Gestalt. Der eigentliche Reichtum besteht in der Produktions*weise* selbst, und der Umschlag, der durch Geld möglich wird und der die Gesellschaft in zwei Seiten spaltet und darüber zugleich vermittelt, sind der »Einstieg« in dieses Methodische der Produktionsweise, der Einstieg in die Produktionsweise des Reichtums der kapitalistischen Gesellschaft.

Der blinde Fleck. Das Geld und die Quantifizierung gesellschaftlicher Verhältnisse

Vom »Standpunkt« des Geldes gelingt offenbar die Einlösung des Programms, das bislang für das Geldrätsel entwickelt wurde:

- der gesellschaftliche und geschichtliche Neuanfang durch das *kapitalistische* Geld;
- die Gleichursprünglichkeit des kapitalistischen Geldes und eines Wertverhältnisses, das empirisch rein ist und durch das sowohl eine innere Spaltung als auch eine doppelte Bestimmung in die Ökonomie und in ihre Kategorien einziehen;
- die materialistische Wendung, durch die Marx diejenigen Formen, in denen die kapitalistische Gesellschaft ihre Selbstvergewisserung findet (Philosophie, ökonomische Wissenschaft und Alltagsverstand sowie die Naturwissenschaft), einer Art Vergesellschaftung durch die Entwicklung seiner *Kritik der politischen Ökonomie* unterzieht.

Doch trotz des offenbar logisch entscheidenden und historisch einschneidenden Status des Geldes für die Quantifizierung ist die

Frage der Quantifizierung in der Gesellschaftskritik bislang weitgehend übergangen worden. Die orthodoxe Volkswirtschaftslehre, so hochkomplex ihre mathematischen Modellrechnungen mittlerweile sind, hat sich von vornherein der Notwendigkeit enthoben, zu begründen, was Quantifizierung ist und warum sie überhaupt möglich ist. Sie geht einfach von vornherein von Preisen aus, von preisbestimmten Waren und Produktionsfaktoren, und sie rechnet buchstäblich damit, dass die Quantifizierung von allem – Nutzen und Interesse, Grund und Boden, Risiko, Natur und Emissionen – schlicht möglich und quasi von Natur aus gegeben ist (wir kommen darauf im Kapitel *Logos* zurück). Die, philosophisch mit Kant gesprochen, »Bedingung der Möglichkeit« von Quantifizierung, mithin die Konstitution einer gesellschaftlichen Objektivität, die eine strenge Notwendigkeit und Allgemeinheit für sich geltend machen kann analog der ebenfalls quantifizierten Naturverhältnisse, diese »Konstitutionsbedingungen« (Kant) brauchen die konventionelle Ökonomietheorie für ihr Alltagsgeschäft nicht zu interessieren.

Diese Diagnose gilt indes auch für ihren großen Gegenspieler, den Marxismus, und zwar für den klassischen Marxismus wie für dessen Erneuerung, die beide in ihrer Komplementarität den Zusammenhang von Geld und Quantifizierung verfehlen.

Der klassische Marxismus hatte zunächst Marx' Wertbegriff im Sinne einer links-ricardianischen »objektiven Arbeitswerttheorie« ausgelegt. In ihr wird die Arbeit und die Arbeitszeit als diejenige identische Qualität angenommen, die ihre quantitative Bestimmung schon unmittelbar mit sich bringt: Die Arbeit soll durch die Arbeitszeit denjenigen Wert der Waren bilden, durch den sie vergleichbar und austauschbar werden. Diese identische Qualität ist qua Entäußerung, allein indem sie sich im Maß einer scheinbar natürlichen Zeit vollzieht, bereits an sich quantitativ verendlicht und braucht im Geld nur noch eine Form des objektiven Ausdrucks sowie ein Mittel, um ins Verhältnis gesetzt und vermittelt zu werden; das Geld ermittelt aus all den verausgabten Arbeiten und Arbeitszeiten dann allenfalls noch arithmetische Durchschnittsgrößen.

Demgegenüber haben Westlicher Marxismus, Kritische Theorie und dann die neuen Marx-Aneignungen und *Kapital*-Lektüren der 1960er-Jahre, in expliziter Abkehr vom klassischen Marxismus und dessen Kritik und Politik vom Standpunkt der Arbeit und der Klasse, zunehmend die Vergesellschaftung durch Wert und Geld in den Mittelpunkt gerückt und die Quantifizierung meist über diese gesellschaftliche Form der Vermittlung durch Austausch und Zirkulation begründet. Hier wurde Quantifizierung an einer (realen) Abstraktion, Gleichsetzung und Synthesis festgemacht, die im Warentausch praktisch vorgenommen werden müsse, um all die verschiedenen Waren und die zugrundeliegenden Arbeiten allererst als Werte kommensurabel machen und vermitteln zu können. In dieser Tradition steht insbesondere Alfred Sohn-Rethel, in dessen Theorie das Geld aber noch keine konstitutive Rolle spielt, sondern diejenige reale Abstraktion lediglich sinnlich verkörpert, die Sohn-Rethel im Warentausch selbst verortet und wie ein unmittelbares Tauschgeschehen auslegt.

Quantifizierung wird somit einmal substanzialistisch und das andere Mal über einen form-analytischen Zugriff eingeführt. Im klassischen Marxismus ist das Geld eine Art Repräsentation und Wiedergabe des Werts, als sei er durch menschliche Arbeit und die Produktion in der Ware quasi substanziell enthalten; in der Tradition des Westlichen Marxismus, der Kritischen Theorie und in den neuen Marx-Aneignungen der 1960er-Jahre ist dagegen die Form der Vermittlung der Waren für den Wert konstitutiv, wobei die Vermittlung an Austausch und Zirkulation festgemacht wird. In beiden Fällen gibt es zwar einen engen Zusammenhang von Wert und Geld, dessen Notwendigkeit sich aber letztlich nur äußerlich ergibt. Denn das Geld ist jeweils nur sekundär: entweder eine Art (Re-)Präsentation der Wertsubstanz Arbeit und des Verhältnisses der Arbeiten oder eine Art (Re-)Präsentation oder symbolische Verkörperung der Abstraktion, Gleichsetzung und Synthesis, die durch die wertförmige Vermittlung und Realisierung der Waren eintritt.

Folgerichtig wird das Geld jeweils als *Tauschmittel* der Waren eingeführt, ganz so wie dies in der Regel auch in der bürgerlichen Ökonomietheorie geschieht. Wird das Geld als Tauschmittel eingeführt, dann ist der Wert konsequenterweise auch immer schon Tauschwert, ob er sich aus der Arbeit oder aus dem Austausch ergibt. Letztlich wird dann die gesamte quantitative Verwertung der kapitalistischen Produktionsweise auf diese Weise ausgelegt, d. h. die Produktion wird als Produktion für den Tauschwert und das Kapitalverhältnis als eine Art Tauschzusammenhang oder auch als eine Verallgemeinerung, Totalisierung und Verselbständigung des Tauschwerts verstanden.

In all dem wird die eigentliche *Technik* der Quantifizierung, die Technik des Umschlagens gesellschaftlicher in quantitative Verhältnisse, übergangen. Ohne diese Technik der Quantifizierung wird auch das Rätselhafte des Geldes nicht getroffen: Dass das Geld die ökonomischen Verhältnisse, die es durch quantitative Werte wie in einer Repräsentation und wie als ein neutrales Mittel lediglich äußerlich wiederzugeben scheint, *zugleich konstituiert und buchstäblich mit sich bringt*. Das Rätselhafte besteht mit anderen Worten darin, dass es gerade *durch* das Geld scheinen muss, als existiere der Wert, als existiere das Quantitative der Ökonomie *unabhängig* vom Geld. Es muss durch das Geld scheinen, als gebe es lediglich diejenigen quantitativen Verhältnisse wieder, die einerseits in der Produktion und andererseits im Austausch und der Zirkulation existieren (oder als entstehe der Wert durch Arbeit und Produktion, aber erfahre seine Realisierung durch Austausch und Zirkulation). Das Geld bringt also das Verhältnis von *Substanz* des Werts (Arbeit und Produktion) und *Form* des Werts (Warentausch und -zirkulation) als solches hervor, aber zugleich entzieht es sich in diese beiden »Pole« der kapitalistischen Ökonomie und wird zum blinden Fleck ihrer Selbstdarstellungsweise; daher auch der Schein der Neutralität des Geldes, und daher der Schein, als entspringe der Wert Arbeit und Produktion oder dem Austausch und der Zirkulation ihrer Resultate, und daher schließlich auch die Notwendigkeit, den Wert wie eine Eigenschaft von Arbeit, Ware und Geld reflektieren zu müssen.

Das Geld und die Unterscheidung in die zwei Zustände der Gesellschaft: Wert und Preis

Das Geld ist nicht nur darum für die kapitalistische Gesellschaft konstitutiv, weil es durch die Technik des Quantifizierens gesellschaftlicher Verhältnisse die Spaltung wie die Doppelbestimmung der Kategorien überhaupt erst ermöglicht, sodass die kapitalistische Gesellschaft sich durch die Spaltung und den Doppelcharakter zugleich vermittelt. Entscheidend ist vielmehr, dass das Geld die gesellschaftlichen Verhältnisse durch ihre Quantifizierung auch in zwei Zustände unterscheidet. Es ist geradezu die Pointe des Geldes, dass es die Gesellschaft nicht nur durch Quantifizierung auf objektive Weise bestimmt, sondern dass sich die Gesellschaft »vor« dieser Bestimmung im Zustand der Unbestimmtheit befindet – und auch dieser Zustand eines quantitativ noch unbestimmten, noch nicht quantitativ bestimmten Verhältnisses tritt durch das Geld ein.

Diese kritische Unterscheidung zwischen Wert und Preis findet sich nur bei Marx, und sie geht all den anderen genannten kritischen Unterscheidungen logisch noch »voraus«. Die orthodoxe Volkswirtschaftslehre hat für diese Unterscheidung überhaupt keinen systematischen Ort. Auch wo sie den Anschein zu erwecken sucht, nicht bloß Preise auf Preise zurückzuführen, sondern zumindest den Worten nach zwischen Gebrauchswert (nützlichen Gegenständen, Nutzen), Wert und Preis unterscheidet, setzt sie diese drei Momente unkritisch ins Verhältnis: Angeblich bestimmt der Nutzen den Wert, und der Wert drückt sich quasi automatisch, durch Angebot und Nachfrage hindurch, in einem adäquaten Preis aus. Aber auch in der an Marx orientierten Kritik blieb die Unterscheidung von Wert und Preis weitgehend unbeachtet, und wenn sie diskutiert wurde, dann meist unter dem Stichwort des sog. Transformationsproblems, das Marx im dritten Band des *Kapital* behandelt. Darunter wurde eine Transformation von Werten in Preise im Sinne einer bloßen Umrechnung oder Verrechnung zweier je schon quantitativer Bestimmungen oder Größen verstanden, nämlich eines Werts, der in Produktion und durch Arbeitszeiten entsteht, in die Preisbestimmung der Waren. Eine solche Transformation ist gerade keine kritische Unterscheidung, weil sie die Frage übergeht, wie Quantifizierung als solche möglich sei, und zwar eine Quantifizierung, die den Wert gerade quantitativ noch unbestimmt sein lässt und ihm den Freiraum des Prozessierens einräumt, eines Prozessierens, das es eben quantitativ exakt und objektiv zu bestimmen gilt.

Unseres Erachtens ist die Unterscheidung zwischen Wert und Preis diejenige vorrangige Unterscheidung, mit der die Kritik in alle weiteren Spaltungen und doppelten Bestimmungen der Ökonomie und ihrer Kategorien einsteigen muss. Denn während bereits zu Marx' Zeiten Samuel Bailey die Frage nach einem Wert »hinter« den empirischen Preisen für eine unnütze Metaphysik hielt, die ein Wesen hinter den Erscheinungen vermute, beschäftigte Marx in der Tat dasjenige negative Wesen, durch das die Gesellschaft ihr eigenes Sein – den Wert, ihr rein gesellschaftliches Verhältnis – als solches im Preis ebenso zur Erscheinung wie zum Verschwinden bringt. Er betreibt zwar keine Metaphysik, wohl aber geht es ihm um die oben genannte Vergesellschaftung und Aufhebung der neuzeitlichen Philosophie, und das betrifft insbesondere diejenige Negativität von Vermittlung (oder von Vermittlung durch Negativität), die Hegel philosophisch als *Wesen* fasste; als ein Wesen, das das Sein identifiziert und je reflektiert zur Erscheinung bringt, aber ebendiese Vermittlung und Identifikation des Seins zugleich verschwinden lässt – ebendarin liegt die Negativität des Wesens. Während Hegel sich zur Aufgabe machte, dieses negative, zwiespältige Wesen in philosophischen Kategorien zu entwickeln, zeigt Marx mit den Kategorien und Begriffen der kapitalistischen Ökonomie, auf welche Weise das Wesen des Geldes darin beruht, unsere gesellschaftlichen Verhältnisse auf eine analoge Weise im Preis einerseits rein quantitativ zu identifizieren und damit zur Erscheinung und andererseits spurlos zum Verschwinden zu bringen: »Die vermittelnde Bewegung verschwindet in ihrem eigenen Resultat und lässt keine Spur zurück.«[24] Das Wesen des Geldes besteht also »nur« darin, sich mit diesem gesellschaftlichen Sein, d. h. mit den gesellschaftlichen Verhältnissen, die es in Wert setzt und vermittelt, geradezu zu identifizieren und dadurch seinen eigenen Wert zu erhalten, sodass es durch diese Identifikation scheinen muss, als gebe es dieses Sein wieder und bringe es zur Erscheinung. Das Geld erhält seine universelle und reine Geltung wie seinen je endlich-quantitativen Wert also durch dieses negative Wesen: dass dasselbe gesellschaftliche Verhältnis, das das Geld vermittelt, sich gleichsam in das Geld entzieht und dass das Geld, verkürzt gesagt, dieser Entzug *ist*. Diesem zwiespältigen Wesen der Vermittlung gilt Marx' kritische Unterscheidung in Wert und Preis. Die Unterscheidung soll eine Vermittlung zu fassen bekommen, die sich entzieht, aber gerade dadurch zum negativen Wesen wird, sodass sich uns diese Vermittlung als ein empirisches, alltägliches ökonomisches Geschehen darstellt. Denn das Umschlagen gesellschaftlicher Verhältnisse in quantitative Verhältnisse nimmt einerseits die Form unserer alltäglichen gesellschaftlichen Vermittlung an: Das Geld vermittelt durch die Realisierung von Werten das Verhältnis der Waren sowie das Verhältnis der in den Waren verendlichten Arbeiten und ihrer Produktionsverhältnisse, und diese Realisierung stellt sich als alltäglicher Austausch und Zirkulationsprozess dar. Andererseits ereignet sich diese Vermittlung aber durch die Änderung des Zustandes, in dem sich diese Verhältnisse befinden, und diese Änderung tritt schlagartig ein und ist ein rein logischer Akt. Diese schlagartige Änderung des Zustands ist ebenjenes Umschlagen gesellschaftlicher in die Unmittelbarkeit quantitativer Verhältnisse – bevor das Geld den Wert einer Ware realisiert, also bevor irgendetwas gegen Geld getauscht und ein Wert tatsächlich realisiert wird, befindet sich der Wert im Zustand der Unbestimmtheit. Unsere gesellschaftlichen Verhältnisse sind, solange sie nicht monetarisiert, also in Geld eingelöst sind, unscharf gehalten, d. h. sie befinden sich in einem quantitativ noch nicht bestimmten, unentschiedenen, noch nicht festgestellten Zustand. Kurz, der Wert ist eben ein *Verhältnis* – und noch nicht durch das Geld wie eine Eigenschaft der Dinge zur Erscheinung gebracht. Aber jede Realisierung eines Werts durch das Geld, jeder Akt eines Kaufs und Verkaufs, stellt das Verhältnis an einem bestimmten Ort zu einem bestimmten Zeitpunkt fest und stellt es durch eine Größe gleichsam scharf – eben wie eine Eigenschaft von *etwas*.

Es ist unbedingt zu beachten, dass das Geld diese Zwiespältigkeit zweier unterschiedlicher Zustände ebenso in die Gesellschaft hineinbringt, wie es sie zugleich auflöst; es setzt die Gesellschaft derselben Unschärfe aus, in der die Gesellschaft gleichsam dauerhaft gehalten werden und auf die sie sich einlassen und einstellen kann gerade darum, weil das Geld diese Unschärfe auch entscheidet durch die Realisierung von Wertgrößen; die Ökonomie ist durch das Geld ebenso ihrer quantitativen Unbestimmtheit wie ihrer Bestimmung ausgesetzt.

Es gibt also durchaus eine Transformation von Werten in Preise. Aber dies ist kein raumzeitlicher Vorgang und kein mathematisches Verrechnen von quantitativen Größen. Sondern das Geld entscheidet einen noch unbestimmten Zustand innerhalb der Ökonomie und ihrer Verwertungsverhältnisse und übersetzt ihn beständig in quantitative Größen, die wie unmittelbare Eigenschaften ökonomischer Objekte erscheinen und Objektivität ergeben. Geld ist gleichsam der unsichtbare Dritte, durch den sich die Gesellschaft selbst beobachten und ihre Bestimmung erfahren kann. Nur dass dieses Beobachten und Erfahren ein aktives quantitatives Registrieren derselben Verhältnisse ist, die das Geld vermittelt, realisiert und in die es selbst eingeht.

Diesen eigentümlichen Standpunkt kann die Gesellschaft sich selbst gegenüber einnehmen, weil sie im Geld ein herausgesetztes, universelles und gleichgültiges Maß für sich besitzt, das jederzeit, wo immer das Geld eingesetzt wird, darüber entscheiden kann, was die Produktion, die geleisteten Arbeiten, die produzierten Waren wert gewesen sein werden, was also all die ökonomischen Verhältnisse bedeutet haben, und das Geld selbst bewahrt diese registrierte Bedeutung quantitativ auf, bringt sie mit sich und schreibt sie wieder in die Ökonomie ein. Mehr noch, das Geld rekonstruiert, was seine *eigene* Entäußerung in diese Verhältnisse und in ihr Prozessieren bedeutet hat. Es realisiert und beschließt mit jedem Preis auch seine eigene Vergangenheit, die bis dahin noch in den Gestalten der Ökonomie anwesend gewesen ist und darum noch unscharf und nicht endgültig bestimmt gewesen war. Und diese realisierte Vergangenheit gibt wiederum einen Anhaltspunkt für die zukünftige produktive Verwendung des Geldes. Das Geld wird, indem die realisierte Vergangenheit erneut in die Produktion (re-)investiert und in ihre Bestandteile ausgelegt wird, regelrecht in diese Zukunft entworfen; das Geld überführt also eine Vergangenheit gewordene quantitative Realität in *ihre* Zukunft. Die Quantifizierung scheidet daher nicht nur zwei Zustände, sie scheidet auch eine Vergangenheit, die im Moment der Realisierung durch das Geld in ihrem Vergehen begriffen worden und zur Realität der Vergangenheit geworden ist, eben dadurch von ihrer eigenen Gegenwart.

Die Zwiespältigkeit, die durch das Wesen des Geldes und die Unterscheidung zweier Zustände in die Gesellschaft eintritt, ist insbesondere für ihre Entwicklung und Dynamik wesentlich, nämlich dafür, dass unsere Verhältnisse *prozessierende* Verhältnisse sind und dass überhaupt die moderne kapitalistische Gesellschaft, im Gegensatz zu den vorkapitalistischen Gesellschaften mit ihren vergleichsweise statischen Verhältnissen, als ein dynamischer Prozess zu begreifen ist.

Das Umschlagen gesellschaftlicher in quantitative Verhältnisse ist also »zuerst« diese schlagartige Änderung des Status: Ein noch unbestimmtes Verhältnis, das zerstreut und in die Selbständigkeit entlassen ist und in all den verschiedenen Gestalten der Ökonomie prozessiert, dieses noch unbestimmte Verhältnis wird beständig durch Größen festgestellt und darüber fortgesetzt. Diese beiden Zustände entsprechen der kritischen Unterscheidung, die Marx zwischen Wert und Preis trifft und die das Geld ebenso unterscheidet wie vermittelt, oder vielmehr im Unterscheiden vermittelt und umgekehrt. Marx kommt diesen zwei Zuständen nach, indem er sie auf der Ebene der Theorie überhaupt auseinanderzuhalten und diesen unbestimmten Zustand »vor« dem Preis überhaupt zu fassen vermag. Der Wert, obwohl er wie eine Eigenschaft von Geld, Ware und Kapital erscheint, ist ein *Verhältnis*, und sein Status ist, als ein solches Verhältnis noch nicht quantitativ bestimmt zu sein; diesen prä-monetären, noch nicht preisbestimmten Zustand, der der Gesellschaft durch das Geld eingeräumt wird, diesen Freiraum entwickelt Marx, indem er das Verhältnis und dessen Prozessieren über die einzelnen Kategorien der Ökonomie in Produktion und Zirkulation der Waren qualitativ auseinanderlegt und kategorial entwickelt, *ohne* hier, wie es eine ökonomische Theorie eigentlich tut, mit Preisen zu rechnen. Er zeigt vielmehr durch die Entwicklung des Geldes, auf welche Art und Weise es das Geld ist, das mit dem Unbestimmten in der Gesellschaft rechnet und das Unbestimmte zugleich durch quantitative Werte nicht nur in Bestimmung setzt, sondern auch darüber gesellschaftliche Kontinuität und Identität herstellt. Sobald das Geld Preise realisiert, ist die Unbestimmtheit verschwunden und abgegolten; alle qualitativen Gestalten der Ökonomie, die Marx kategorial erschließt, sind in der Preisbestimmung vergangen und im Vergehen ebenso verschwunden wie zur Erscheinung gebracht. Diese Differenz zwischen Wert und Preis, in der die Logik und Wirklichkeit gesellschaftlicher Vermittlung durch Geld und Quantifizierung steckt, diese eigentümliche Differenz entgeht der Volkswirtschaftslehre, wenn sie nur mehr von Preisen ausgeht und mit Preisen rechnet, also Preise auf Preise zurückführt. Sie betrachtet dadurch allein die Oberfläche und die unmittelbare, »fertige« Erscheinungsweise einer gesellschaftlichen Vermittlung, die im Preis eben beides ist, vom Geld zum Verschwinden und zur Erscheinung gebracht. Der VWL entgeht dadurch genau das negative Wesen »dazwischen«, welches das Geld hineinbringt und wie eine unverfügbare Differenz einschreibt: dass wir gesellschaftliche Verhältnisse wie unmittelbare Werteigenschaften reflektieren und vermitteln können, diese Produktion von Eigenschaften gelingt, indem wir durch das Geld zwei Zustände unterscheiden und zugleich Verhältnisse entscheiden und als Werte identifizierbar machen. Die Unbestimmtheit vergeht in die Unmittelbarkeit von Preisen, in denen sie nun fixiert und zur Realität geworden ist in demselben Moment, in dem sie Vergangenheit geworden und unbestimmt *gewesen* ist; und dieses Vergehen, das nur ein zeitloses, rein (geltungs-)logisches Umschlagen gesellschaftlicher in quantitative Verhältnisse ist, hinterlässt eine Art ontologische Differenz zwischen dem Wert, dem gesellschaftlichen Sein, und seiner unmittelbaren Erscheinungsweise als Preis von etwas Seiendem.

Die Schwierigkeit für Wissenschaft und Theorie besteht darin, dass dieses Quantifizieren ein rein logischer und als solcher ein zeitloser Akt ist, der aber zugleich die Form gesellschaftlicher Vermittlung annimmt und so in Zeit und Raum und in die Empirie fällt.

Die Ebene des Werts geht zwar nicht seiner Realisierung durch das Geld und der Ebene der Preise chronologisch, raum-zeitlich voraus; aber Wert und Preis sind insofern nicht identisch, als es eben den skizzierten Wechsel im logischen *Status* gibt, und dieser ist für das empirische Dasein der Gesellschaft und für ihre raum-zeitliche Vermittlung entscheidend. Entscheidend ist diese Vermittlung selbst, die das Geld für uns trifft, indem es gesellschaftliche Verhältnisse in quantitativen Größen auf den Punkt bringt und sie für uns wie eine Eigenschaft bestimmter Dinge und ökonomischer Gestalten lokalisierbar und identifizierbar, reflektierbar und handhabbar, ja sogar berechenbar macht.

Man erkennt bereits, dass im Umschlagen gesellschaftlicher in quantitative Verhältnisse eine *logische Geltung* über die *empirische Vermittlung* der Gesellschaft entscheidet. Das Geld exekutiert durch Quantifizierung einen Zusammenhang, der durch all die realisierten Werte nicht nur objektiv bestimmt wird, sondern der dadurch auch *als* Zusammenhang allererst in Raum und Zeit fallen und sich empirisch und ganz daseinsweltlich vermitteln und reproduzieren kann.

Eine Philosophie des Geldes, die erst im modernen Kapitalismus die monetäre Logik sich voll entfalten sieht, muss mit dieser Quantifizierung beginnen. Nur so können wir eine Produktionsweise erfassen, die sich durch die Quantifizierung ihrer Verhältnisse selbst objektiviert und in den Wertgrößen ihre eigenen Verhältnisse bestimmt und ihnen angemessen wird. Das Angemessen-Werden ist unmittelbar zu verstehen: Aus den Resultaten der Verwertung von Arbeitskraft und ihrer kapitalistischen Produktionsmittel werden wie in einer *Messung* diejenigen Größen ermittelt, die für die produktive Verwertung ebendieser Arbeitskräfte und ihrer Mittel maßgeblich geworden sind. Mehr noch, diese wie in einer Messung ermittelten Größen sind auch – und vor allem – maßgeblich für die Steigerung der *produktiven Kraft* dieser Verhältnisse und ihrer Verwertung, mithin für die produktive Verwertung von Wert und Geld selbst. Der Beginn des Kapitalismus war somit nicht einfach nur ein gesellschaftlicher und geschichtlicher Neuanfang. Er war eine regelrechte Initialzündung, seit der die Gesellschaft durch die

Messung und Quantifizierung ihrer Produktionsbestandteile maßgebliche Größen für deren produktive Verhältnisse und Verwertung ermittelt, sodass ein ebenso selbstbezüglicher wie dynamischer Prozess der Verwertung dieser maßgeblichen Größen und ihrer ökonomischen Gestalten einsetzt, allen voran der Arbeitskräfte und der Produktionsmittel. Durch die Ermittlung und Verwertung dieser maßgeblichen Größen wird die Gesellschaft nicht nur sich selbst, ihren eigenen Verhältnissen, beständig im Wortsinn angemessen; vielmehr gelingt eine naturwüchsige und doch gesamtgesellschaftlich wirksame methodische Steigerung der Produktivkraft, die in diesen Verhältnissen, ihren Größen und ihren ökonomischen Gestalten steckt und sie in einen nie dagewesenen Fortschritt führt – aber mit nie dagewesenen Verwerfungen und destruktiven Folgen.

Das Geld als Maß des Werts und seiner Verwertung

Die Quantifizierung, die das Geld im Kapitalismus durchführt, hat weder etwas mit dem bloßen Repräsentieren und Abbilden bereits vorhandener Werte zu tun, noch mit Abstraktion oder Reduktion, noch mit einer Gleichsetzung und Synthesis oder mit einem Bewerten und Zählen, und die Quantifizierung lässt sich vor allem nicht durch das Geld als Tauschmittel begründen. Der Kauf und Verkauf einer Ziege oder eines Tischs in der Antike oder im Mittelalter sind eine andere Art der Quantifizierung als im Kapitalismus, auch der Wert der Ziege oder des Tischs hatte in nicht-kapitalistischen Zeiten einen völlig anderen Status als im Kapitalismus, und schließlich war auch das Geld noch kein kapitalistisches, also selbstbezügliches Geld. Nur im Kapitalismus gehen Werte aus einem ökonomischen System prozessierender Werte sowohl hervor als auch wieder in diesen Prozess ein, und nur im Kapitalismus gehen die Werte aus einer Verwertung hervor, die durch die Kapitalform des Geldes selbstbezüglich wird und zu einer ungeheuren Dynamik und Steigerung der Produktivkraft der Verwertung führt. *Diese* kapitalistische Quantifizierung und *diese* kapitalistischen Werte gründen in der, logisch gesehen, ersten Funktion des Geldes als *Maß*, und zwar als Maß des Werts wie seiner kapitalistischen Verwertung. Und so wie das Geld für das Maß des Werts steht, so muss entsprechend der realisierte Wert Resultat einer Messung sein. Genauer, der Wert im Kapitalismus ist ein durch Arbeit und Kapital *verwerteter* und er ist ein durch das Geld *gemessener* Wert; und diese Werte bleiben im kapitalistischen Selbstbezug des Geldes nicht nur bewahrt, sie werden durch ihn auch vermehrt. Kurz, im Maß und in der Messung einerseits, der gemessenen Verwertung andererseits, steckt das Methodische der kapitalistischen Produktionsweise.

Wenn das Geld logisch »zuerst« Maß ist, dann sind folgerichtig auch Tauschmittel, Tauschwert und Warentausch etwas anderes, als sie zu sein scheinen. Was ein geldvermittelter Austausch von Waren zu sein scheint, der Tauschwerte realisiert, sollten wir vielmehr als eine Messung verstehen. Das gemessene Verhältnis, das durch Werte realisiert wird, ist wiederum nicht das Austauschverhältnis der Waren, sondern über die Waren wird das Verhältnis ihrer Produktion »gemessen«, nämlich die Verwertung der Arbeitskraft durch die kapitalistischen Produktionsmittel und -bedingungen. Damit nicht genug, realisiert das Geld in den Waren die Resultate einer Produktion, in deren Bestandteile es selbst ausgelegt und verwandelt gewesen ist und in welche die gemessenen Werte erneut verwandelt werden. Sein kapitalistischer Selbstbezug besteht darin, dass es in den Waren die Resultate einer Produktion misst, in deren Bestandteile es entäußert gewesen ist: Es erschließt in den Warenwerten sein Wesen als Kapital.

Die kapitalistische Ökonomie ist mithin ein im Geld sich selbst messender und quantitativ erschließender Verwertungsprozess, für den das Geld die maßgeblichen Größen ermittelt und einerseits in den Warenwerten herausstellt und andererseits selbst aufbewahrt, wobei die eigentliche Wertaufbewahrung in die Kapitalbewegung des Geldes einerseits und in die Verwertung des Werts durch Arbeitskraft und Kapital andererseits fallen muss. So wird das Geld im Kapitalismus zu einer regelrechten *Technik*, unser kapitalistisches Produktionsverhältnis ebenso in Kraft zu setzen wie zu bewältigen, ebenso zu erschließen und zu bewahren wie fortzusetzen.

Entscheidend für diese Technik – geradezu das Technische der Technik – ist, dass das Geld im Kapitalismus die Verwertung nicht nur wie in einer Messung erschließt, es erschließt die *produktive Kraft* dieser Verwertung durch bestimmte Wert*größen*. Es erschließt wie in einer Messung die Produktivkraft der Verwertung und stellt sie in ihren Resultaten, den Wertgrößen der Waren, heraus, während es selbst diese Produktivkraft quantitativ aufbewahrt. Diesen technischen Charakter hat allein das kapitalistische Geld: Nur im Kapitalismus funktioniert die Quantifizierung wie eine Messung, nur im Kapitalismus entsprechen die Werte einem gemessenen Verwertungsverhältnis, und nur im Kapitalismus werden diese gemessenen Verhältnisse durch die Kapitalform des Geldes einerseits und die Verwertung des Werts in den Gestalten von Arbeitskraft und Kapital andererseits selbstbezüglich und führen zu einer ungeheuren Steigerung derjenigen produktiven Kraft, die in diesen Gestalten und ihrem Verhältnis steckt.

Will man das Geld verstehen, muss man es also von seiner Technik als Maß und seiner selbstbezüglichen Form als Kapital einerseits und der gemessenen Verwertung von Arbeit und Kapital andererseits her denken. Und das Kapital wiederum muss von seinen finanzkapitalistischen Formen her gedacht werden, die die kapitalistische Produktionsweise von ihrem Beginn an begleiten – Versuche, Geld und Kapital über Warentausch und die Tauschmittelfunktion abzuleiten, können sich gegenüber dem kapitalistischen Geld nur blamieren.

Diese Kapitaltheorie des Geldes kann hier nicht geleistet werden. Und doch ist seine Funktion als Maß ein Einstieg. Der Einstieg in eine Kapitaltheorie des Geldes muss der Einstieg in die Verschränkung zwischen der Kapitalform des Geldes einerseits und der Verwertung des Werts andererseits sein. Diese Verschränkung entspringt der ersten, vorrangigen Funktion des Geldes als Maß des Werts; nur von hier aus kann die Quantifizierung gesellschaftlicher Verhältnisse angemessen erschlossen werden. Oder vielmehr kann erschlossen werden, wie das Geld selbst diese Verhältnisse durch deren Quantifizierung erschließt.

Messung als Konstitution einer ersten und einer zweiten Natur

»Nun ist zu fragen: wie entstand ein solch messendes Wesen?«
(Nietzsche)[25]

Bevor wir uns dem Geld als Maß der kapitalistischen Ökonomie widmen, ist ein Blick auf das Maß in dem Bereich hilfreich, aus dem her wir Maß, Messung und Quantifizierung eigentlich kennen: der Naturwissenschaft. Der Vergleich zwischen dem Maß in der Naturwissenschaft und in der kapitalistischen Ökonomie veranschaulicht, dass es in beiden Fällen einen konstitutiven Status innehaben muss. Denn kann es Zufall sein, dass in der neuzeitlichen Gesellschaft durch die Technik der Messung und Quantifizierung gleich zwei Objektivierungen gelingen, die der Natur und die der Gesellschaft selbst? Dass ein doppeltes Wissen, ja eine doppelte Aufklärung möglich wird, eine Aufklärung über die Natur und eine über die eigene Gesellschaft? Beides gelingt, so unsere These, durch dieselbe Technik von Maß und Quantifizierung: Durch die messenden und objektivierenden Verfahren der Naturwissenschaft wird die äußere, erste Natur zu einem Gegenstand objektiver Bestimmung, aber durch die Technik der Messung und Quantifizierung wird auch unsere eigene gesellschaftliche Natur zum Gegenstand einer objektiven Bestimmung. Oder vielmehr handelt es sich eben nicht um zwei Gegenstände, als ob sie schon von Natur aus in dieser Trennung vorhanden wären. Dieselbe Technik der Messung und Quantifizierung bringt nicht einfach zwei unterschiedliche Gegenstände, sie bringt die *radikale Trennung* von Gesellschaft und Natur und ihren spezifisch neuzeitlichen Gegensatz hervor, und in dieser Trennung gründet mithin die Notwendigkeit der Vermittlung dieses Gegensatzes, in dieser Trennung wird sie zur Form der neuzeitlichen Dichotomie von Geist und Natur und von Subjekt und Objekt.

Um zu verstehen, auf welche Weise mit dem Maß diese beiden Gegenstände allererst gegenständlich und gegensätzlich werden, muss zunächst der eigentliche Ursprung des Maßes betrachtet werden, nämlich auf welche Weise jeweils überhaupt ein Maß »gegeben« wird, ein Maß für die Natur und ein Maß für die kapitalistische Gesellschaft.

Die Messung in der Naturwissenschaft

Die neuzeitliche Naturwissenschaft begreift die Natur weder als göttliche Schöpfung, noch reduziert sie die Natur auf subjektive, sinnliche Wahrnehmungen, Erfahrungen oder Meinungen, Ethik und Moral; weder ist Gott das Maß aller Dinge, noch ist es der Mensch, wie im berühmten Homo-mensura-Satz »Der Mensch ist das Maß aller Dinge, der seienden, daß sie sind, der nicht-seienden, daß sie nicht sind.« Die Pointe der Naturwissenschaft ist vielmehr eine Art radikale Abkehr und Trennung, dergestalt, dass sie die Natur, im wahrsten Sinne, *allein durch sich selbst bestimmt sein lässt* und die Natur doch zugleich in dieser Selbstbestimmtheit, in ihrem Ansichsein erkennen will. Doch wie kann die Wissenschaft herausfinden, wie die Natur *an sich* ist? Wie kann sie eine Natur bestimmen, die durch nichts als sie selbst bestimmt sein soll?

Der ganze »Trick« der Naturwissenschaft besteht darin, die Natur schlicht selbst ihre Maße »abgeben« zu lassen. Die Wissenschaft »entnimmt« der Natur diejenigen Maße, an welche sie die Natur zugleich, im unmittelbaren Gegenzug, hält, damit die Natur, gebrochen durch ihre eigenen Maße, ihre Verhältnisse in den gemessenen Werten zur Erscheinung bringt. Schon der im Zuge der Französischen Revolution definierte Urmeter wurde nicht einfach willkürlich festgelegt, der Anspruch war vielmehr, ihn an einen Naturgegenstand zu koppeln und damit zu beglaubigen, nämlich an die Länge eines Erdmeridians, der in einer aufwendigen Expedition neu vermessen wurde. Aber auch dieses Verfahren resultierte noch in einem »künstlichen« Gegenstand, nämlich dem Urmeter, der nahe Paris in einem Safe aufbewahrt und vor schädlichen

Einflüssen geschützt werden musste, damit er identisch erhalten bleibt. Erst 2019 ist es gelungen, das gesamte Einheitensystem »in die Natur zu legen«, nämlich an die fundamentalen Naturkonstanten zu koppeln.[26] Während diese Reform in erster Linie aus praktischen Gründen geschehen sein mag, um nämlich sicherstellen zu können, dass die Einheiten mit ausreichender Genauigkeit zur Verfügung gestellt werden können, erscheint sie im Lichte unseres Begriffs der Naturwissenschaft als ein konsequenter Schritt hin zu einer »Naturalisierung« der Maße, um in der Messung die Natur an ihre eigenen Maße – an nichts als an sie selbst – zu halten. Die Pointe der Bestimmung der Natur scheint dadurch in einer bloßen Tautologie zu bestehen, nämlich in der Tautologie, aus der Natur selbst diejenigen Maß auszusondern, durch welche die Natur allererst zum Gegenstand einer – oder vielmehr *ihrer* – Messung und objektiven Bestimmung wird. Wie für den Urmeter gezeigt, extrahiert die Wissenschaft den Meter aus dem Raum oder die Sekunde aus der Zeit (oder Teile oder Vielfache davon), um so diejenigen *spezifischen Quanta* zu fixieren, die als Maße für ebenjene Zeit und ebenjenen Raum, aus denen sie ausgesondert wurden, gelten und zählen. Die Wissenschaft verwendet diese ausgesonderten, fixierten und identisch gehaltenen Maße, um die Natur an ihre eigenen Maße zu halten und durch ihre eigenen Maße zu brechen, sodass diese tautologische Situation zu einer ebenso bewusstlosen wie objektiv gültigen *Reflexion* wird: Die Naturverhältnisse werden durch einen bestimmten Teil ihrer selbst in bestimmte Größen »gebrochen« – wie in einer bewusstlosen *Selbst*reflexion.

Diese ebenso bewusstlose wie praktisch wirksame Reflexion ist der Grund, warum es scheinen muss, als ob die gemessenen Werte zwar nicht die Natur selbst sind, aber ihr *entsprechen*. Die Natur, gebrochen durch ihre eigenen Maße, wird in den ermittelten Werten auf objektive Weise zur Erscheinung gebracht. Ja, es scheint, als ob es die Natur selbst ist, die in »ihren« Werten sich selbst, ihr eigenes Sein oder ihre eigene Identität oder eben ihre (innere) Natur, entäußerte, und es ist, als entspräche sie in den gemessenen Werten auf eine ganz unmittelbare Weise ihren eigenen Verhältnissen. (In der Messung geht es, in Heideggers Sprache formuliert, darum, die

Natur durch ihre Maße gegen sie selbst zu stellen, sie durch ihre eigenen Maße zu richten und zu brechen; dieses Herausfordern ihrer Werte ist die Technik des Entbergens ihrer Wahrheit).

Die Messung entäußert in den Werten nicht nur die Naturverhältnisse und quantifiziert und objektiviert sie zugleich als bestimmte Eigenschaften; diese Technik der Messung und Quantifizierung kommt vielmehr – was paradox erscheinen mag – einer *Naturalisierung der Natur* gleich, einer Naturalisierung dessen, was eben darum eine äußerliche »erste«, unabhängige Natur zu sein scheint. Diese Naturalisierung ist keine bloße *Konstruktion* der Natur im Sinne des Sozialkonstruktivismus oder der poststrukturalistischen Theorie. Die Naturalisierung ist, geradezu im Gegenteil, eine *Konstitution*: Die Naturalisierung besteht gerade darin, die Natur wie ein gegebenes Sein und Verhältnis zu konstituieren, das vorgängig und unabhängig von allen Menschen und Göttern existiert und das zugleich durch die Messung und die gemessenen Werte wie ein bewusstloses Selbstverhältnis oder wie eine Selbstorganisation der Materie reflektierbar und formalisierbar wird. Und eben diese Reflektierbarkeit ist durch die Technik des Maßes gegeben, das die Natur einer Selbstreflexion unterzieht und sie so konstituiert, dass es scheinen muss, als sei sie durch nichts als sie selbst konstruiert.

In diesem Konstitutionsverhältnis ist genau auf Status und Stellung der Wissenschaft zu achten: Nicht die Wissenschaft hat, obwohl es so scheint, die Natur zum Gegenstand, jedenfalls nicht zuerst – sondern das Maß. Die Wissenschaft zieht sich gleichsam vollständig ab. Sie subtrahiert das Subjekt des Wissens und hält es aus der Messung vollkommen heraus, während sie die Natur an ihre eigenen Maße hält und die Natur ganz durch sie selbst bestimmt sein lässt. Folgerichtig reflektiert auch nicht die Wissenschaft durch die ermittelten Werte die Natur – sondern wiederum ist es das Maß, das »zuerst« die Natur reflektiert. Es ist das Maß, das zum Mittel der Reflexion wird, nicht der Verstand oder die Wahrnehmung der Wissenschaftler, und es ist mithin die Messung, die durch die gemessenen Werte die Natur auf eine je reflektierte Weise zur Erscheinung bringt. Die Naturwissenschaft kann durch diese gemessenen Werte die Natur gleichsam in zweiter Ordnung reflektieren, in einer bewussten, subjektiven Reflexion jener bewusstlosen Selbstreflexion, durch die Maß und Messung die Naturverhältnisse objektivieren. Es ist geradezu die ursprüngliche Aufgabe der neuzeitlichen exakten Wissenschaft, diese Selbstreflexion zu organisieren, idealtypisch im Experiment, wo die Messung eingesetzt wird gleichsam in Stellvertretung für ein Subjekt des Wissens, das scheinbar abgezogen unbeteiligt und neutral daneben steht, um erst durch die gemessenen Resultate auf die Naturverhältnisse zu schließen.

Die neuzeitliche Wissenschaft organisiert also durch Maß und Messung eine Art bewusstlose Selbstreflexion, durch welche die Natur aber nur in ihrem Anderen, in der Wissenschaft und mithin erst getrennt von sich selbst, zu »ihrem« Bewusstsein kommt. Genauer gesagt kommt sie in der Wissenschaft zum Bewusstsein ihrer Bewusst*losigkeit*, ihrer subjektlosen inneren Notwendigkeit, und die messenden Verfahren und die Experimente und Berechnungen sind für die Naturwissenschaft die Technik, dieses Bewusstlose der Natur durch Werte herauszubekommen und berechenbar zu machen. So gelingt durch die Messsituation, mit einem Wort, eine Identifikation. Wenn die Messung eine Art Selbstreflexion der Natur ist, dann entäußert die Natur folgerichtig in den Wertgrößen nicht nur ihre Eigenschaften, diese Eigenschaften werden auch identifizierbar. Es scheint somit, als ob mit den Eigenschaften durch die Messung nichts weniger als die Identität der Natur oder die Natur der Natur regelrecht *herausgefordert* wird, aber diese Identität kommt nur gebrochen durch diese Messung und nur auf je reflektierte Weise zur Erscheinung, nur durch die gemessenen Werte.

So offenbart die Natur ganz »zwanglos«, gerade indem ihre Verhältnisse von ihren eigenen Maßen durch Werte ins Positive gewendet werden, die innere Notwendigkeit dieser Verhältnisse und bringt sie durch quantitative Größen als bestimmte Eigenschaften zur Erscheinung; »zwanglos« deshalb, weil dieser Zwang selbst naturalisiert wurde. Die Wissenschaft kann durch die ermittelten Werte diese Verhältnisse und mithin die Natureigenschaften berechnen, formalisieren und sogar universelle Gesetze für die Natur formulieren. Ja, sie kann mit den Eigenschaften der Natur auf quantitativ exakte Weise *rechnen*, und sie kann Eigenschaften, die in der *Theorie* auf wissenschaftliche Weise berechenbar und reproduzierbar wurden, auf *praktische* Weise reproduzieren, indem sie im Produktionsprozess eingesetzt werden, vor allem durch das Einschreiben der Naturprozesse in das Produktionsmittel, aber auch durch die wissenschaftliche Organisation und Operationalisierung der Arbeit und der Arbeitskraft.

Das Produktionsmittel schlechthin für dieses Umsetzen, dieses Einschreiben von Natureigenschaften in den Produktions- und Arbeitsprozess, ist die *Maschine*. Das Messgerät selbst ist bereits eine Art invertierte Maschine, eine Maschine der Wissensproduktion, die »nur noch« in eine materielle Produktionsmaschine übersetzt werden muss. Denn wenn die Messung durch Werte Natureigenschaften herausfordert und identifiziert, die im Wissen identisch gehalten und berechenbar und formalisierbar werden, so sind die identifizierten Eigenschaften nicht nur in der Theorie reproduzierbar, bis hin zur Formulierung universell gültiger Gesetze, sondern die so identifizierten Eigenschaften können auch wieder auf die Natur (rück)angewandt und auf praktische Weise umgesetzt und technisch formalisiert werden. Werden die Natureigenschaften durch Maschinen in die materielle Produktion eingeschrieben, so werden sie im Produktionsprozess ganz praktisch reproduziert, ganz so, also ob die Natureigenschaften auf materielle Weise angewendet auf sich und selbst bezogen würden. Und wie in der Wissensproduktion, so existiert auch in dieser materiellen Produktion das Subjekt in einer gleichsam herausgesetzten Stellung. So wie in der Messung der Wissensarbeiter kontrollierend und überwachend neben seinem Produktionsmittel stand, neben der Messapparatur und dem Experiment, so steht im kapitalistischen Produktionsprozess auch der produzierende Arbeiter neben seinem Produktionsmittel, neben den Maschinen, um einen Produktionsprozess zu überwachen und zu kontrollieren, in den jene Resultate der Wissensproduktion eingeschrieben werden, ja, der idealerweise selbst wie ein Naturprozess organisiert sein soll.

Diese kurzen und sehr vereinfachten Ausführungen reichen, um zu zeigen, dass Maß und Messung für die neuzeitliche Wissenschaft eine regelreche Technik sind, um dafür zu sorgen, dass die Verhältnisse der Natur sich selbst zum Gegenstand einer objektiven Bestimmung werden; die Wissenschaft setzt die Natur durch Maß und Messung der Notwendigkeit aus, ihre eigene, innere Notwendigkeit wie in einer Reflexion zu erschließen und durch Werte zu entäußern. Was daher der Wissenschaft durch das Aussondern und Fixierung der Maße und die gemessenen Werte eigentlich gegeben wird, sind nicht »nur« diese oder jene Natureigenschaften, und es ist auch nicht die Natur schlechthin, die ihr als Material und Gegenstand des Wissens gegeben wird. Was ihr gegeben ist, ist nichts weniger als die gesamte Konzeption oder die Idee der Objektivität als solcher: Dass die Natur durch nichts als sie selbst bestimmt und daher ein bewusstloses Selbstverhältnis sein muss. Die Technik des Maßes muss als gegenstandskonstitutiv reflektiert werden und erzeugt so ein ganz neues »Weltbild« (Heidegger), das Weltbild der modernen neuzeitlichen Wissenschaft. In diesem Weltbild ist es die Natur der Natur, verlassen von allen höheren Mächten und aller subjektiven Zutat, durch nichts als sie selbst bestimmt zu sein.

In der Naturwissenschaft bringt das Aussondern des Maßes also zugleich auch den Gegenstand der Messung sowie das neuzeitliche Gegenstandsverständnis hervor, und so eröffnet die Technik von Maß und Messung die radikale Trennung von naturwissenschaftlicher Erkenntnisweise und Gegenstandskonstitution, kurz das Paradigma von Subjekt und Objekt im neuzeitlichen Sinne. Mit der Trennung eröffnen Maß und Messung aber auch die Negativität, in der ihre Vermittlung gründen muss, und Trennung und Negativität bringen all die Widersprüche, Dichotomien und Dualismen hervor, um deren Vermittlung sich vor allem die neuzeitliche Philosophie und ihr Begriff von Vernunft, Logik und Verstand zu drehen beginnt.

In der Neuzeit werden durch die Technik von Maß und Messung nicht nur die Verhältnisse der äußeren Natur, sondern auch die inneren Verhältnisse der Gesellschaft objektiviert. Diese Selbstobjektivierung wird uns zu einer zweiten, rein gesellschaftlichen Natur. Das Maß für diese Selbstobjektivierung der Gesellschaft ist das Geld.

Marx beginnt das *Kapital* mit dieser Maßfunktion des Geldes und der gesellschaftlichen Selbstobjektivierung. Das *Kapital* gibt eine Antwort auf die Frage, die für die Kritik und Darstellung der kapitalistischen Ökonomie die erste und vorrangige sein muss: Warum ist der kapitalistischen Ökonomie *überhaupt* ein Maß gegeben, ein Maß, durch das sie sich gleichsam selbst durch Werte objektiv bestimmen kann, analog der objektiven Bestimmung der Naturverhältnisse? Die Antwort gibt die berühmte »Analyse der Wertform« am Anfang des *Kapital* Bd. I:[27] Das Maß ist durch dieselbe Logik »gegeben« wie das Maß in der Naturwissenschaft, nämlich durch Aussonderung und Fixierung. Eine Ware wird von allen anderen Waren ausgeschlossen, um für diese anderen als Maß zu dienen und sie allererst in ein Verhältnis als Werte zu setzen – ein Verhältnis, das ohne Geld gar nicht als solches existieren konnte. Wie im Fall der Naturwissenschaft ist also mit dem Maß zugleich und allererst der Gegenstand der Messung gegeben, dasjenige Verhältnis, das durch das Maß gemessen, quantifiziert und durch Werte objektiv bestimmt wird – und dadurch allererst eintritt.[28] Indem das *Kapital* mit einer Analyse der Wertform »x Ware A = y Ware B« in die Entwicklung der kapitalistischen Produktionsweise einsteigt, wird das Abgeben des Maßes gleichsam vor diese eigentliche Entwicklung gezogen. Noch bevor Marx die Entwicklung der tatsächlichen praktischen kapitalistischen Vermittlung in Angriff nimmt und zunächst die Zirkulation der Waren und dann ihre Produktion entwickelt, stellt er durch die Analyse das Maß und die Logik der Quantifizierung *heraus* – im buchstäblichen Sinne –, und so kommt die vorgezogene und exponierte Stellung der Wertformanalyse derjenigen grundlegenden und zugleich herausgehobenen Stellung nach, die die Maßfunktion des Geldes für jene Zirkulation und Produktion, und somit für kapitalistische Ökonomie überhaupt, einnehmen muss. Es gilt, mit der Maßfunktion des Geldes eine Logik der Quantifizierung und eine universelle und reine Geltung einzuholen, die, wie eingangs für das Geldrätsel skizziert, historisch wie logisch nicht aus der kapitalistischen Ökonomie kurzerhand abgeleitet werden kann, weil sie selbst deren unhintergehbare Voraussetzung ist und in ihre Vermittlung und in ihre immanente Systematik fällt.

Die Wertformanalyse in Rücksicht auf diese Unableitbarkeit zu interpretieren ist wichtig, weil es sich bei der Form »x Ware A = y Ware B« auf den ersten Blick um ein bloßes Austauschverhältnis zu handeln scheint; dann würde das Geld in der Tat aus dem Austausch zweier Waren logisch (oder auch historisch-logisch) abgeleitet und wäre lediglich Tauschmittel. Und in diesem Sinne wird die Analyse in der Tat bis heute interpretiert, und auch Marx selbst legt diese Interpretation nahe. Indes steht statt eines Austauschs etwas *ganz anderes* zur Analyse an, nämlich ein *je schon quantitatives* Verhältnis. In »x Ware A = y Ware B« sind die Waren, wie im »x« und »y« eigentlich ganz offensichtlich, bereits in ein quantitatives Verhältnis *gesetzt worden*; sie präsentieren ihr gemeinsames Verhältnis auf rein quantitative Weise und stellen es durch ihre Werte geradezu heraus und unmittelbar an sich vor. Aber ebenso ist alles Qualitative, sind alle besonderen Bestimmungen der Waren und ihrer Produktion, ist ihr gesamtes Produktionsverhältnis und ihre Produktionsgeschichte in diesem quantitativen Verhältnis verschwunden – ganz wie im Fall der Messung und Quantifizierung der Naturverhältnisse.

Das Rätsel der Form ist daher die Form selbst: Wie ist diese Quantifizierung überhaupt möglich und was *ist* eigentlich Quantifizierung? Wie entsteht diese Qualität des Quantitativen, und was ist diese negative, identische, universelle Qualität, die sich anscheinend rein an sich selbst bestimmt, indem sie sich allein durch Größen unterscheidet und *darin* ihre Qualität und Identität hat? Eine qualitäts-lose Qualität, die gegenüber allen Waren, ihrer gebrauchswertigen Bestimmung wie ihren materiell-stofflichen Beschaffenheiten, kurz, die gegen alle bestimmte Qualitäten und ihr materielles Dasein überhaupt gleichgültig und indifferent ist, sodass die Qualität des Quantitativen darin liegt, ein Verhältnis – etwa der Arbeiten und der Waren – *rein als solches* zur Geltung zu bringen?

Um die Qualität des Quantitativen zu begreifen, das in dem Verhältnis »y Ware A = y Ware B« steckt, muss die Logik des Quantifizierens, das die Waren bereits in dieses quantitative Verhältnis gesetzt hat, eingeholt werden. Diese Voraussetzung des Quantifizierens gesellschaftlicher Verhältnisse (der Waren und der in ihnen entäußerten Arbeiten und Produktionsverhältnisse) ist das Geld, aber *nicht* in seiner Funktion als Tauschmittel, sondern in seiner, logisch gesehen, vorrangigen Funktion als Maß des Werts: Die Analyse holt das vorausgesetzte Maß ein, indem sie zeigt, auf welche Weise das Verhältnis der Waren selbst ein solches Maß nicht nur logisch voraussetzt, sondern gleichsam für sich abgegeben haben muss.

Aufgrund der Verschränkung zwischen Maß und gemessenem Verhältnis bzw. Geld und Wert (und mithin aufgrund der Zirkularität in ihrer gemeinsamen Genese) ist die Analyse recht vertrackt und bis heute umstritten. Gleichwohl sieht man, dass das »Abgeben« des Maßes auf dieselbe konstitutive Weise verstanden werden kann, wie wir das oben für das Maß in der Naturwissenschaft gezeigt haben: Indem eine Ware von allen anderen Waren ausgeschlossen wird, fixiert sie eine ideelle, maßgebliche Werteinheit, der im Gegenzug alle anderen Waren allererst zum Gegenstand werden und in ein gemeinsames Verhältnis *als* Waren gesetzt werden können. Alle Waren teilen in einer ausgeschlossenen Ware dasselbe Verhältnis, das sie im Geld gleichsam außer sich haben. Um als ein solches Maß des Werts zu gelten und maßgeblich zu werden, kann im Prinzip jede beliebige Ware ausgeschlossen werden. Entscheidend ist allein, dass irgendeine Ware *dauerhaft ausgeschlossen* ist, damit sie diese maßgebliche Werteinheit permanent fixieren kann. Qua Ausschluss einer Ware ist somit eine überzählige Ware da, und was durch diese überzählige Ware ausgeschlossen und fixiert wird, ist genau diese ideelle maßgebliche Werteinheit, die dadurch als solche eintritt und ein dauerhaftes Dasein erhält und Realität werden kann. Es ist allerdings ein Ausschluss im doppelten und paradoxen Sinne: Es gibt kein gemeinsames Drittes der Waren, ein solches Gemeinsames ist (formal-)logisch ausgeschlossen – aber dieses gemeinsame Dritte tritt ein, indem eine Ware tatsächlich von allen anderen *praktisch ausgeschlossen* wird. Qua Ausschluss einer Ware wird diejenige Einheit fixiert und identisch gehalten, die nicht nur ideell und empirisch rein ist, sondern der auch nichts von dieser Welt, kein Seiendes, keine Ware, adäquat sein kann – aber durch den Ausschluss von etwas, von irgendeiner beliebigen Ware, kann dieses ausgeschlossene Etwas *für* diese Einheit der Waren oder an der Stelle ihrer Einheit *da sein*.

Nicht nur das Ausschließen ist paradox, paradox ist auch der Status der ideellen Werteinheit, die der Gesellschaft durch diesen Ausschluss gegeben ist. Denn was durch die ausgeschlossene, überzählige Ware den Waren als maßgebliche Werteinheit zukommt, ist weder die Gesamtheit der Waren noch ihr gemeinsames Drittes, sondern es tritt »nur« die Möglichkeit ein, dass alle Waren durch diese ausgeschlossene Ware *Bezug* auf ihr gemeinsames Verhältnis *nehmen* können. Alle Waren können durch diese eine Ware ihr eigenes Verhältnis teilen; das Verhältnis kann durch diese Ware sowohl allererst eintreten als auch zugleich gleichsam außer-sich geraten. Was in der ausgeschlossenen Ware daher eigentlich gegeben wird, ist nur dieser »Ort« der Selbstbezüglichkeit: dass die Waren maßgeblich sein müssen für sich selbst, dass sie auf ihre eigene Einheit, auf ihr gemeinsames Verhältnis zurückkommen und es zugleich teilen müssen, und zwar *quantitativ*. Weil durch die ausgeschlossene Ware allen anderen Waren nichts als dieses quantitative Umschlagen gegeben ist, darum ist sie dazu bestimmt, die *Un*bestimmtheit und Gleichgültigkeit zu sein; eine Unbestimmtheit und Gleichgültigkeit, die aber ein Dasein erhalten. Die ausgeschlossene Ware ist wie die Null nichts als eine leere Einheit, die zwar nicht als solche gezählt wird, durch die aber alles andere als Eins gezählt und in seiner unendlichen Vielheit quantitativ in ein gemeinsames Verhältnis gesetzt oder besser: versetzt werden kann.

Kurzum, das Ausschließen versetzt beide Seiten auf einen Schlag allererst in ihren ökonomischen und spezifisch kapitalistischen Status: Die ausgeschlossene Ware, die diese ideelle Einheit fixiert, wird zur »Geldware« (Marx), durch die zugleich alle anderen Waren allererst Waren werden, d. h. zu Dingen, die ihr gemeinsames Verhältnis als Werte teilen, aufheben und unmittelbar an sich haben.

Was eigentlich durch die Geldware gegeben ist, ist eine Art Erlösung, denn die Dinge sind dank der Geldware von vornherein der Notwendigkeit enthoben, sich direkt und unmittelbar durcheinander bestimmen und ihr Verhältnis unmittelbar an sich darstellen zu müssen. Die Geldware entspringt nicht nur keinem Austausch, sie ersetzt von Anfang an einen unmittelbaren Austausch, der *ohne* Geld gar nicht gesellschaftlich verallgemeinerbar und totalisierbar wäre, aber der *mit* Geld etwas ganz anderes ist und nur diesen Schein hervorbringt, als vermittele das Geld bloß einen Austausch und als sei es selbst einst aus dem Austausch heraus entstanden. Indes ist der Gesellschaft die Möglichkeit gegeben, ihre Verhältnisse ohne unmittelbaren Austausch zu quantifizieren und die Dinge allein durch den Bezug auf eine maßgebliche Einheit in Wert zu setzen. Durch das Geld auf ihre Einheit bezogen, werden alle Waren in einen identischen Geltungsmodus gesetzt und gelten mit einem Schlag als rein quantitative Werte – und werden dadurch von vornherein als Waren ausgezeichnet, d. h. als Dinge, die ihr Verhältnis quantitativ an sich aufgehoben und darum eine doppelte Bestimmung an sich haben, eine besondere qualitative und eine rein quantitative Bestimmung; sie teilen in ihrem Bezug auf das Geld auf einen Schlag quantitativ dasselbe Verhältnis, das sie einerseits eingehen und andererseits im Wert des Geldes außer sich haben. Kurz, beide, die Waren und das Geld, geben in den realisierten Werten diesen Umschlag wieder und heben ihn jeweils quantitativ an sich auf. So wird die ideelle Werteinheit, für die das Geld steht, beiderseits auf- und eingelöst und bildet eine *Entsprechung* zwischen dem Wertverhältnis der Waren auf der einen Seite und dem Geld, das dieses Verhältnis realisiert, auf der anderen.

Dieses Umschlagen gesellschaftlicher in quantitative Verhältnisse ist die uns aus den Naturwissenschaften nun schon bekannte *Technik des Maßes*, die Technik, Verhältnisse als solche, d. h. als eine negative Qualität, eine bloße Relation und ein negatives Sein, durch

Größen ins Positive zu wenden und objektiv zu bestimmen. Durch das Maß wird das Verhältnis, obwohl oder gerade weil es als solches ungreifbar und unsichtbar ist, quantitativ buchstäblich ins Positive gewendet und zur Qualität quantitativer Verhältnisse. Zugleich wird dieses Verhältnis allererst eröffnet, und mit ihm wird die negative Qualität des Quantitativen der Gesellschaft zur Realität ihrer eigenen Objektivität: Das Quantifizieren stellt diese Qualität *Wert* nicht nur allererst her, das Quantifizieren *ist* diese rein gesellschaftliche Qualität.

Dieses Umschlagen und Wenden ins Positive lässt sich auf einen schlagenden Begriff bringen. Es ist ein Begriff, der sowohl die ideelle und universelle Geltung des Geldes als auch die Schlagartigkeit des Umschlags ins Quantitative zu fassen imstande ist und der uns ebenfalls bereits oben in der Naturwissenschaft begegnet ist: *Reflexion*. Es ist, als ob die Waren in ihrem Bezug auf das Geld so an ihre ideelle maßgebliche Einheit gehalten werden, dass sie, durch dieselbe ideelle Werteinheit, die sie zugleich teilen, wie in einer Reflexion gebrochen werden und auf einen Schlag als Werte dieser Einheit ins Verhältnis treten. Das Umschlagen gesellschaftlicher in quantitative Verhältnisse funktioniert folgerichtig wie eine Selbstreflexion der Waren durch ihren ausgeschlossenen, maßgeblichen Teil. Das kann keine Reflexion in der Weise sein, als ob ihr Verhältnis schon vorher fertig da wäre und vom Geld wie in einer äußeren Reflexion lediglich wiedergegeben würde; sondern diese Reflexion ermöglich erst die Existenz derselben gesellschaftlichen Verhältnisse, die sie durch Werte objektiv bestimmt und ineins zur Erscheinung bringt, aber doch so, als gehörten sie den einzelnen Waren wie eine innere Eigenschaft an – das ist der blendende Schein der Geltung des Geldes: »Das Geheimnisvolle der Warenform besteht also einfach darin, daß sie den Menschen die gesellschaftlichen Charaktere ihrer eignen Arbeit als gegenständliche Charaktere der Arbeitsprodukte selbst, als gesellschaftliche Natureigenschaften dieser Dinge zurückspiegelt, daher auch das gesellschaftliche Verhältnis der Produzenten zur Gesamtarbeit als ein außer ihnen existierendes gesellschaftliches Verhältnis von Gegenständen.«[29] Weil also paradoxerweise die Waren nur *durch* das Geld so erscheinen können, wie sie *ohne* Geld sind, darum scheint das Geld ein neutrales Mittel der Vermittlung und Repräsentation zu sein, und darum scheint es eine Realökonomie »vor« und unabhängig vom Geld zu geben (ganz wie das Subjekt in seiner Reflexion eine unabhängige objektive Wirklichkeit lediglich äußerlich zu reflektieren und wiederzugeben scheint). Durch das Geld als Maß ist uns das Mittel gegeben, die Gesellschaft einer Selbst-Reflexion zu unterziehen und uns in den Warenwerten unser gesellschaftliches Verhältnis objektiv und doch je reflektiert geben oder besser, wieder-geben zu lassen – und mit diesen Werten gibt uns das Geld unsere Verhältnisse ebenso zu denken, wie es unsere Verhältnisse in diesen rein quantitativen Werten zum Verschwinden bringt und in die Unmittelbarkeit und Reinheit quantitativer Größen buchstäblich entzieht.

Der Unterschied von erster und zweiter Natur

Wir sehen nun die analoge Stellung und den analogen Status des Maßes in der Naturwissenschaft und in der Ökonomie. Wie im Fall des Maßes und der Messung in der Naturwissenschaft werden auch durch das Geld Verhältnisse durch Quantifizierung auf eine objektive Weise so bestimmt und so ins Positive gewendet, dass diese Objektivität herausgefordert und herausgestellt wird. Und auch die vom Geld realisierten Werte sind zwar nicht unmittelbar mit den gesellschaftlichen Verhältnissen identisch, aber sie bilden eine *Entsprechung*, ganz wie in der Naturwissenschaft die ermittelten Werte eine Entsprechung zu den Naturverhältnissen bilden. Mit dieser Bildung einer Entsprechung können wir in beiden Fällen *rechnen*.

Es gibt aber auch einen entscheidenden Unterschied. Zwar werden auch die Verhältnisse der Gesellschaft im Geld wie in einer äußeren Reflexion gegenständlich und zugleich einer Art Selbstreflexion unterzogen und in quantitative Verhältnisse gebrochen. Anders als im Fall der Naturwissenschaft konstituiert diese Messung aber keine Natur, die wie ein unabhängiger Gegenstand der Wissenschaft und dem Subjekt des Wissens eigenständig gegenüberstünde, die allein durch sich selbst bestimmt wäre und die ihren eigenen Gesetzen folgte. Vielmehr stellt das Geld rätselhafterweise durch Messung und Quantifizierung diejenigen rein gesellschaftlichen Verhältnisse, die es durch Werte bestimmt, auch *her*, ja es ermöglicht sie überhaupt erst. In den Naturwissenschaften kennt man einen analogen Fall erst auf der Ebene der Quantenmechanik, auf der die Messung nicht einfach den Zustand eines Systems bestimmt, sondern das System durch die Messung erst in einen bestimmten – zu bestimmenden – Zustand gebracht wird. Es ist sogar noch paradoxer, denn dem Geld wird ein Verhältnis zum Gegenstand, das es im Quantifizieren und Bestimmen nicht nur zugleich erst herstellt, sondern genau dadurch werden diese gesellschaftlichen Verhältnisse in ihr Gegenteil verkehrt und *naturalisiert*. Sie werden der Gesellschaft durch die Messung zu ihrer eigenen zweiten Natur: als ob die Quantifizierung die Natur der Gesellschaft *sei*. Diese zweite Natur wird durch die realisierten Werte zwar nicht, wie im Fall der Naturwissenschaft, wie eine unabhängige und gleichsam fertig gegebene Natur herausgefordert, aber dieses Herausfordern und Herausstellen, dieses Realisieren und Ermitteln von ökonomischen Werten *ist* die Natur der Gesellschaft.

Entsprechend muss auch das Subjekt, dem diese Verhältnisse zum Gegenstand werden und das Wissen über die gesellschaftlichen Verhältnisse erlangt, gleichsam zuerst das Geld sein, und zwar allein schon darum, weil das Geld eben dieselben Verhältnisse, die es durch Werte herausstellt, auch erst herstellt und vermittelt. Ja, es identifiziert *sich* unmittelbar *mit* diesen Werten und bringt sie in der Form der gesellschaftlichen Vermittlung unmittelbar mit sich. Das ist in der Naturwissenschaft nicht der Fall, denn hier wird die Natur durch die Messung zwar einer Art Selbstreflexion unterzogen, aber ohne dass die Natur dadurch selbstbezüglich würde; die Natur erfährt ihre Selbstreflexion nur getrennt von sich, im Wissen der Wissenschaft, und sie kommt erst hier zu »ihrem« Bewusstsein. Dagegen wird die Gesellschaft durch das Geld einer Messung unterzogen, die durch die Kapitalbewegung des Geldes selbstbezüglich wird. Das Geld wird als Kapital zur Form der produktiven *Verwertung* derselben Verhältnisse, deren Größen es realisiert und vermittelt, ganz wie von Marx in der Kapitalform des Geld-Ware-

Geld plus Profit (G-W-G') anschaulich formalisiert. Die Kapitalbewegung des Geldes ergibt eine im Geld sich selbst messende Verwertung, und darüber werden die gemessenen Verhältnisse reflexiv, weil das messende Geld die gemessenen Werte wieder in die Bestandteile der Warenproduktion entäußert und so gleichsam gemessen wird, was die Entäußerung des Geldes wert gewesen ist.

Kurzum, es gibt eine Verschränkung zwischen dem messenden Geld und der gemessenen Verwertung, und die Verschränkung funktioniert wie eine bewusstlose Selbstreflexion, die in den gemessenen Wertgrößen realisiert wird und über ihre Verwertung und die Kapitalbewegung des Geldes selbstbezüglich wird. Aufgrund dieser Verschränkung kann das Maß nicht, wie im Fall der Naturwissenschaft, ein fixes spezifisches Quantum sein wie der Meter oder die Sekunde, sondern das Geld steht für eine leere Werteinheit, die beständig durch die gemessenen Verhältnisse ihre quantitative Bestimmung erst erhält. Geld ist also nicht wie der Meter oder die Sekunde ein *spezifisches* Quantum, sondern es ist ein *sich spezifizierendes* Quantum, spezifiziert durch den Messprozess und die gemessene Verwertung. Messung und Spezifizierung sind auch kein einmaliger Akt. Vielmehr ergeben sie die Form der gesellschaftlichen Vermittlung der Produktion und ihrer Resultate und führen in einen selbstbezüglichen Prozess, in welchem die Produktion beständig die für sie selbst maßgeblichen Größen in den Warenwerte aus sich heraussetzt.

Nur über diese beständige Messung und nur durch die produktive Verwertung der gemessenen Größen kann das Geld seinen Wert erhalten. Auch wenn das Geld immer eine bestimmte endliche Menge oder Summe ist, und auch wenn die Geldmenge durch z. B. das Banken- und Kreditsystem erhöht werden kann, so wird der Wert des Geldes letztlich von derselben Ökonomie und Verwertung bestimmt, in deren Bestandteile sich das Geld verwandelt und deren Resultate es realisiert. Das Geld kann nicht dauerhaft über diese, über *seine* Verhältnisse leben, es muss letztlich eine Entsprechung zu der Ökonomie bilden, deren Werte es ermittelt und vermittelt und in die es die realisierten Werte wieder verwandelt, kurz: die es *monetarisiert*.

Der Unterschied zwischen der Messung der Natur und der Messung der Gesellschaft besteht also darin, dass im Fall der Naturverhältnisse die Natur wie ein äußerer, unveränderlicher Gegenstand mit eigenen, ahistorischen Gesetzen konstituiert wird, während die Messung gesellschaftlicher Verhältnisse in einen selbstbezüglichen und dynamischen geschichtlichen Prozess führt. Dieselbe Technik des Maßes und des Messens bringt somit zwei unterschiedliche Gegenstände hervor, eine erste und eine zweite Natur, und sie eröffnet damit den *Gegensatz* von Natur und Gesellschaft. Aber ebenso eröffnet sie die Möglichkeit, dass die quantifizierte und durch Gesetze formalisierte erste Natur in die ebenfalls quantifizierte Ökonomie eingeschrieben wird und in die zweite Natur eingeht, vor allem durch die Produktionsmittel und die Verwissenschaftlichung der Arbeit und der Produktion.

Das Politische der Politischen Ökonomie

Marx' Wertformanalyse zeigt, dass durch den Ausschluss einer Geldware diejenige Werteinheit fixiert wird, die das Verhältnis aller anderen Waren als solches, als Verhältnis, gleichsam zum Gegenstand hat, es quantitativ umschlägt und dadurch maßgebliche Wertgrößen ermittelt. Doch die Analyse scheint dadurch im Geld und im Wertverhältnis einseitig nur das Ökonomische einer »Kritik der politischen Ökonomie« einzuholen; Marx begründet zwar geradezu das Ökonomische der Ökonomie, aber anscheinend ohne das Politische. Gleichwohl beansprucht das *Kapital* im Untertitel explizit, die *politische* Ökonomie zu behandeln. Auch das Geld selbst scheint diese Verbindung zu verlangen, ist doch in ihm beides verbunden wie bei den sprichwörtlichen zwei Seiten derselben Medaille oder Münze: Kopf und Zahl, das Politische und das Ökonomische, der Staat und der Markt. So teilen sich bezeichnenderweise denn auch die Geldtheorien in eher ökonomische und eher politische Herleitungen auf: Der Ursprung des Geldes wird entweder über die Ökonomie von Warentausch, Handel, Zirkulation u. Ä. begründet oder über Politik und Macht (Kredit, Schuld, Staat, Zentralbanken, Recht und Eigentumsverhältnisse), wobei es natürlich auch Versuche der Verbindungen von beidem gibt. Aber die Frage bleibt: Wo ist in Marx' Wertformanalyse das Politische? Gibt es im Aussondern der Geldware und der Fixierung einer ideellen maßgeblichen Werteinheit überhaupt einen Ort für das Politische? Oder ist es vollkommen abwesend? Analysiert Marx in dem Ausschluss, durch den der Gesellschaft ein Maß der Quantifizierung gegeben ist, nur eine logische Notwendigkeit und einen unvordenklichen, rein logischen Akt?

Der Herrscher des Ökonomischen und die Frage der politischen Souveränität

Tatsächlich, so unsere These, ist das Politische zwar abwesend, wird aber gerade durch seine Abwesenheit angerufen. Wie ist das zu verstehen?

Zunächst fällt eine Analogie auf: Die Urszene des Ökonomischen und seines Herrschers, des Geldes, gleicht auf frappierende Weise den Urszenen, die für das Politische entworfen wurden. Der unergründliche Ursprung der Macht wurde am entschiedensten in verschiedenen Figuren der *Souveränität* in Szene gesetzt, von Hobbes' »Leviathan« und Machiavellis »Fürst« über Hegels »Herrschaft und Knechtschaft« mit dem Tod als dem »absoluten Herrn« bis zu Freuds »Urvatermord«, Lacans »Herrensignifikanten« und ähnlichen Figuren bei Heidegger, Benjamin, Kafka, Schmitt, Foucault, Badiou, Agamben etc. Alle diese Figuren kreisen um das Paradox einer ein- und zugleich ausgeschlossenen Stellung, durch deren Besetzung der leere Platz der Macht allererst eröffnet wird und zugleich, mit einem Schlag, wirksam sein kann. Ob durch das Aussetzen des »Naturzustandes« durch den »Leviathan« (Hobbes), den »Generalstreik« als quasi göttlichen Akt der »Suspendierung der Zeit« (Benjamin), den »Mord am Urvater« und die Etablierung einer Art kollektiven »Über-Ichs« (Freud) oder ob durch die »Entscheidung über den Ausnahmezustand« (Schmitt): Einmal besetzt, scheint der Ort der Macht von der durch sie doch erst etablierten Ordnung bereits eingeräumt gewesen zu sein – als ob der Ort im Nachhinein vorausgesetzt wird mit der Vorherbestimmung, eingenommen werden zu müssen, weil sonst Chaos herrschte. Doch so sehr es durch diese Besetzung scheint, als sei das Chaos durch eine – religiöse, politische, soziale – Ordnung ausgesetzt worden, so sehr wird dieser Ort durch ebendiese Ordnung und ihre innere Systematik entrückt. Er wird zur ureigensten Leerstelle dieser Ordnung und führt alle Versuche einer kohärenten rationalen Begründung – ganz wie im Fall des Geldes – in Paradoxien und Aporien.

So kreisen die verschiedenen Inszenierungen der Souveränität auf eine ganze ähnliche Weise um das leere Zentrum der – religiösen, politischen, sozialen – Macht und deren Besetzung, wie Marx' Analyse der Wertform um die leere Stelle einer ideellen Werteinheit und deren Besetzung durch eine maßgebliche Geldware kreist. So unterschiedlich dieser Ursprung von Macht auch in Szene gesetzt wurde – wie im Fall der Geldware gilt, dass erst mit Ausschluss und gleichzeitiger Besetzung *etwas* in den Status der Souveränität versetzt wird und paradoxerweise Entscheidungen über den Zustand dessen fällen kann, woraus es herausgesetzt worden sein muss. Dem Souverän kommt Macht also von seinem *Anderen* her *zu*, von dem, wovon es ausgeschlossen ist. Und weil der Souverän, genau wie das Geld, diese Verhältnisse, von denen die Ausübung der Macht und die Souveränität abhängt, auf sich nehmen und verkörpern muss, muss auch der Souverän auf dieselbe Weise gespalten sein, wie das Geld gespalten ist, nämlich in einen weltlich-materiellen Körper (den Leib Christi, den Körper des Königs, im Fall des Geldes in die Geldware), der aber jeweils das Übersinnlich-Ideelle und Unsichtbar-Undarstellbare verkörpern muss, das Religiös-Geistliche, die Verfassung, das Öffentliche, das Politische, das Recht, das Gesetz, die Norm – so wie das Geld die ökonomische Geltungsmacht des Quantitativen darstellen und an sich selbst verkörpern muss. Hier wie dort, in Politik wie Ökonomie, muss ein *Etwas* der reinen Geltung buchstäblich Gestalt geben, im Politischen dem Recht, der Verfassung, dem Gesetz, der Norm etc., im Ökonomischen dem Quantitativen in seiner reinen und universellen Geltung wie in seiner je endlichen Größe. (Dass das Geld für das Quantitative einsteht und ihm Gestalt gibt, wird weiter unten für die »Ökonomie der Zeit« noch entscheidend sein.)

Wenn also die Wertformanalyse eine Art Urszene nicht nur für das Ökonomische und seinen Herrscher, sondern auch für die politische Souveränität liefert, und wenn die »Kritik der politischen Ökonomie« es mit der Spaltung der modernen kapitalistischen Gesellschaft in Ökonomie und Politik aufnehmen muss – auf welche Weise kommt dann in der Wertformanalyse und im Ursprung des Geldes das bislang abwesende Politische ins Spiel?

Die Notwendigkeit des Ausschlusses des Geldes und der Fixierung eines universellen Maßes zeigt indirekt, dass der politische

Souverän, dass Staat und Politik es mit einer Verlegenheit aufnehmen müssen, mit einer Verlegenheit, die untrennbar verbunden ist mit dem Geld und der Ökonomie. Denn der politische Souverän muss zwar den ökonomischen Souverän an die ihm bestimmte Stelle setzen können, d. h. ein politischer Souverän kann in Gestalt des Staates oder der Zentralbank oder auch der *volonté générale* darüber entscheiden, was als Geldware ausgeschlossen und fixiert wird; er kann die Hoheit über die Geldemission und die Geldmenge und ihren Schutz ausüben, er kann dem Geld seinen Stempel und Namen aufdrücken und es in seinem Namen und in seinem (staatlichen) Hoheitsbereich in Umlauf bringen, und er kann es durch seine Finanz- und Wirtschaftspolitik regeln und flankieren. Aber kein politischer Souverän kann sich über die universelle und doch je endlich-quantitative Geltung des Geldes erheben. Sie bleibt dem Staat, der Zentralbank, einer Klasse oder auch »dem Volk«, kurz einer jeden Politik letztlich unverfügbar – nicht, weil das Geld ein noch mächtigerer Souverän wäre, sondern weil es ein schwacher, ein machtloser Herrscher ist, der vollkommen von den ökonomischen Verhältnissen abhängt, die er für seine reine und universelle Geltung wie für seinen eigenen endlichen Wert realisieren muss und von der auch die Politik abhängig bleibt. Kurzum, die relative Autonomie des Politischen ist nur die andere Seite der Unverfügbarkeit und Eigengesetzlichkeit des Ökonomischen. Die Gesellschaft muss sich spalten in Ökonomie und Politik, weil es keinen Souverän gibt, der *beide* Seiten zugleich beherrschen könnte. Keine politische Macht, kein politischer Souverän kann durch Willen oder Gewalt das Geld ersetzen oder sich an die Stelle des Geldes setzen und die Geldfunktionen auf sich nehmen. Die kapitalistische Gesellschaft ist in diese beiden Seiten konstitutiv gespalten, und es ist genau diese ursprüngliche Spaltung, die auch im Ursprung des Geldes aufbricht.

So sehr das Geld daher auch außerökonomisch vermehrt oder verknappt wird, etwa durch den Staat, die Zentralbank und die Kreditgeldschöpfung, die neues Geld aus dem Nichts schöpfen kann – das Geld erhält seinen Wert in letzter Instanz durch dasjenige ökonomische Verhältnis, das es quantitativ realisieren und dadurch wiedergeben muss; sein eigener Wert *ist* nur die Unmittelbarkeit dieser Verhältnisse und ihrer Vermittlung. Dasselbe gilt für den Versuch, durch politischen Willen oder politische Gewalt Preise zu diktieren: In letzter Instanz kann das Geld sowohl in seiner universellen Geltung wie in seinem eigenen endlichen Wert nur durch die ökonomischen Verhältnisse gedeckt und abgegolten werden, die es durch seine Funktionen monetarisieren muss. Es kann nur temporär, wie im Fall der Formen des Kreditgeldes und des finanziellen Kapitals, in einer Art Vorlauf denselben ökonomischen Verhältnissen und Gestalten gegenüber unverhältnismäßig sein, die noch in *seinen* ökonomischen Prozess fallen und eine Entsprechung bilden müssen, und das Geld wird diese Gestalten und ihre Verhältnisse als Werte vermitteln und sie dadurch auf ganz praktische Weise durch ihre eigene Endlichkeit hindurchführen müssen – dieser Materialismus einer ideellen Werteinheit ist der eigentliche Materialismus, den Marx in seiner Kritik der politischen Ökonomie durch die Entwicklung der einzelnen Geldfunktionen und ihrer Kapitalbewegung geltend macht.

Wir sehen also schon im Ursprung des Geldes, dass der politische Souverän, in welcher Gestalt auch immer, das Geld, welche materielle Gestalt es auch immer annimmt, nur an diejenige Stelle setzen kann, die durch die Notwendigkeit des Ausschlusses gegeben ist und dadurch erst eröffnet wird. Wir erhalten die für unsere Gesellschaft maßgebliche Einheit durch eine logische Notwendigkeit, die vom Geld realisiert und ökonomisiert wird und zur quasi natürlichen Rationalität des Quantitativen wird. Es muss daher scheinen, als hätten die Waren selbst diese leere, ideelle Einheit, an deren Stelle das Geld da ist, eingeräumt; allein schon darum, weil sie eben in ihrem Bezug auf das Geld allererst als Werte zueinander ins Verhältnis treten und den Status als Waren erhalten können. Darum spricht Marx nicht nur nicht von einem politischen Souverän, der Geld in Kraft setzt. Vielmehr sind es Marx zufolge nicht einmal die Besitzer der Waren, die die Notwendigkeit des Ausschlusses des Geldes exekutieren müssen. Es sind stattdessen die Gesetze der Warennatur, die, logisch gesehen, das Geld ebenso ausschließen, wie sie es voraussetzen. Der Ausschluss der Geldware ist »eine gesellschaftliche Aktion *aller andren* Waren« (unsere Hervorhebung), und ihre Besitzer müssen diese unvordenkliche, rein logische Aktion, nachdem einmal etwas an diese Stelle gesetzt und Geld geworden ist, in all den Akten, in denen sie Geld im Alltag einsetzen, immer schon wiederholen und die Logik des Ursprungs immer aufs Neue wiederkehren lassen. In der folgenden Passage nutzt Marx in jedem Satz Formulierungen, die die Verlegenheit der Warenbesitzer und die Bewusstlosigkeit ihres Handelns betonen sowie die Naturwüchsigkeit eines Geschehens, das zwar durch und durch gesellschaftlich ist, aber sich im Rücken aller Beteiligten abspielt und dem Geld hinterrücks einen geradezu übernatürlichen Status einräumt:

> In ihrer Verlegenheit denken unsre Warenbesitzer wie Faust. Im Anfang war die Tat. Sie haben daher schon gehandelt, bevor sie gedacht haben. Die Gesetze der Warennatur betätigten sich im Naturinstinkt der Warenbesitzer. Sie können ihre Waren nur als Werte und darum nur als Waren aufeinander beziehn, indem sie dieselben gegensätzlich auf irgendeine andre Ware als allgemeines Äquivalent beziehn. Das ergab die Analyse der Ware. Aber nur die gesellschaftliche Tat kann eine bestimmte Ware zum allgemeinen Äquivalent machen. Die gesellschaftliche Aktion aller andren Waren schließt daher eine bestimmte Ware aus, worin sie allseitig ihre Werte darstellen. Dadurch wird die Naturalform Ware gesellschaftlich gültige Äquivalentform. Allgemeines Äquivalent zu sein wird durch den gesellschaftlichen Prozeß zur spezifisch gesellschaftlichen Funktion der ausgeschlossenen Ware. So wird sie – Geld.[30]

Die zwei Körper des Königs der Warenwelt

Das Geld wird also nicht durch seine materielle, qualitative Beschaffenheit und Gestalt zum Herrscher der Warenwelt, sondern allein durch seinen Ausschluss aus ihr. Es gelangt somit zu seiner universellen Geltung auf denkbar unspektakuläre Weise, gleichsam hinterrücks und negativ. Was immer ausgeschlossen wird, ist mit einem Schlag Geld und wird zugleich schlagartig maßgeblich für dasjenige gesellschaftliche Verhältnis, aus dem es ausgeschlossen ist und für deren Einheit und objektive Bestimmung nun aber *etwas da ist*.

Weil nur irgendein Etwas dauerhaft für das Ideell-Übersinnliche *da* sein muss, um dem Verhältnis der Waren Präsenz zu geben, ist das Geld, was immer auch ausgesondert wird und welche materielle Gestalt es auch immer annimmt, in-sich gespalten – genau wie auch die Waren, die das Geld durch die Quantifizierung ihres Verhältnisses in eine doppelte Bestimmung (ver-)setzt, in-sich gespalten und etwas »Sinnlich-Übersinnliches« (Marx) sind, ein besonderer Gebrauchswert und ein quantitativer und insofern übersinnlicher Wert. Geld muss einerseits immer irgendein bestimmtes, endlich daseiendes Etwas sein, ob als Edelmetall, Papiergeld, elektronisches Buchgeld oder Kryptowährung; andererseits steht das Geld, was immer es in seinem weltlichen Dasein ist, für etwas ein, das nicht nur nicht materiell und nicht aus etwas Materiellem ableitbar ist, sondern es muss gerade *für das Unbestimmte* da sein. Das Geld steht, in welcher sinnlich-materiellen Gestalt auch immer, inmitten der Gesellschaft für eine ebenso ideelle wie unbestimmte leere Einheit ein, um alle Waren der quantitativen Bestimmung durch diese Einheit auszusetzen und sie dadurch in ein quantitativ bestimmtes Verhältnis zu setzen – und ebenso muss es auch sich selbst gegenüber vollkommen indifferent sein, damit auch seine eigene alleinige Bestimmung ist, seinerseits quantitative Bestimmung zu erhalten durch ebenjene Verhältnisse, die es aufseiten der Waren realisiert. Das Geld muss im quantitativen Einlösen der Verhältnisse der Waren nicht nur die ideelle Werteinheit, für die es steht, zur Realität werden lassen, es muss dabei zum sich spezifizierenden Quantum werden, spezifiziert durch ebenjene Verhältnisse, die es im Vermitteln der Waren einlöst und präsentiert; deshalb ist das Geld zwar seiner Geltung nach rein und leer, unbestimmt und universell, aber zugleich gilt es immer als ein endlicher Wert, ob als Gesamtmenge, ob in ihren Teilen oder auch durch seine Vermehrung, etwa durch Kreditgeld.

Die Geldware ist somit nicht nur nicht aus dem materiellen Dasein ableitbar, sondern umgekehrt, weil sie für eine ideelle und unbestimmte Werteinheit steht, die sie fixieren und durch quantitative Bestimmung einlösen muss; darum sind bestimmte Materialien privilegiert, um die ideelle Werteinheit und die realisierten Werte zu verkörpern und zu übermitteln, etwa Edelmetalle, Papiergeld oder elektronische Impulse. Was immer als Geld ausgesondert wird und als materieller Maß-*Stab* erscheint – Münze, Edelmetall, Zeichen, Papier, elektronisches Buchgeld, Krypto-Währung –, muss seiner stofflich-materiellen Beschaffenheit und seiner qualitativen Bestimmung und Eigenschaften gegenüber indifferent sein, um durch diese Indifferenz sowohl jener ideellen Geltung wie dieser endlich quantitativen Bestimmung adäquat werden zu können. Es scheint daher, als sei das Geld durch seine schrittweise Entmaterialisierung – von Edelmetallen über Papiergeld bis zu den elektronischen Impulsen des Kredit- und Fiatgeldes oder der Kryptowährungen – dieser Gleichgültigkeit sich selbst gegenüber adäquat geworden, bis es, aller materiellen Gestalt entledigt, nur noch elektronisch zirkuliert und endliche Größen unendlich schnell registriert, überträgt und reibungslos erledigt. Es ist, als ob das Geld in all den geschichtlichen Gestalten, die es im Laufe der Zeit durchlaufen hat, nach und nach alle seine besonderen Formen abgestreift und sich entmaterialisiert hätte, um gerade im Verschwinden seiner Bestimmung als universellem Maß seiner reinen Geltung sowie der Logik der Quantifizierung adäquat zu werden und in seiner eigenen Geschichte – in der Geschichte seiner verschiedenen Gestalten – geradezu teleologisch zu sich selbst zu kommen und seine ursprüngliche und durchgehende Bestimmung einzulösen: Alles, was das Geld tun muss, ist, der Gesellschaft ihre Endlichkeit auf eine reine, negative und universelle, aber zugleich auf die härteste Weise geltend zu machen – quantitativ, durch endliche Wertgrößen. Folgerichtig liest sich diese Geschichte seiner Entmaterialisierung zugleich wie die Geschichte seiner Befreiung und Bereinigung von all den Verhältnissen, in denen es eben noch nicht dieser Bestimmung entsprochen hat, Verhältnissen, in denen das Geld noch verschiedenen Beschränkungen und Zwängen unterlag und noch keine seinem kapitalistischen Selbstbezug adäquate Existenz geführt hat: verschwendet durch Prunk und Genusssucht, gehemmt durch Abgaben und Zölle, in Latenz verharrend als Schatz, eingebunden in Stände, Zunftwesen und Kleinstaaterei, begrenzt durch den Umfang von Austausch und Handel, Verhältnissen, in denen es aber auch, und das kennzeichnet die Entwicklung seit den 1970er-Jahren, noch gekoppelt war an die Golddeckung, an ein System fester Wechselkurse und an das Bargeld.

Diese zunehmende Entmaterialisierung des Geldes fällt zwar buchstäblich in die Zeit und stellt sich als eine geschichtliche und gesellschaftliche Entwicklung dar. Aber erneut verschränken sich im Geld Logik und Geschichte, und diese Verschränkung ist der Grund, warum es scheint, als würde die Geschichte von dieser Logik beherrscht und als würde auch das Geld selbst in der Geschichte seiner Logik adäquat. Denn *logisch* gesehen tritt das Maß auf eine schlagartige Weise in Kraft, allein indem durch den Ausschluss der Geldware eine ideelle Werteinheit fixiert wird, die gesellschaftliche in quantitative Verhältnisse umschlägt, und dadurch ist mit einem Schlag ein Maß in der Welt, das universell gilt und auf Dauer gestellt ist. Oder vielmehr gibt es ein Maß, das *zeitlos* gilt und doch, oder gerade deshalb, alle Veränderung *in* der Zeit quantitativ registriert, und das bedeutet: Durch diese quantitativen Werte wird die Endlichkeit der Zeit selbst ökonomisierbar. Das Geld steht also nicht einfach nur für ein Maß, das universell ist und zeitlos gilt, sondern es steht für eine quantitative Verendlichung der Zeit, durch die der Gesellschaft ein produktiver Umgang mit der Endlichkeit der Zeit eingeräumt wird – und eben dieser Umgang wird der kapitalistischen Gesellschaft zu ihrer Geschichte.

Durch diese zeitlose Geltung des Geldes einerseits, seine Quantifizierung gesellschaftlicher Verhältnisse andererseits, erhebt sich im Kapitalismus und seiner Geschichte ein neuer Souverän. Es ist ein universeller, negativer, abstrakt-anonymer und unerbittlicher Souverän, der fortan die kapitalistische Geschichte durch alle Fortschritte und Krisen hindurch beherrscht. Dieser Souverän ist die Zeit. Es ist die Zeit, die durch das Geld und dessen Entmaterialisierungen hindurch ihre reine und universelle Geltung auf eine ebenso gleichgültige wie quantitative exakte Weise geltend macht und die durch all die quantifizierten Verhältnisse hindurch beständig sich selbst adäquat wird – und dadurch auf nichts als sich selbst insistiert.

Geld als Platzhalter der Zeit

Die universelle und negative Qualität des Quantitativen, für die das Geld da sein und der es Präsenz geben muss, die es ebenso in Kraft setzen wie endlich-quantitativ einlösen muss, ist die *Zeit*; durch seine Funktionen setzt das Geld gesellschaftliche Verhältnisse nicht nur quantitativ in Wert, es setzt dadurch auch eine quantifizierte Zeit in Wert. Es kommt daher noch alles darauf an zu zeigen, dass das Geld durch die Quantifizierung gesellschaftlicher Verhältnisse eine »Ökonomie der Zeit« (Marx) in Kraft setzt. Einerseits muss das Geld der Zeit durch seine eigene Gestalt ein materielles Dasein geben und, im Wortsinn, für die Zeit und ihre Endlichkeit einstehen; andererseits muss es einer Zeit adäquat werden, die eben nichts Materielles ist, die vielmehr ein negatives, unfassbares und unverfügbares Wesen ist und der nichts, keine Gestalt und nichts Seiendes, adäquat sein kann. Das Geld, in welcher Gestalt es auch immer auftreten mag, muss der Zeit letztlich die gestaltlose Gestalt rein quantitativer Werte geben, damit die Zeit in der kapitalistischen Gesellschaft allein durch diese endlichen Werte hindurch übertragen, verwandelt werden und (fort)währen, kurz, damit sie existieren kann – die Quantifizierung gesellschaftlicher Verhältnisse durch Geld *ist* das Wesen der Zeit, und die Zeit *ist* diese Qualität quantitativer Verhältnisse.

Die Ökonomisierung der Zeit braucht also unbedingt eine Gestalt für sich, aber diese »Gestalt« kann letztlich nur eine quantitative Markierung sein, genauer, eine ständige Remarkierung und quantitative Spezifizierung. Wenn daher oben gesagt wurde, dass das Geld im Zuge seiner geschichtlichen Entmaterialisierung seiner Bestimmung adäquat wird und geradezu in der Geschichte teleologisch zu sich selbst kommt, so ist es eigentlich die abstrakthomogene, kontinuierliche Zeit der Neuzeit, die durch die verschiedenen Gestalten des Geldes und die zunehmende Entmaterialisierung zu sich zu kommen scheint. Eine an sich leere, zeitlose Zeit fällt durch ihre Quantifizierung gleichsam in ihre eigene Endlichkeit und kommt in den gesellschaftlichen Verhältnissen und in der quantitativen Selbstbegrenzung der kapitalistischen Ökonomie und ihrem Verwertungsprozess beständig zu sich – als ob die Gesellschaft durch die quantitative Verendlichung der Zeit vergesellschaftet würde und die Zeit in ihre eigene Geschichte fiele.

Die kapitalistische Gesellschaft entstand daher nicht einfach durch eine Entwicklung und Transformation *in* der Zeit und *in* der Geschichte, als ob die Zeit von Natur aus schon da wäre und sich der Gesellschaft und ihrer Geschichte wie eine physikalische Dimension zur Verfügung stellte. Der Kapitalismus entstand, indem durch die Messung und Quantifizierung eine Veränderung des Zeitbegriffs und ein neuer Umgang mit der Zeit anfing, und es ist dieser neue ökonomische Umgang, es ist diese Ökonomisierung einer quantifizierten, abstrakt-homogenen, universellen Zeit, die gleichsam in die Zeit fällt und sich als derjenige Umbruch in der Geschichte darstellt, seitdem die kapitalistische Gesellschaft in Kraft ist.

Die Geldfunktionen und ihr Rechnen mit der Identität der Zeit

Gemeinhin wird angekommen, dass Marx' Begriff des Materialismus sich auf die gesellschaftliche Praxis der Menschen, ihre materiellen Bedingungen und die geschichtliche Situation bezieht, auf den Punkt gebracht in den berühmten *Thesen über Feuerbach*: »Alles gesellschaftliche Leben ist wesentlich praktisch. Alle Mysterien [...] finden ihre rationelle Lösung in der menschlichen Praxis und in dem Begreifen dieser Praxis.«[31] Marx' Kritik des Geldes erlaubt aber noch einen zweiten, vergleichsweise esoterischen Materialismusbegriff. Es gibt einen Materialismus, der im Geld wirksam ist, indem dessen Funktionen und kapitalistischer Selbstbezug zur entscheidenden Bedingung gesellschaftlicher Praxis werden, nämlich zum produktiven Umgang mit der Zeit. Diesen Materialismus hat das Geld ursprünglich für die Gesellschaft und unsere Praxis übernommen und auf sich genommen. Es ist dies zudem ein Materialismus, der ausgerechnet die Kraft und Wirklichkeit des Immateriellen, Universellen und Negativen geltend macht, denn das Geld muss ironischerweise eine *ideelle* Werteinheit *materiell* fixieren und geltend machen, durch die letztlich die Zeit quantitativ in Wert gesetzt und für die Gesellschaft praktisch wirksam und geschichtsmächtig wird. Dieser »Materialismus des Geldes« wird greifbar, wenn wir im nächsten Schritt Geld und Wert mit Marx in eine »Ökonomie der Zeit« übersetzen. Oder vielmehr wird zu zeigen sein, dass die Geldfunktionen und die In-Wert-Setzung und Quantifizierung nichts anderes als dieses Übersetzen *sind*. Der Materialismus des Geldes besteht gerade in der Praxis, gesellschaftliche Verhältnisse durch Quantifizierung in zeitliche Verhältnisse und umgekehrt zu übersetzen. Haben wir bisher Geld und Wert in Richtung eines sich selbst messenden Verwertungsprozesses entwickelt, so können wir diese Messung der Verwertung durch Geld nun genauer fassen: Es scheint, als werde die Verwertung durch das Geld so gemessen und quantifiziert, als sei sie durch die Zeit gemessen und als seien die zeitlichen Verhältnisse in der Produktion (über die im Abschnitt »Die kapitalistische Ökonomie der Zeit« zu sprechen sein wird) in quantitative Größen »übersetzt« worden. Die Übersetzung besteht also vereinfacht darin, dass die quantitativen Verhältnisse zeitlichen Verhältnissen entsprechen und umgekehrt. Messung und Quantifizierung sorgen dafür, dass die Zeit auf quantitative Weise in die Gesellschaft eintritt und für sie maßgeblich wird, insbesondere für die Produktion und die Verwertung ihrer Bestandteile, und dass auch die Verwertungsverhältnisse zeitlichen Verhältnissen entsprechen.

Diese Übersetzung in eine Ökonomie der Zeit kann hier für beide Seiten, das messende Geld und die gemessene Verwertung, nur jeweils skizzenhaft geleistet werden. Zunächst soll für die einzelnen Geldfunktionen gezeigt werden, welche Funktionen sie für die Ökonomie der Zeit haben, um anschließend die zeitlichen Verhältnisse zu zeigen, die diese Funktionen aufseiten der kapitalistischen Verwertung in Kraft setzen.

1. Geld als Maß der Zeit

Durch seinen Ausschluss fixiert das Geld nicht nur eine ideelle Werteinheit, es hält diese Einheit auch *zeitlos*. Es setzt dadurch die gesamte Ökonomie der quantitativen Bestimmung und Realisierung durch immer ein und dieselbe, identisch gehaltene und zeitlos gültige Einheit aus, aber es ist erst diese Quantifizierung, durch die das Geld die Gesellschaft auf praktische Weise an das Maß der Zeit hält. Es hält die gesamte Ökonomie andauernd an ein Maß, das sich selbst nicht ändert, das aber beständig alle Veränderung durch endliche Werte realisiert und die Verhältnisse durch ihre Realisierung in eine immer neue Gegenwart (um)bricht: Das Maß eröffnet eine Ökonomie, die durch quantitative Selbstbegrenzung in ihre eigene Endlichkeit eintritt. Kurz, mit dem kapitalistischen Geld bricht das Maß der Zeit in die Gesellschaft ein, und mit der Quantifizierung gesellschaftlicher Verhältnisse bricht das Zeitalter einer quantifizierten Zeit an.

2. Die quantitative Gegenwart der Zeit durch das Tausch- und Zirkulationsmittel

Das praktische Realisieren der Zeit durch endliche Größen fällt in die Funktion des Geldes als Tausch- und Zirkulationsmittel; so sehr das Geld als Maß zeitlos und universell gilt, so sehr sind es die durch die Tauschmittelfunktion realisierten Werte und ihre Größen, die für die Gesellschaft maßgeblich werden. Die Größen werden maßgeblich, indem sie im Geld gegenwärtig bleiben, aber auch quantitativ übertragen werden. Diese quantitativen Werte bleiben, oder vielmehr: sie *werden* durch alle Verwandlungen und Gestalten der Ökonomie hindurch das Identische: Während die Waren, aus der Produktion kommend, durch die Realisierung ihrer Werte quantitativ zwar gegenwärtig werden, aber aus der Zirkulation fallen und im Konsum wieder verschwinden, bleiben die Werte im Geld quantitativ gegenwärtig gehalten; die Endlichkeit fällt in ein quantitatives Dasein, das im Geld existieren, (fort-)währen und auf endlich-quantitative Weise ewig zirkulieren kann. So bricht das

Geld beständig, indem seine Maßfunktion durch seine Tausch- und Zirkulationsmittel praktisch wird, gesellschaftliche Verhältnisse in eine quantitativ verendlichte Gegenwart um, in eine Gegenwart, die im Geld selbst, durch alle quantitativen Veränderungen hindurch, kontinuierlich anwesend wird und mit sich selbst identisch bleibt.

3. Die Gegenwart und ihr Schein: Das Geld als quantitativer Übergang der Zeit

Indes ist diese Gegenwart, wie oben für die Sphäre von Austausch und Zirkulation angedeutet, ein notwendiger Schein. Wie die realisierten Werte, so ist auch ihre Gegenwart immer schon eine *Vergegenwärtigung*; denn in den Waren kehrt ein Wert, der bereits in ihre Produktion entäußert gewesen war, wieder *zurück*, und zugleich verwandelt sich auch das Geld, das jenen Wert in die Warenproduktion entäußert hat und in ihre Bestandteile verwandelt worden ist, wieder zurück. All die Werte, die das Geld aufseiten der Waren realisiert und die im Geld selbst gegenwärtig bleiben, sind somit von vornherein eine Vergegenwärtigung der Produktionsverhältnisse und der Verwertung von Arbeitskraft und Kapital, und diese Vergegenwärtigung der *vergangenen* Verwertung ist dazu bestimmt, erneut in diese produktiven Verhältnisse einzugehen, um erneut daraus zurückzukehren, usw. So ist die Gegenwart des Werts, obwohl der Wert nur im Geld existieren kann, nur die Überführung vergangener Verwertung in, im Wortsinn, *ihre* zukünftige Vergangenheit. Und das Geld ist der »Ort« dieses Übergehens, es ist der Übergang zwischen Vergehen und Werden.

Das Übergehen ereignet sich, indem die Gegenwart, die im Geld quantitativ aufgehalten wird, auch quantitativ übertragen und in neue qualitative Gestalten verwandelt wird – aber diese Gegenwart ist ein Schein, weil sie von der Kapitalbewegung des Geldes je schon überholt wird. Die Gegenwart wird durch *ihre* Vergangenheit überholt, weil zum einen über die Warenwerte diejenigen vergangenen Verhältnisse, die in ihrer Produktion gegenwärtig gewesen sind, aktualisiert werden und weil zum anderen diese realisierten Werte von vornherein dazu bestimmt waren, in die Bestandteile der

Produktion zurückverwandelt zu werden und in den Prozess ihrer Verwertung zurückzukehren.

In den jeweiligen Wertgrößen wird zudem die produktive Kraft ermittelt, die in der Produktion gegenwärtig gewesen ist, also die produktive Kraft, die im Verhältnis von Arbeitskraft und Kapital liegt. Es ist diese Produktivkraft, die einerseits in den Wertgrößen der Waren sowie in den Profiten vergegenwärtigt und buchstäblich herausgestellt wird und die andererseits im Geld selbst gegenwärtig und aufbewahrt sowie im erneuten Verwandeln in die Produktionsbestandteile übertragen wird. So wie der Wert im Geld existiert und im Übertragen zur identischen Qualität wird, so bleibt in diesem Wert auch die produktive Kraft gegenwärtig und wird übertragen. Letztlich ist es diese produktive Kraft, die im Geld quantitativ anwesend bleiben und die (fort-)währen kann: Die Produktivkraft der kapitalistischen Produktionsweise kann nicht ohne diese Übertragung und Verwandlung von Werten, die das Geld auf sich nimmt, in Kraft bleiben.

Diese Form der Vergesellschaftung der Arbeit, ihrer Mittel und ihrer Resultate ist zugleich die Methode ihrer Verzeitlichung und geschichtlichen Entwicklung. Denn über die ermittelten Wertgrößen wird die vergangene Verwertung maßgeblich für die zukünftige Verwertung, mithin für die produktive Verwertung des Geldes selbst, das in diese zukünftige Produktion verwandelt werden und die Gestalten der Arbeitskraft und ihrer Produktionsmittel annehmen muss. Das Geld misst mithin in den Resultaten der Produktion diejenigen Wertgrößen, die maßgeblich geworden sind für seine eigene produktive Investition in die Produktionsbestandteile, und über diesen kapitalistischen Selbstbezug des Geldes wird der Messprozess auf eine bewusstlose, naturwüchsige Weise reflexiv.

4. Die Kapitalform und die finanziellen Formen des Geldes: Der Selbstbezug des Geldes und das Rechnen mit der Identität der Zeit

In der Kapitalform des Geldes sowie in den Formen des finanziellen Kapitals (Kredit, Aktien, Anleihen, Derivate) wird mit dieser zukünftigen Vergangenheit und der Wiederkehr des Geldes gerechnet. Ob das Geld in die Warenproduktion oder ob es in den Finanzbereich investiert wird, in beiden Fällen wird jeweils mit denjenigen Bereichen und denjenigen ökonomischen Gestalten gerechnet, durch die oder aus denen das Geld vermehrt zurückkehren soll. Die Bereiche und die Gestalten, in die das Geld verwandelt wird, werden auf diese zukünftige Wiederkehr ausgerichtet; auf diese Weise wird mit der Gewordenheit der Gegenwart gerechnet oder vielmehr, es wird mit der Gewordenheit der *zukünftigen* Gegenwart gerechnet. Durch diese Formen kommt die Gegenwart gleichsam immer schon von einer erwarteten Zukunft her auf sich zurück, einer Zukunft, die wiederum durch die Bereiche und Gestalten, in die das Geld entäußert und investiert wird, auf praktische Weise entworfen wird und eintreten *soll*. So existiert der Wert im Geld im ständigen Übergehen zwischen vergangener und zukünftiger Gegenwart: Einerseits ist der Wert immer schon eine realisierte Vergangenheit, hervorgegangen aus Produktion und Verwertung, andererseits ist im Geld bereits die Möglichkeit zukünftiger Produktion und Verwertung gegenwärtig gehalten und aufbewahrt.

In diesen Entwurf der Zukunft gehen nicht nur die realisierten Werte aus der Vergangenheit ein, sondern auch und vor allem die Geldvermehrung durch Kreditgeldschöpfung sowie fiktive Kapitalvermehrungen durch finanzielle Formen des Kapitals, etwa durch die Emission von Wertpapieren. Hier wird diejenige zukünftige Gegenwart fiktiv vorweggenommen, die eben darum noch aktiviert werden muss, damit sie im Nachhinein abgegolten und gerechtfertigt wird. Doch Kreditgeldschöpfung ist nicht »nur« Antizipation zukünftiger Verwertung. Sie ist eine Art Zeitsprung, der dafür sorgt, dass sich die kapitalistische Ökonomie nicht chronologisch-linear immanent aus sich heraus entwickeln und erweitert reproduzieren muss: Vielmehr tritt ihre Erweiterung von vornherein von dieser Zukunft her ein. Der Kapitalismus kann seine Produktivkraft ungeheuer steigern und seine Reproduktion erweitern, gerade weil er nicht chronologisch-linear vor sich gehen und sich über seine eigene Vergangenheit fortsetzen muss. Vielmehr räumen Kreditgeld(-schöpfung) und die Formen des fiktiven und finanziellen Kapitals der Gesellschaft eine chronologische Non-Linearität ein, durch die sie von ihrer Zukunft her auf sich zurückkommt und dadurch fortschreitet. Doch so sehr sie die Chronologie der Zeit übersprungen und der Kapitalismus nicht von seiner akkumulierten Vergangenheit, sondern von einer antizipierten zukünftigen Vergangenheit her in sich eintritt, so sehr muss die Kapitalform des Geldes dieser Zukunft noch Gestalt geben und sie durch Verwertung einholen und abgelten. Der Kapitalismus kann sich nicht durch bloße Vermehrung von (Kredit-)Geld, von Aktienkapital u. Ä. kurzerhand reich rechnen, er muss für die vorweggenommene Zeit noch produktive Gestalten finden und die quasi kostenlos gewonnene Zeit verräumlichen. Die Verwertung und ihre Gestalten bleiben der notwendige Übergang, um vergangene und zukünftige Gegenwart ins Verhältnis zu setzen und zu verrechnen, und auch und gerade die Vermehrung von Kreditgeld und finanziellem Kapital muss diese Verwertung noch aktivieren und nach sich ziehen. Andernfalls stellt sich heraus, dass das vermehrte Geld und dass das finanzielle Kapital nicht produktiv verwertet und fungierendes Kapital geworden, sondern fiktiv geblieben sind – dann stehen Entwertungs- und Kapitalvernichtungsprozesse an, um Geld und Wert wieder ins Verhältnis zu setzen und zu synchronisieren.

Werden die einzelnen Geldfunktionen auf die skizzierte Weise in die Zeit übersetzt, zeigt sich, dass durch das Geld die Gesellschaft und letztlich die globale Ökonomie:

1. auf eine universelle Zeit bezogen werden (Maß);
2. diese Zeit je auf quantitative Weise durch realisierte Werte geteilt wird, eintritt und im Übertragen gegenwärtig bleibt (Tausch- und Zirkulationsmittel);
3. diese Zeit im Verwerten der Werte verzeitlicht wird (Kapitalbewegung des Geldes);

4. diese Verzeitlichung chronologisch nicht-linear ist, weil Kreditgeldschöpfung und finanzielles Kapital dieselbe Zeit überspringen, der sie noch Gestalt gegeben und die sie durch Verwertung einholen und nachholen müssen.

Auf welche Weise die einzelnen Geldfunktionen ineinandergreifen und wie Wert und Zeit sich im Geld überlagern, kann hier nicht näher ausgeführt werden. Aber es wird deutlich, dass die Zeit, damit sie überhaupt in die Gesellschaft eintreten und in ihr wirksam werden kann, unbedingt einen Aufenthaltsort braucht. Sie braucht im Geld einen Ort, an dem sie identisch bleibt durch alle quantitativen Veränderungen und Übertragungen und Verwandlungen hindurch, die das Geld in der Ökonomie durchführt. Das Geld ist dieser Ort als eine Schnittstelle zwischen einer Zeit, die der Natur anzugehören scheint, aber die, indem sie durch das Geld für die Gesellschaft durch die Quantifizierung ihrer Verhältnisse in Anspruch genommen wird, im Inneren der Gesellschaft durch ökonomische Wertgrößen anwesend wird und zum Wesen einer quantifizierten und vergesellschafteten Zeit wird. Diese vergesellschaftete Zeit führt im Geld eine Existenz, die einerseits den gesellschaftlichen Verhältnissen der Gesellschaft und ihren Veränderungen, Entwicklungen und ihrer Verzeitlichung entspricht, und andererseits wird die Zeit durch diese Quantifizierung regelrecht berechenbar.

Dieses Rechnen ist einerseits ein individuelles Rechnen, das wir durch und mit dem Geld durchführen; andererseits fällt das Rechnen ins Geld selbst und entzieht sich in ein übergreifendes, automatisch-naturwüchsiges Rechnen – das individuelle Rechnen der Subjekte kann nur in gleichsam zweiter Ordnung, auf spekulative Weise, mit dem Rechnen des Geldes rechnen. Wir müssen mit eben diesem Rechnen des Geldes rechnen, durch das die ideelle Werteinheit, die das Geld fixiert und die es durch endliche Werte einlöst, zur Wirklichkeit der einzelnen Geldfunktionen und Geldkreisläufe wird – zu einer Wirklichkeit, die »nur« darin besteht, den realisierten Verhältnissen und ihren Werten zu entsprechen; letztlich macht das Geld durch diese Entsprechung das *zeitliche Selbstverhältnis* der Gesellschaft geltend. Um die zeitliche Dimension der Geldfunktionen zu verstehen, müssen wir uns daher den Verhältnissen zuwenden, die das Geld quantitativ in Kraft setzt und deren quantitative Verhältnisse zeitlichen Verhältnissen entsprechen.

Die kapitalistische Ökonomie der Zeit

Dass die Geldfunktionen quantitative Verhältnisse in eine Ökonomie der Zeit übersetzen, ist nur die »halbe Wahrheit«. Die andere Hälfte sind eben diese gesellschaftlichen Verhältnisse, die quantifiziert werden und mit denen das Geld rechnet; denn es sind ja diese quantitativen Verhältnisse in der Ökonomie, die zeitlichen Verhältnissen entsprechen. So sehr daher das Geld die Zeit zum Maß der Ökonomie erhebt und ihre Verhältnisse durch die Zeit misst, so sehr muss die Zeit in diese gemessenen Verhältnisse fallen, die »ihre« Zeit im Geld quantitativ teilen und ihr zugleich qualitative ökonomische Gestalt geben.

Marx zeigt, dass das Geld im Kapitalismus in zwei zeitliche Verhältnisse entäußert und verwandelt wird. Das erste zeitliche Verhältnis ist das von Arbeitskraft und Kapital: Geld wird durch Kauf von Arbeitskräften und Produktionsmitteln in zwei Produktionsbestandteile zerlegt, die beide als quantitative Bestandteile in die Produktion eingehen, aber beide müssen, damit die kapitalistische Ökonomie der Zeit überhaupt in Kraft tritt, dieser Zeit einerseits qualitative Gestalt geben und sie andererseits quantitativ teilen.

Sie müssen die Zeit gleichsam selbst teilen, noch bevor sie die Zeit im Geld quantitativ teilen: Sie müssen die Zeit in *vergangene* und in *lebendige Arbeitszeit* – Kapital und Arbeit – buchstäblich auseinandersetzen, und dieser Auseinandersetzung müssen sie ebenso buchstäblich Gestalt geben, um sie ökonomisch, aber auch politisch, juristisch, sozial und kulturell auszutragen.

Obwohl Arbeit und Kapital also ein und dieselbe Zeit teilen, oder vielmehr, gerade indem sie dieselbe Zeit teilen, erhalten sie einen unterschiedlichen zeitlichen Status. Was die Seite der Arbeitskraft angeht, so gibt sie der lebendigen, gegenwärtigen Arbeitszeit Gestalt. Die Arbeitszeit ist unmittelbar verkörpert in der menschlichen Arbeitskraft, die gezwungen ist, ihre Arbeitszeit zu qualifizieren und zu verkaufen, um sich über diesen Verkauf zu reproduzieren. Was auf der anderen Seite die kapitalistischen Produktionsmittel angeht, so sind sie einerseits schlicht durch jene Arbeitskräfte bereits produziert worden; sie gehen als je produzierte Produktionsmittel und -bedingungen, in denen jene Arbeitszeit entäußert und vergegenständlicht wurde, in die Produktion ein. Entscheidend für den unterschiedlichen Status und das zeitliche Verhältnis von Arbeitskraft und Kapital ist aber nicht die qualitative Seite dieser Produktion der Produktionsmittel. Entscheidend ist, dass diese Vergangenheit zugleich als Kapital in die Produktion eingeht, und Kapital heißt, sie gehen als quantitative Werte ein. Auch diese quantitativen Werte sind durch die vergangene Arbeitszeit entstanden, aber sie sind im Wert der Produktionsmittel aufgehoben und akkumuliert. Und diese akkumulierte Vergangenheit in Gestalt des Kapitals gilt es auf neue Waren zu übertragen und dadurch zu bewahren: Kapital ist vergangene, tote Arbeitszeit, die aber durch Übertragung seines Werts am Leben erhalten werden muss; sie ist »untot« und wartet oder drängt vielmehr auf Verwertung, und für diese Übertragung muss wiederum die Ware Arbeitskraft ins Leben gerufen werden. Kurzum, Arbeitskraft und Kapital setzen die Zeit in Gegenwart und Vergangenheit auseinander und geben dieser Auseinandersetzung der Zeit jeweils eine bestimmte, qualitative Gestalt.

Diese Auseinandersetzung tritt erst im Kapitalismus ein. Obwohl es scheint, als sei die Zeit eine Art physikalische Konstante und habe immer schon ihre chronologische Dimension quasi von Natur aus mit sich gebracht, gelingt es erst im Kapitalismus, die Zeit auseinanderzusetzen und sie zugleich in ein produktives (Selbst-) Verhältnis zu setzen; denn erst indem die Arbeitskraft zu einer Ware wird, ist ihre Arbeit, was immer sie konkret arbeitet und produziert, immer zugleich Arbeit des Übertragens und Bewahrens ihrer eigenen Vergangenheit, einer Vergangenheit, die wiederum aufseiten des Kapitals akkumuliert und durch die Arbeitskraft übertragen wird und fort-west. Mehr noch, erst im Kapitalismus gelingt es, Vergangenheit und Gegenwart nicht nur auf quantitative Weise durch die Gestalten von Arbeitskraft und Kapital ins Verhältnis zu setzen, sondern auch, die produktive Kraft ihres gemeinsamen Verhältnisses durch die qualitative Entwicklung der beiden Gestalten, Arbeitskraft einerseits und der kapitalistischen Produktionsmittel andererseits (besonders durch Wissenschaft und Technik), zu steigern.

Wenn Marx daher Arbeit und Kapital als Verhältnis zweier gesellschaftlicher Klassen fasst, so entsprechen die beiden Klassen zwei unterschiedlichen Klassen ein und derselben Ökonomie der Zeit. Arbeit und Kapital sind zwei Klassen der Neuzeit im unmittelbarsten Sinne, d. h. zwei Klassen derjenigen abstrakten, homogenen und negativ-qualitätslosen Zeit, die ihnen gleichermaßen unverfügbar und entzogen ist und die eine von der Natur gegebene physikalische Zeit zu sein scheint – aber genau diese scheinbar natürliche Zeit setzen sie in Vergangenheit und Gegenwart auseinander und geben ihr zugleich Gestalt, um die Zeit in der kapitalistischen Gesellschaft durch die Geldfunktionen und -kreisläufe auf quantitative Weise zu teilen. Ja, es scheint, als ob es die Zeit selbst sei, die im Kapitalismus in Arbeitskraft und Kapital diejenigen Gestalten annimmt, durch die sie sich in Vergangenheit und Gegenwart auseinandersetzt und zugleich in ein Verhältnis mit sich selbst gerät.

Indes wird dieses Verhältnis von Gegenwart und Vergangenheit gleichsam von vornherein überholt von seinem eigenen Exzess. Das Verhältnis zwischen der vergangenen, aufseiten des Kapitals akkumulierten Arbeitszeit und der lebendigen Arbeitszeit der Arbeitskraft setzt nämlich nach Marx aufseiten dieser Arbeitskraft noch ein zweites zeitliches Verhältnis in Kraft: das von »notwendiger« und »zusätzlicher Arbeitszeit«. Damit die Zeit überhaupt erst in ihr kapitalistisches (Selbst-)Verhältnis gerät, muss sie von vornherein gleichsam außer sich geraten und quantitativ über jenes gediegene, selbstgenügsame Verhältnis von Vergangenheit und Gegenwart hinausgehen. Für dieses quantitative Hinausgehen *muss* nach Marx die Arbeitszeit kommodifiziert und *muss* die Arbeitskraft als Ware in Kraft gesetzt werden: Diese Kommodifizierung der Arbeitskraft ist wesentlich, weil nur die Ware Arbeitskraft die Arbeitszeit so teilen kann, dass sich ein *produktives* ökonomisches Verhältnis ergibt, d. h. ein Verhältnis, das aus sich heraus über sich hinausgeht und in die kapitalistische Vermehrung von Reichtum führt. Um diese exzessive Dimension zu zeigen, unterscheidet Marx die Arbeitszeit zunächst kurzerhand in zwei Teile, in »notwendige« und »zusätzliche Arbeitszeit«. Die »notwendige Arbeitszeit« ist nach Marx die zur Reproduktion der Ware Arbeitskraft notwendige Arbeitszeit, die in ihrem Lohn, dem Wertäquivalent für ihre Reproduktion, abgegolten wird. Die »zusätzliche Arbeitszeit« geht dagegen über diese notwendige Arbeitszeit hinaus, und dieser Mehrwert wird über das Geld als Gewinn angeeignet und ausgebeutet und als Profit buchstäblich in einem eigenständigen, von allen Gestalten der Ökonomie abgetrennten Quantum herausgestellt. Mit anderen Worten, die Ware Arbeitskraft produziert in all den Waren mehr Wert, als zur Produktion und Reproduktion dieser einen besonderen Ware Arbeitskraft notwendig ist.

Die Ware Arbeitskraft ist, zeitlich gesehen, eine ekstatische Ware, weil sie durch das zeitliche Verhältnis, das sie mit den kapitalistischen Produktionsmitteln und den darin akkumulierten Werten eingeht, die Kraft erhält, quantitativ über sich hinauszugehen, indem sie mehr Wert produziert, als zu ihrer eigenen Reproduktion notwendig ist und als sie im Lohn erhält. Marx markiert diesen Gewinn im Strich der Kapitalbewegung Geld-Ware-Mehr Geld (G-W-G'), wobei das -W- der Waren in der Mitte für die beiden Bestandteile ihrer Produktion steht, in die das Geld verwandelt und zerteilt werden muss. Diese Differenz, die der Strich markiert und die der ausgebeuteten zusätzlichen Arbeitszeit entspricht, ist nicht nur der Zweck der Produktion, der Zweck muss in die Mittel eingehen und ihnen zum eigentlichen Gegenstand werden. Das heißt, all die Produktionsmittel und Arbeitskräfte, all die qualitativen Bestandteile der Produktion müssen von vornherein auf die Produktion dieser Differenz ausgerichtet sein, und im Kapitalismus kommt alles darauf an, beständig die passenden Gestalten dafür zu entwickeln, vor allem durch Verwissenschaftlichung der Produktion und technologische Entwicklungen.

Indessen ist das Quantum Geld, das als Profit aus der zeitlich ekstatischen Ware Arbeitskraft gewonnen wurde, nicht allein deshalb exzessiv, weil es über das in die Produktion investierte Kapital sowie über die Reproduktion der Arbeitskraft hinausgeht. Es ist exzessiv, weil das gewonnene Quantum beständig wieder in den

Prozess seiner Herkunft zurückkehrt und ihn zugleich erweitert. Die im Profit gewonnene zusätzliche Arbeitszeit wird beständig wieder in die Bestandteile der Produktion zurückverwandelt und geht in die »erweiterte Reproduktion des Kapitals« (Marx) ein. Diese ständige Verräumlichung der gewonnenen zusätzlichen Arbeitszeit ist das, was als Wachstum erscheint und in eine Gerichtetheit und einen Fortschritt der Zeit zu führen scheint. Oder vielmehr ist es wieder, als würde die Zeit selbst, indem sie durch Arbeitskraft und Kapital auseinandergesetzt und zugleich produktiv ins Verhältnis gesetzt wird, durch all die Gestalten und alle Entwicklungen hindurch fortschreiten und durch diese Verräumlichung ihren geschichtlichen Fortschritt mit sich bringen.

So gründet im Kapitalismus die universelle Geltung wie der je endliche Wert des Geldes darin, dass es sich in dieselben ökonomischen Gestalten verwandelt, deren Verhältnisse es rein quantitativ realisiert und vermittelt, um so das zeitliche Selbstverhältnis der Gesellschaft quantitativ zu realisieren und es durch diese Monetarisierung einzulösen. Die Entmaterialisierung des Geldes ist daher nicht einfach Resultat einer langen geschichtlichen Entwicklung, die von den Edelmetallen über Papiergeld zum elektronischen Geld führt. Die Entmaterialisierung vollzieht sich vielmehr ununterbrochen in der kapitalistischen Ökonomie. Sie vollzieht sich ununterbrochen, gerade weil das Geld die Zeit in den Gestalten ihres Werdens einerseits materialisieren und hemmen, andererseits die Zeit aber auch wieder quantitativ einlösen muss. Die Zeit kann nur existieren durch diese Doppelexistenz von Materialisierung und Monetarisierung, von Verwertung des Werts durch die Gestalten von Arbeit und Kapital und durch das Auflösen dieser Gestalten in die universelle Geltung und den endlich-quantitativen Wert des Geldes. Das Geld muss der Zeit somit nicht nur eine eigenständige Form geben, sondern indem das Geld durch seine Kapitalform selbstbezüglich wird, verzeitlicht es eine Zeit, die in diesem Selbstbezug des Geldes sowie in den Gestalten, in die es sich entäußert, ihre (kapitalistische) Existenz begründen muss.

Weil die Zeit immer auf endlich-quantitative Weise eintritt, wird das Geld zum Ort des quantitativen Übertragens und Übergehens der Zeit durch eine *Überlagerung*. Im Geld überlagern sich die drei Dimensionen der chronologischen Zeit, indem sie im Geld durch drei »Ekstasen« der Gegenwart existieren. Geld realisiert, 1., die Verhältnisse einer Produktion, die gegenwärtig wird als realisierte und mithin vergangene Gegenwart, aber diese Vergangenheit bleibt, 2., durch ihre Vergegenwärtigung quantitativ im Geld gegenwärtig, und so hat die Vergangenheit im Geld, 3., die Möglichkeit zukünftiger Gegenwart »abgegeben«. Diese bloße Möglichkeit, die im Geld eine quantitative Realität und einen bestimmten Umfang erhält, kann wiederum in die Verhältnisse der Produktion und in die Produktion zukünftiger Vergangenheit eingehen und in ihren Grund zurückgehen. (Mit Achim Landwehr kann gesagt werden, dass das kapitalistische Geld die »Geburt der Gegenwart« ist.[32]) Diese drei Ekstasen der Gegenwart werden durch das Geld nicht einfach nur bewältigt und in »ihre« Chronologie überführt. Was dabei durch das Geld bewältigt und in einen linearen Ablauf überführt wird, ist eben diese Überlagerung selbst, denn im Realisieren der Warenwerte rekonstruiert und beschließt das Geld auf blinde, automatische Weise, was die vergangene Produktion wert gewesen ist, und es stellt dabei diejenigen Größen fest, die für die zukünftige Verwertung maßgeblich geworden sind, aber zugleich hält das Geld in den Größen die Möglichkeit dieser zukünftigen Produktion fest. Durch die Quantifizierung gesellschaftlicher Verhältnisse wird nämlich zum einen deren Vergangenheit rekonstruierbar, und zum anderen werden wahrscheinliche Zukünfte berechenbar. Ja, die Rekonstruktion der vergangenen Verwertung, die das Geld im Realisieren der Warenwerte durchführt, kann in eine mögliche Zukunft unmittelbar *gewendet* werden: Wenn das Geld erneut in die Bestandteile der Produktion ausgelegt wird, dann wird in dieser Produktion eine zukünftige Gegenwart angelegt und eine Erwartung an die Zukunft ebenso vorweggenommen wie entworfen.

Wenn daher oben gesagt wurde, dass das Geld für unsere Gesellschaft mit der Identität der Zeit auf quantitativ objektive und zugleich auf eine nur spekulative Weise *rechnet*, so kann nun genauer angegeben werden, dass das Geld mit diesen drei Gegenwarten rechnet oder vielmehr, dass es sie *verrechnet*. Während das

Geld die Zeit quantitativ überträgt, indem es sich in ökonomische Gestalten verwandelt und in bestimmte Bereiche und Verhältnisse eingeht, verrechnet es auch auf eine naturwüchsige Weise die drei unterschiedlichen Gegenwarten. Mit diesem Verrechnen müssen einerseits die einzelnen Subjekte wie die Gesellschaft als ganze rechnen; mit einem Verrechnen, das unscharf und unbestimmt gehalten ist und in dem all die ökonomischen Gestalten, in die das Geld verwandelt wird, in die Freiheit des Prozessierens entlassen sind. Und andererseits entscheidet dasselbe Geld im Monetarisieren über diese Verhältnisse und schreibt ihr Prozessieren über all die festgestellten Wertgrößen fort.

Die Lösung dieses (Ver-)Rechnens ist den einzelnen Subjekten wie der Gesellschaft als ganzer zwar auf quantitative und insofern objektive und universell gültige Weise gegeben. Aber die Lösung ist letztlich zeitlich. Sie besteht in der Verzeitlichung der Verhältnisse und ihrer Gestalten: Gestalten, mit denen das Geld rechnet und in deren Werten die Zeit quantitativ in Kraft ist und ausgetragen wird.

Schluss. Geld ist Zeit – das Rätsel des Geldes als Lösung

Die Lösung des Geldrätsels tauchte im quantitativen Einlösen der Werteinheit durch alle Funktionen des Geldes sowie dessen Kapitalbewegung einerseits und durch die realisierten, übertragenen und verwandelten Werte andererseits auf: die Zeit. Das kapitalistische Geld hat keinen Ursprung *in* der Zeit und *in* der Geschichte, sondern mit ihm fängt ein rationaler, ökonomischer Umgang mit einer Zeit an, die quantitativ anwesend ist und so einerseits naturalisiert und entrückt erscheint, als äußere physikalische Zeit, und andererseits wird die Gesellschaft durch das Geld und die Logik der Messung und Quantifizierung so an die natürlich-physikalische Zeit gehalten, dass diese Zeit durch die gemessenen Werte je vergesellschaftet eintritt und der Gesellschaft zum Wesen ihrer zweiten Natur wird – und das, dieses Wesen der Zeit, wird zur geschichtlichen Zeit qualifiziert. Dass das Geld unsere gesellschaftlichen Verhältnisse durch ihre Quantifizierung einer Messung durch die Zeit unterzieht und dass die quantifizierten Verhältnisse und ihre qualitativen Gestalten zeitlichen Verhältnissen entsprechen, ist diejenige praktische Lösung, die das Geld für uns, für unsere Gesellschaft vollzieht. Geld ist somit, wie eingangs angekündigt, eine Lösung im buchstäblichen Sinne; denn es löst gesellschaftliche Verhältnisse durch ihre Quantifizierung so ein und löst sie so auf, dass die quantitativen Verhältnisse und ihre Gestalten zeitlichen Verhältnissen entsprechen und umgekehrt.

Es ist diese zeitliche Lösung, die rätselhaft ist und bleiben muss. Diese rätselhafte Lösung zieht sich durch alle Funktionen und Bestimmungen des Geldes, durch die reine und ideelle Geltung des Geldes als Maß des Werts, durch das quantitative Einlösen gesellschaftlicher Verhältnisse vermittels seiner Tausch- und Zirkulationsmittelfunktion sowie durch den übergreifenden kapitalistischen Selbstbezug des Geldes – die Zeit ist jeweils nur durch den

Entzug gegeben, den das Geld durch jede seiner einzelnen Funktionen durchführt und den es durch quantitative Werte präsentiert. Dass die Zeit durch Entzug zugleich quantitativ präsent und *gegeben* ist, ist wörtlich zu verstehen, als anonymes unergründliches »es gibt« im Sinne Heideggers und als Gabe in dem erhabenen und doch profanen Sinne, den Marcel Mauss in seinem Essay über die Gabe und Jacques Derrida in seinen ethischen Schriften beschrieben haben: Das Geld *gibt* uns Zeit, und zwar schlicht quantitativ. Die Zeit ist uns gegeben, indem sie quantitativ im Geld existiert, und diese Existenz ist ein negatives Sein, das durch das Geld quantitativ identisch gehalten und übertragen wird im Verwandeln des Geldes in all die Gestalten der Ökonomie. So wird die Zeit zu unserem ökonomischen Wesen, einem Wesen, das im Geld bewusstlos begriffen und (wieder)gegeben wird, indem sein eigener Wert den realisierten ökonomischen Verhältnissen und ihren Gestalten entspricht. Durch diese Bildung einer Entsprechung ist die Zeit zwar quantitativ und damit objektiv und sogar exakt gegeben. Aber die Bildung dieser Entsprechung fällt in unsere gesellschaftliche Vermittlung und in alle ihre Gestalten und ist durch keine noch so komplexe ökonomische Theorie zu bewältigen und mathematisch nicht widerspruchsfrei zu berechnen.

Das Geld ist durch seine zunehmende geschichtliche Entmaterialisierung also eigentümlicherweise *in* der Zeit seinem eigenen zeitlichen Wesen adäquat geworden. Wenn das materielle Dasein des Geldes entschwindet und nicht mehr greifbar ist, wenn es nur noch durch elektronische Impulse Informationen in quasi Lichtgeschwindigkeit überträgt, dann wird dieser Entzug der Auf- und Einlösung quantitativer Verhältnisse in die Zeit und umgekehrt adäquat. Geld wird seiner Bestimmung adäquat, nichts als ein sich spezifizierendes Quantum zu sein, spezifiziert durch dieselben gesellschaftlichen Verhältnisse, in deren Gestalten es sich verwandelt und zurückverwandelt, um so die Gesellschaft im wahrsten Sinne durch *ihre* Zeit hindurchzuführen, registrierend und aufbewahrend, wie ein gewaltiges, weltumspannendes Gedächtnis, was seine eigene Entäußerung in die Gestalten und Verhältnisse der vergangenen Verwertung wert gewesen ist, und ebenso gegenwärtig haltend, was die zukünftige Verwertung, worin es auch immer verwandelt wird, wert sein könnte.

Die kapitalistische Gesellschaft braucht nicht das materielle Dasein des Geldes. Aber sie braucht seinen Materialismus: dass die Zeit nur durch das Geld als Maß für die globale Ökonomie in Anspruch genommen werden kann, dass die Zeit nur durch ihre Quantifizierung in die Gesellschaft eintreten und in ihr existieren kann. Die Gesellschaft braucht die quantitative Verinnerlichung und Aufbewahrung der Zeit im Geld, damit die Zeit *außerhalb* des Geldes in einem materialistischen Sinne eine Existenz gründen kann: verräumlicht und gehemmt in all den verschiedenen Gestalten der Ökonomie und in den Verhältnissen, die sie miteinander eingehen. Marx sprach von der »Vernichtung des Raumes durch die Zeit«,[33] und er meinte damit vordergründig, dass das Geld durch seine globale Ausdehnung, die Durchdringung aller gesellschaftlichen Bereiche sowie im Zirkulieren der Waren und der Arbeitskräfte den Raum zusammenzieht und zugleich für eine Beschleunigung sorgt. Marx zeigt aber auch, dass diese Vernichtung des Raumes durch die Zeit zugleich eine kapitalistische Topologisierung der Zeit ist. Denn indem sich durch die Quantifizierung unserer Verhältnisse die Zeit zum universellen Maß der Arbeit und der Produktion sowie der Steigerung ihrer Produktivkraft erhebt, wird die Zeit maßgeblich für die Entwicklung und Qualifikation der Arbeitskräfte, für ihre produktive Anwendung und Ausbeutung, dieselbe Zeit wird aber auch maßgeblich für die Entwicklung der Technik und der Produktionsmittel, für die gesellschaftliche Infrastruktur und Logistik, die Städte, die Mobilität usw. – alle diese Gestalten müssen ihrer eigenen Verzeitlichung eine adäquate Gestalt geben. So schlägt sich die Zeit durch das Geld und seinen kapitalistischen Selbstbezug im Raum nieder, aber sie vernichtet ihn, weil alle Gestalten zu Durchgangsmomenten einer Verzeitlichung der Zeit durch deren Verräumlichung und Topologisierung herabgesetzt werden.

Indes steht das Geld selbst zwar für diese Zeit ein und gibt ihr ebenfalls eine materielle Gestalt, aber diese Gestalt ist nichts als die Besetzung einer Schnittstelle. *Etwas* muss für eine Zeit einstehen, die eine natürlich-physikalische Qualität zu sein scheint, aber die je vergesellschaftet durch all die qualitativen Gestalten und ihre quantitativen Verhältnisse eintritt, und das Geld ist dieses Etwas. Durch das Geld gibt *etwas* der Zeit Gestalt durch sein bloßes Dasein als Schnittstelle für das Umschlagen gesellschaftlicher in quantitative Verhältnisse; ein Umschlagen allerdings, das zum quantitativen Übertragen und Vergehen der Zeit wird; zur Verzeitlichung der Zeit durch ihre Verräumlichung und Topologisierung in den Gestalten der Ökonomie und die Auflösung dieser Gestalten in eine quantifizierte und im Geld gegenwärtig gehaltene Zeit. So löst das Geld dieselbe Zeit ein, die es in den Kreisläufen der Ökonomie, in dieser Formalisierung des Sozialen quantitativ expliziert und der es durch seine eigene Verwandlung in all die Gestalten der Ökonomie ein materielles Dasein gibt, ohne je eine Gestalt für sich finden zu können, ja, ohne in seiner Gestalt, was auch immer als Geld im Umlauf ist, ob Edelmetall, Papiergeld, Fiatgeld, Kryptowährung, bei sich sein zu können. Das Geld ist nichts als ein sich spezifizierendes Quantum, spezifiziert durch das zeitliche Selbstverhältnis der kapitalistischen Gesellschaft, das in Arbeitskräften und kapitalistischen Produktionsmitteln selbständige Gestalten annimmt und ins Prozessieren entlassen ist. Nichts kann sich an die Stelle des Geldes setzen und für uns die Zeit quantitativ in Anspruch nehmen, nichts kann an seiner Stelle eine Ökonomie der Zeit in Kraft setzen.

KOSMOS

»Gerade über ihm leuchtete ein kleines, blaues, unsagbar tiefes Loch zwischen den Wolken. [...] ›Das Unendliche!‹ Törleß kannte das Wort aus dem Mathematikunterricht. [...] Da, in diesem Himmel, stand es nun lebendig über ihm und drohte und höhnte.«

Robert Musil, *Die Verwirrungen des Zöglings Törleß*

Kosmologie und Ökonomie

Bewusstseinsschock

Die Moderne beginnt mit einem Bewusstseinsschock; sich nicht in einem behüteten, geordneten, möglichst ideal zugeteilten endlichen Kosmos zu befinden, sondern allein, ausgesetzt und ohne Sinn in einem unendlichen All ohne Zentrum und ohne Grenzen. Wie Hans Blumenberg (1966) herausgestellt hat, ist das 17. Jahrhundert dieses Bewusstseinsschocks nicht der heitere Vorwärtsmarsch hin zu den Lichtern der Aufklärung, sondern die durch Zweifel geplagte Sehnsucht, wieder in das alte Obdach zurückzuwollen, aber nicht mehr zu können, also ein rückwärtsgewandter Marsch ins Ungewisse.

Dieses Ungewisse betraf auch die Gottesfigur, und so sehr man nicht an ihr zweifeln durfte und nur noch der Zweifel unbezweifelbar war, so sehr musste man seiner Transzendenz absagen und hoffen, dass dieser *deus absconditus* irgendwann, irgendwo einmal und in irgendeinem Gewand wiedererscheinen würde, man also seiner eigenen Immanenz, dem *cogito,* überlassen war, um Wege aus dieser ontologischen Ungewissheit zu finden, die *Kontingenz* genannt wird.

Von Gott verlassen, allein im Grenzenlosen auf sich gestellt, dieser winzigen Gewissheit ausgeliefert, sich nur auf dieses *cogito* verlassen zu können und dies als einzige *dignitas* bewahren zu müssen, waren der *humana conditio* alle Mittel recht, in diesem Unwesen etwas Sinn und Ordnung einrichten zu können. Darunter das Geld. – Soweit zum Anfang.

Was ist von einem Geld zu denken, dessen Menge weltweit stetig expandiert und dessen Materie zunehmend unfassbarer wird?

Handelt es sich noch um das konkrete Zahlungsmittel, das wir uns vor einiger Zeit noch vorstellen konnten? Oder ist hier ein anderes Medium vorhanden, das wir nur noch im übertragenen Sinne als Geld bezeichnen, das in Wahrheit aber etwas ganz anderes darstellt, dessen Name noch nicht gefunden worden ist? Befinden wir uns schon in einem »postmonetären« Zeitalter, dessen Vergesellschaftungsform sich schemenhaft abzuzeichnen beginnt, dessen Schema ein Nachfahr des Geldes ist? Hat dieser Nachfahr mit dem Geldprinzip gebrochen und strebt einer »technologischen Zivilisation« (Davor Löffler[34]) entgegen? Ganz allgemein gesehen, was ist ontologisch ein Seiendes, dessen Menge zu-, dessen Wahrnehmung jedoch stetig abnimmt?

Auf die Frage, was Geld *ist*, kann man nur antworten, es sei eine ontologische Anomalie. Geld entfällt jeder (substanz)ontologischen Kategorisierung. Es ist kein Ding, kein Werkzeug, keine Droge, keine Idee, keine Konvention, kein Vertrag etc. – oder besser gesagt: es ist etwas von alledem, ohne aber je in diesem Etwas aufzugehen. Aber das hat nicht so sehr mit dem Geld selbst zu tun, als vielmehr mit »unserer« Ontologie, die es nicht schaffen konnte, es in oder auf irgendeinen Begriff zu bringen. Daher die zahllosen Elukubrationen, die seit Xenophon über es geschrieben wurden. Als ontologische Anomalie erheischt das Geld eine andere Ontologie, nicht die immer noch geltende Substanzontologie, sondern, um es mit der Cassirer'schen Dichotomie aufzunehmen, mit einer Funktions- oder Strukturontologie (H. Rombach).[35] Dass etwas nicht *per se* sein oder einem Wesen zugeführt werden, sondern nur durch (oder in Funktion zu) einem anderen entstehen könne, dass die *relatio* ihren *relata* vorausgeht, was schließlich das Präfix »onto-« zu überwinden trachtet, dieser Herausforderung wäre eine angemessene Definition des Geldes als ontologisch nicht-abnormes Phänomen geschuldet. In Ermangelung einer solchen »Onto«logie bleibt uns nichts anderes übrig, als das Geld als eine *relatio* anzusehen. Und zwar im umfassendsten Sinne des Wortes. Geld ist ein Verbindendes, und zwar nicht so, dass es ein Gegenstand wäre, der verbindet, sondern eine Verbindung, die sich diesen Gegenstand je nach Lage aussucht, um damit die möglichst beste Verbindung zu gestalten. Doch auch hier sollte man sich an Hegels Mahnung erinnern: »Kein Anfang einer Philosophie kann ein schlechteres Aussehen haben, als der Anfang mit einer Definition«,[36] wonach auch eine »kleine Philosophie« des Geldes schlecht beraten wäre, ließe sie sich stracks von einer Definition leiten, um sich dann von ihr binden zu lassen. Unsere Negativdefinition, Geld als eine ontologische Anomalie zu betrachten, wie wir es im Kapitel *Chronos* durch seine Rätselhaftigkeit zu fassen versuchten, ist deshalb lediglich eine Suspensivklausel, die uns daran hindern sollte, das Geld zu verdinglichen oder zu reduzieren, wie es gemeinhin immer gemacht wurde, sowohl in der Ökonomie selbst wie auch in ihrer Kritik.

Unsere Herangehensweise ist daher eine ganz andere. Wir wollen den Fokus so weit wie möglich öffnen, um ihn im Laufe des Geschehens zu adjustieren. *Dieser Fokus ist die Kosmologie.* Wir möchten behaupten, dass diese Kosmologie der große blinde Fleck aller modernen Ökonomie und Ökonomiekritik darstellt. Allen modernen Ökonomen von Smith, Marx, Keynes, Hayek bis heute – und mit Ausnahme allein der Anthropologen unter den Ökonomen, nämlich Marshall Sahlins und David Graeber – sind kosmologische Fragen fremd; sie werden weder in der modernen Ökonomie noch in ihrer Kritik gestellt.[37] Kosmologie, verstanden als Vorstellung und praktischer Vollzug von sinnhaften Weltbildern, Ökonomie als bestmögliche Allokation von knappen Ressourcen zur bestmöglichen »Bedürfnisbefriedigung« und Ökonomiekritik als Kritik der angeblichen politisch-ideologischen Neutralität der Ökonomie, sind jedoch eng miteinander liiert, und zwar so, dass die kosmologischen Rahmenbedingungen für jede Ökonomie schlechthin bestimmend sind.

Unsere Argumentation, die wir auf den folgenden Seiten entfalten wollen, kann in vier »Gleichungen« oder Formeln zusammengefasst werden:

Entmaterialisierung → *creatio ex nihilo + creatio ad infinitum* → Hyperkapitalismus → Kortikalisierung des Bereicherungszusammenhangs → Hyperfetischismus.

Will heißen: die Entmaterialisierung des Geldes schafft die Bedingungen für eine ungehemmte Geldmengenexpansion und damit für eine neue Form von Kapitalismus, die weit über den Finanzkapitalismus hinausgeht, indem das Geld *begrifflich* (»kortikalisiert«) wird, dieser Begrifflichkeit jedoch nicht mehr mit den Mitteln der Kritik der politischen Ökonomie beizukommen ist*. Das nennen wir *Hyperfetischismus.*

Gehen wir die vier Gleichungen der Reihe nach durch, beginnend mit der ersten:

(1) Entmaterialisierung → Creatio ex nihilo + creatio ad infinitum

Seit der Aufkündigung des Bretton-Woods-Abkommens (1971–73) ist sowohl die öffentliche wie auch (im Nachzug) die durch Privatbanken getätigte Geld- qua Kreditschöpfung unter den durch

* Marxologisch umformuliert: wie ließe sich (G – W – G') → (G – G') mit der gleichen Stringenz einer begriffsimmanenten Kritik durchführen wie (W – G – W') → (G – W – G')? Damit die Wertformanalyse, wie sie von Roman Rosdolsky bis Michael Heinrich durchgeführt wurde, nicht in einen »Zirkulationsmarxismus« (Hanloser und Reitter) abgleitet, der den Klassenantagonismus durch das Menetekel einer »negativen Vergesellschaftung« (Stefan Breuer) bzw. eines totalen Warenfetischismus neutralisiert, muss die Frage nach den Produktionsverhältnissen, die mit dem »automatischen Subjekt« (G – G) koevolvieren, neu gestellt werden. Unser Buch kann als eine Vorarbeit dazu verstanden werden.

Basel III fixierten Mindestreservepflichtsnormen quasi *ex nihilo*, d. h. ohne Edelmetall- oder Dollardeckung möglich geworden. Das »quasi« unterstreicht die Tatsache, dass diese Schöpfung ein elektronisches Datenverarbeitungssystem voraussetzt, dessen fixe und variable Kosten nicht unerheblich sind. Gemessen am entlehnten Kreditvolumen sind diese Kosten jedoch weitgehend durch Bankkommissionen und Kreditzinsen gedeckt. Die Elastizität des Geldangebots, also seine Fähigkeit, auf eine veränderte Nachfrage oder auf Zukunftschancen zu reagieren, hat sich dabei seit den Siebzigerjahren fortwährend entwickelt. Derweil erleben wir in der COVID-Krise und ihren Folgen ein exponentielles, noch nie dagewesenes Wachstum dieser Elastizität, dessen Quote durch die Abfederungs- bzw. Kompensationsmaßnahmen der starken Rezession der Realwirtschaft bestimmt wird. Damit diese kolossale Geldmengenerhöhung (bezifferbar in Dutzenden von Billionen US-Dollar[38]) nicht zu hyperinflationären Blasen führt, muss ein Großteil dieser Geldmenge im Geldkreislauf bleiben und/oder darf nur Aktiva betreffen, die inflationsneutral angelegt werden. Beide Effekte, Schaffung und Infinitisierung des Geldes, sind somit direkte Konsequenzen der seit den Siebzigerjahren voranschreitenden Entmaterialisierung des Geldes (Schließung des »Goldfensters«).

(2) creatio ex nihilo + creatio ad infinitum → Hyperkapitalismus

Im Gegensatz zum Finanzkapitalismus, in dem eine Reihe von Gleichgewichtsmechanismen (Budgetgleichgewicht, Sparen = Investieren, Geldmenge = Gütermenge, Zinsregulierung etc.) noch funktionierten oder zumindest eine regulative Wirkung auf die Gesamtwirtschaften hatten, entwickelte sich seit diesen Siebzigerjahren ein »Hyperkapitalismus«[39], in dem sich der Eigentumsbegriff von der Herrschaft über »*stocks*« zur Herrschaft über »*flows*« transformierte*. Das Eigentum an Produktionsmitteln wie die Appropriation und Akkumulation von Kapital sind keine

* Zwei Beispiele unter vielen: Wissen muss nicht mehr (durch den Lernenden) gespeichert werden, es genügt zu wissen, wo Wissen zu finden

herrschaftsstabilisierenden Bestandsgrößen mehr und werden durch globale Flussgrößen ersetzt, deren Überkomplexität nur durch eine besondere Wissensökonomie gebändigt werden kann*. Dadurch werden die klassischen Gleichgewichtsmechanismen aufgehoben: Bestände können, ja müssen administriert, Flüsse hingegen können nur noch marginal gesteuert werden. Diese Steuerung geschieht maßgeblich über Geld. Seit den Siebzigerjahren hat sich die Geldmenge jedoch gegenüber der Menge der Güter exponentiell aufgebläht, sodass die *Geldgesetze* (Flussgrößen) die klassischen Gleichgewichtsmechanismen unterminiert haben. Bislang hat nur Clarisse Herrenschmidt, eine der weltweit besten Sumerologen, die Zäsur des 15. August 1971, als mit der durch Richard Nixon beorderten Schließung des Goldfensters die Exaptation des Geldes vom Auge zum Gehirn stattfand, in ihrer Bedeutung wirklich begriffen.[40] Jean-Joseph Goux spricht in diesem Zusammenhang von der »Kortikalisierung« des Geldes[41], die wir als Verbegrifflichung oder genauer als Hyperfetischisierung des Geldes darstellen möchten, was uns zu unserer nächsten Gleichung führt:

ist. Flugzeugmotoren werden nicht mehr mit dem Flugzeug gekauft, sondern werden z. B. bei Rolls Royce gemietet.

* Rifkin schildert anhand zahlreicher konkreter Beispiele, wie sich das Eigentum an den Produktionsmitteln in den letzten Jahren fundamental gewandelt hat. So werden heute Rolls-Royce-Antriebe, die Airbus- oder Boeing-Flugzeuge ausrüsten, geleast oder gechartert, also in Service-Leistungen umgewandelt, welche Betrieb, Wartung und Auswechslung der Motoren umfassen. Das gilt sowohl in der Schwerindustrie als auch im Anlagesektor, wenn z. B. Ferienwohnungen in Wochen gestückelt »verkauft« werden. Dass es sich dabei um einen Wandel des Eigentums*begriffs* handelt, hat Rifkin zwar nicht gesehen und verstanden, dabei jedoch den Philosophen ein Thema zugeschanzt, das sie hellhörig hätte machen können – ist doch seit C. B. McPherson die begriffliche Korrelation zwischen Eigentum und Individualität eine Evidenz, die in John Locke ihren Gründervater hat.

(3) Hyperkapitalismus → Kortikalisierung + Bereicherungszusammenhang

Geldgesetze sind keine ökonomischen, sondern allenfalls, wenn man diesen alten Begriff benutzen wollte, chrematistische Gesetze. Geld unterliegt nicht dem Gesetz der abnehmenden, sondern der zunehmenden Grenzerträge. Wenn ein Finanzaktivum von 1000 einen Zinsertrag von 5% einbringt, kann man sicher sein, dass ein Aktivum von 1 Million ganze 10% einbringen kann.[42] Die Erhöhung eines Geldaktivums senkt nicht, sondern erhöht seine Nachfrage (dem Giffen-Paradox ähnlich). Geld ist keine knappe, sondern eine sehr angebotselastische Ressource. Das Eigentum von Geld ist unproduktiv, verkörpert aber *Gelegenheiten*, die universale Ausmaße gewonnen haben. Diese Anomalien hat die ökonomische Dogmatik schlicht weggedacht oder verdrängt und war dabei sehr erfolgreich. Hier springt uns Marx' wichtigster Begriff des Geldfetischs bei, mit dem er versucht hat, die Verkehrung von Wirklichkeit und Vorstellung in ein klares Licht zu setzen. Nur hat er den Prozess der Fetischisierung einer Gesellschaft zugeschrieben, die Waren als Medium dieser falschen Vorstellungen bestimmte, statt sie dem Geld selbst zuzuschreiben und somit vom Begriff des Geldes auszugehen[43]. Es war die Leistung Alfred Sohn-Rethels, eine materialistische Erkenntnistheorie entwickelt zu haben, die die durch Geld bewirkte oder zumindest von ihm symbolisierte Abstraktion dieser Wirklichkeit analysierbar gemacht hat. Hier muss die von uns reklamierte neue Wissensökonomie ansetzen.

Der Gebrauch von Geld involviert eine starke Abstraktionsleistung. Solange dieser Gebrauch aber an eine Substanz gebunden war, konnte Geld in seiner falsch gesehenen ökonomischen Funktion wahrgenommen werden (wir haben bereits im *Praeludium* auf die epistemische Ambivalenz der Geldgestalt hingewiesen: Jede Geldgestalt eröffnet und verschließt zugleich bestimmte Erkenntnismöglichkeiten). Erst infolge seiner kompletten Entmaterialisierung konnte seine ungeheure Fetischisierungsleistung beschrieben und zum Teil verstanden werden. Dabei spielte Simmel mit seiner *Philosophie des Geldes* aus dem Jahre 1900 eine wegweisende Rolle.[44]

Trotz zahlreicher Denkfehler, auf die wir später noch eingehen werden, gelang es ihm zu zeigen, inwiefern diese Entmaterialisierung unsere Denkstrukturen durch »Verinnerlichung« der Geldgesetze modifiziert, diese Modifikation jedoch zugleich ausblendet. Diese Transformation war es, die Jean-Joseph Goux 1990 als eine »Kortikalisierung« beschrieb, d. h. als eine Umprogrammierung unserer Wahrnehmungs- und Kognitionsleistungen durch den Geldgebrauch. Kurz gesagt, der Gebrauch entmaterialisierten Geldes materialisiert die Geldgesetze durch Abstraktionsleistungen, die wir nicht wahrnehmen, sondern höchstens beschreiben können; er verändert unsere Wahrnehmung und Kognition im antiken Sinne einer *metanoia* (eines »Sinneswandels«), an-ästhesiert diese *metanoia* jedoch zugleich*.

* So unterliegt, rekursiv gesehen, die Geldgeschichte zwei Momenten von Sinneswandel (*metanoia*). Der eine als Übergang von einem substanziell-regulativen zu einem strukturell-konstitutiven Geld während der kopernikanischen Sattelzeit, der andere als Übergang zum *begrifflichen Geld* ab den 1970er Jahren. Die An-ästhesie, von der hier die Rede ist, hat Bruno Liebrucks in den Rang des Transzendentalsubjekts gehoben (Bruno Liebrucks, »Über den logischen Ort des Geldes. Vorbereitende Bemerkungen«, in: *Kantstudien* 61 (1970), S. 159–189). Sie ist also keineswegs auf die Wahrnehmungsebene beschränkt. Die von Alfred Sohn-Rethel begründete materialistische Erkenntnistheorie, die die Verstandeskategorien des modernen Erkenntnissubjekts auf die Abstraktionsleistungen zurückführt, die es im Warentauschprozess innerhalb einer gesellschaftlichen Synthesis praxeologisch ausführt, welche die Mannigfaltigkeit der Seienden auf ihre Warenform reduziert, erhält durch diese zweite Wende eine phänomenale Perfektion. Liebrucks' Anspielung auf Hegel transponiert die Geldabstraktion auf die Ebene des absoluten Geistes. Als *mathesis universalis* umfasst sie nicht nur alle Denkformen, sondern alle Denkmöglichkeiten – mit einer Ausnahme: es selbst. *Denn Geld selbst ist als ontologische Anomalie von der Warenabstraktion ausgenommen.* Und solange wir es noch thematisieren können, wir also nicht in die zahlreichen Denkfallen der Genealogie, des Postmonetarismus und der *multiple monies* (Viviana Zelizer) geraten, besteht die Möglichkeit einer Geldkritik, die die Härten des spätmodernen Kapitalismus aufklären kann.

Das zu verstehen ist aber erst auf der Grundlage einer anderen Konzeption des modernen, d. h. des durch das Geld bestimmten Gesellschaftszusammenhanges möglich. Aus diesem Grunde unternehmen wir eine Neubestimmung des Unterschiedes zwischen Tradition und Moderne durch den Vorschlag, Erstere begrifflich als Verschuldungszusammenhang (VZ), Letztere als Bereicherungszusammenhang (BZ) zu fassen. Die Herleitung und Präzisierung dieser Begriffe ist Gegenstand dieses Kapitels. Sie erlaubt uns die Formulierung der vierten und letzten Gleichung:

(4) Kortikalisierung + BZ → Hyperfetischismus

Um es einmal grob zu formulieren, ist ein BZ ein Gesellschaftszusammenhang, in dem die Vergesellschaftung nicht durch Ausbeutung, sondern durch die *Vorstellung* gegenseitiger Bereicherung stattfindet, eine Vorstellung, die im Grunde nur eine andere, vielleicht noch entsetzlichere Form von Ausbeutung darstellt, als im VZ anzutreffen war. Diese Vorstellung hat, wie wir zeigen werden, ihre ideologischen Wurzeln in der kopernikanischen Wende. Die Verabschiedung des antiken Kosmos, in dem alle Seiende durch gegenseitige Verschuldung bestimmt waren, seine Ersetzung durch eine Unzahl von Welten, in denen der Mensch die Erfahrung seiner Verlassenheit und Kontingenz machen musste, rief eine neue Ontologie hervor, in der jedes Seiende seinen ontologischen Status der Bereicherung verdankte, die es einem anderen Seienden angedeihen ließ. Statt der »großen Kette der Wesen« (A. O. Lovejoy[45]) firmiert nun eine unendliche Kette der Relationen, in der jedes »Wesen« insofern als *relatum* aufgefasst werden muss, als es einem anderen *relatum* einen Zuschuss an Wert zuführt. Dieser Wertzuschuss kann auf allen Ebenen menschlichen Seins und Handelns realisiert werden, wurde aber im Verlauf der kapitalistischen Entwicklung zusehends rationalisiert, quantifiziert und kommodifiziert – und dadurch naturalisiert. Konnte in der alten Ontologie der Warenfetischismus als Geldfetischismus noch einer Kritik zugeführt werden, so ist dieser Tatbestand im Rahmen der neuen (Struktur-)Ontologie nicht mehr möglich.

Als Hyperfetischismus bezeichnen wir in diesem Zusammenhang die Tatsache, dass ein Faktum weder wahrgenommen wird noch wahrgenommen werden kann. Man kann es nur noch äußerlich beschreiben, und wenn, wie wir hoffen, die *Beschreibung* dicht genug ist, daraus die entsprechenden Schlüsse ziehen. Diese Schlüsse kommen indes allesamt zu spät, um an diesem Faktum noch irgendetwas verändern zu können. War der Fetischismus ein für »natürlich« gehaltenes Artefakt und konnte durch *Kritik* auf seinen ursprünglichen Status als Faktum, nämlich Menschengemachtes, zurückgeführt werden, so ist der Hyperfetischismus dem kritischsten Verstand nicht mehr zugänglich. *»Zu spät« ist die Losung.* Indes liefert eine besondere List der Vernunft einen Schlüssel, sich vielleicht zumindest geistig aus dieser misslichen Lage zu befreien, nämlich nicht Kritik, sondern Ironie zu üben. Denn ein hyperfetischisiertes Faktum kann als *perfekt* betrachtet werden, als ein in sich abgeschlossenes und daher rekonstruierbares Faktum. Zwar können wir uns von ihm nicht mehr befreien, aber wir brauchen auch nicht seiner eigenen Ironie aufzusitzen, wie Jean Baudrillard in seinem Spätwerk mehrmals betont hat; wir können seine Ironie durch die unsrige übertrumpfen und dadurch (wenigstens) unser Gesicht wahren. Wir können diese Perfektion in ihrer Perfektion beschreiben, wir können sie in ihrer formellen Perfektion bewundern und diese Bewunderung selbst zum Anlass nehmen, uns darüber zu verwundern.

Verschuldungs- und Bereicherungszusammenhänge

Um gleich *in medias res* zu gehen, könnten wir das Marx'sche System auf einer ökonomisch abstrakteren Ebene reformulieren und wie folgt argumentieren: Der moderne Kapitalismus ist ein Bereicherungszusammenhang, in dem die Bereicherung des Einen die Bereicherung eines (oder mehrerer) Anderen nur dann bewirkt, wenn ein wie auch immer gearteter Dritter diese beiden Bereicherungen ganz oder zu einem wesentlichen Teil »bezahlt«, diese(r) Dritte aber unkenntlich/unfassbar gemacht wird. Solange es diese(n) unfassbaren Dritten gibt, kann sich dieser Zusammenhang weiter ausdehnen, und zwar exponentiell ausdehnen, da der Bereicherungsprozess wie eine Fibonacci-Folge anwächst. Möge dieser Dritte, wie bei Marx, die menschliche Arbeitskraft sein oder sachlich, relational, räumlich und zeitlich eine abstraktere Form annehmen, die wahre Kreativität des modernen Kapitalismus liegt nicht im Prozess der kreativen Zerstörung, sondern im Prozess der kreativen Abstrahierung eines wie immer gearteten Dritten.

Bereicherung stellt die Wertfrage, d. h. die Frage, wie ein Mehrwert zustande kommt, der die Nettoposition der sich Bereichernden wertmäßig erhöht. Es geht hier nicht um eine subjektiv geschätzte Erhöhung des Nutzens, die nie bar von Illusionen ist, sondern um die einzig vertretbare objektive Wertbilanzierung, nämlich in Geld. Denn die einzigartige Eigenschaft des Geldes, universell fungibel zu sein, ermöglicht seine ständige Reinvestition (siehe *Chronos*). Doch diese Fungibilität, diese fundamental-einzigartige Eigenschaft, gegen alles *Mögliche* ausgetauscht werden zu können, setzt ein Geld voraus, dessen Feinkörnigkeit (man kann sagen: dessen infinitesimale Metrik) jede Ressource, ob Sinn, Zeit, Energie, Materie usw., in Mehr-Geld verwandelt, indem diese Ressource zur Ware wird. Geld ist daher *das* Mittel der Mehrwertextraktion, und je feinkörniger es wird (oder mit anderen Worten: je unfassbar-molekularer seine Messfunktion), desto mehr Wert kann aus diesen Ressourcen extrahiert werden. Das setzt Techniken und »Produktionsweisen« ein (und nicht voraus), die diese Extraktion möglich machen.*

Werfen wir einen ersten groben Blick auf traditionale und moderne Gesellschaften (wir kommen später ausführlicher darauf zurück). Traditionale »Gesellschaften« können allesamt als *Verschuldungszusammenhänge* angesehen werden. Ausgenommen Vogelfreie (*homines sacrae*) und Unikate, stehen sämtliche Tatsachen in komplexen Schuldverkettungen und erhalten dadurch ihre ontologischen Prädizierungen: Status, Rang, Relation, Titel, Gewicht usw. Für Menschen sind solche Verkettungen oft mit Erniedrigungen, Risiken und Entbehrungen verbunden, sodass diese Verkettungen in der Regel durch Gewalt zusammengeschweißt werden müssen. Das Mittel dieser Gewalt ist Macht, die materiell oder symbolisch ausgeübt werden kann. Doch Macht ist ein knappes »Gut«, dessen Grenzertrag mit zunehmender Benützung abnimmt. Und vor allem ist sie eine Ressource, die einer hat, weil der andere sie nicht hat. Ob es sich um materielle (brachiale) oder um symbolische (sprachliche, rituelle, mythische etc.) Gewalt handelt, die Androhungen verhallen zusehends, wie auch der symbolische Glaube an »Geschichten«, Mythen und Riten an Motivationskraft verliert. Obwohl diese Gesellschaftszusammenhänge aus einer modernen Warte heraus als Inbegriff der Beständigkeit, wenn nicht der Bodenständigkeit betrachtet wurden, sind sie universalhistorisch als relativ ephemere Gebilde anzusehen, deren Bewahrung angesichts ihrer Gewalttätigkeit allerdings staunenswert ist. Es ist hier von ausschlaggebender Bedeutung zu betonen, dass all diese Zusammenhänge durch einen kosmologischen Rahmen *bestimmt*

* Das ist unser einziger Hiatus mit Marx. Für ihn sind Techniken und »Produktionsweisen« die ersten Vektoren der Wertextraktion, und Geld kommt als Verstärker nach ihnen. Bei »uns« ist es umgekehrt. Je grobkörniger das Geld, desto gröbere Techniken und Produktionsweisen. Bei Metallgeld, z. B., müssen Sklaven herangeschleppt, Kriege unternommen, Invasionen inszeniert werden, damit Gold und Silber daraus gemacht werden können.

werden, nämlich der Weltanschauung eines »geschlossenen Kosmos« (Alexandre Koyré), in dem des einen Gewinn des anderen Verlust darstellt.

All diese Verschuldungszusammenhänge brechen heute auseinander, und wo sie es nicht tun, ist ihre Verweildauer relativ kurz. An ihrer Stelle hat sich ein anderes Gebilde formiert, das nach ganz anderen Prinzipien funktioniert und im Begriff ist, eine einzigartige Weltherrschaft anzutreten. Ob diese Gebilde (diese im wahrsten Sinne des Wortes »Machenschaften«) zerbrechlich und ephemer wie die traditionalen Gebilde sind, darüber zu mutmaßen ist heute erdenklich schwer. Wir müssen uns einstweilen damit begnügen, diese neue Hegemonie in ihren Prinzipien zu erfassen. Wir nennen dieses sonderbare Gebilde, aus Gründen, die wir weiter ausführen werden, einen *Bereicherungszusammenhang*.

Anstelle der Macht bedient sich dieser Zusammenhang des Geldes, das ein unknappes »Gut« ist und damit unter den Dingen eine Sonderstellung erhält, die bis heute kaum ernsthaft untersucht und verstanden wurde. Geld hat diesen unabsehbaren Vorteil, wie wir bereits gesehen haben, mit zunehmender Menge an Grenznutzen nicht zu verlieren, sondern zuzunehmen. Da es quasi aus dem Nichts geschaffen werden kann, schafft es einen Gesellschaftszusammenhang, in dem jedes Seiende, ob Person oder Tatsache, dazu da ist, seinen Vorteil – möge er erotisch, ästhetisch, politisch, alltagspraktisch oder ökonomisch sein – einem anderen als *Gelegenheit* zu einem weiteren Vorteil darzubieten. Diese nahezu epidemische Mehrwert- oder genauer Mehrproduktproduktion beschränkt sich nicht nur auf die Ökonomie, sondern umfasst schlicht alle Tatsachen, die für ein Mehr (oder eine Wertextraktion) zugänglich sind: mehr wissen, mehr erleben, mehr können, mehr hoffen, mehr l(i)eben, mehr erfahren, mehr gewinnen – es ist keine »Plusmacherei« (Pleonexie) im simplen Sinne einer Verzinsung (um es einmal auf die Ökonomie zu beschränken), denn Verzinsung ist ein Mehr bei einer fixen Geldmenge. Es ist auch keine *hybris*, die billigerweise vorgeschoben wird, um sie der menschlichen »Natur« in die Schuhe zu schieben. Diese Plusmacherei umfasst vielmehr auch qualitative Aspekte der modernen *conditio*, wie die Symphonik, das freie Argumentieren in der Öffentlichkeit, die Synergieeffekte in Kunst, Wissenschaft und Technik, die freien sexuellen und affektiven Wahlverwandtschaften und viele weitere Momente in der Entfaltung der modernen Zivilisation, die erst zu einem sehr späten Zeitpunkt in den Sog der Monetarisierung geraten sind.

Doch halten wir uns ans Geld. Bei einer sich epidemisch ausdehnenden Geldmenge spielt der Zins (oder auch Steuern, Abgaben u. dgl.) keine Rolle mehr; es ist diese Vermehrung selbst, ob sie nun durch Verwandlung von »freien« Gütern in Waren geschieht, ob darin noch Arbeitskraft steckt, ob konkrete oder abstrakte, ob daraus eine bessere Faktorallokation entsteht, ob imaginäre Güter daraus erwachsen oder ob sie, was meistens der Fall ist, durch simple Kreditvergabe »geschöpft« wird, es ist diese Vermehrung selbst – sozusagen eine *creatio sans phrase* –, die das Rauschmittel dieses Zusammenhanges darstellt. Dieser Rausch ist nicht zu stoppen, denn auch wenn größte Knappheiten sich ihm in den Weg legen, wird er sie einverleiben wie eine Schlammlawine, die alles in die Talniederungen mithinunterreißt – oder wie ein Tornado in die Höhe. Denn Knappheiten werden nicht sachlich überwunden oder rechtlich verwaltet, sondern über den Preismechanismus sozialisiert. So werden, anstatt Bauverbote zu erlassen, Grundstücke westlich der San-Andreas-Verwerfung in Kalifornien zu Spottpreisen angeboten und Gegenstand höchst fragwürdiger Spekulationen. Verlassen wir die engeren Bahnen der Ökonomie, so sehen wir, dass dieses endogene Geldwachstum alle Domänen irdischer Tätigkeiten umfasst. Eine sich endogen vermehrende Geldmenge kennt keine kategoriellen Grenzen, sie wirkt wie eine Entelechie, ein inhärentes Entwicklungsprinzip, das allerdings nicht auf eine finale Form zielt, sondern nur auf das Wachstum selbst. Ein solches »Wesen« ist ontologisch eine absolute Anomalie, denn es braucht nicht Materie, um sich daran zu nähren; es nährt sich selbst, von dem Moment an, wo alle *Sicherheiten,* die seine endogene *creatio* blockierten, aufbrechen.

Der Bereicherungszusammenhang beruht auf dem Geld als dem Medium, das aus dem Nichts geschaffen werden und immer weiterwachsen kann. Mit Beginn der Neuzeit entstand das Geld als universales Tausch-, Mess- und Zahlungsmedium. Zirkulierte es vormals als »Gelt« in einer größtenteils autark funktionierenden Wirtschaft, so instituierte diese Entstehung eine zunehmende *Heterarkie*, d. h. die Notwendigkeit, nur über »Geldmaßtauschzahlung« leben und überleben zu können. Betrachten wir die Geldgeschichte zwischen 1600 und 1971, so stellt sie sich als eine Geschichte der zunehmenden Befreiung des Geldschöpfungsprozesses dar, sei er vom Staat oder privat initiiert. Gemeinhin wird aber dieser Monetarisierungsprozess nur qualitativ erfasst.* Betrachtet man die Liste all jener Güter, die über den Geldtausch zu Waren werden, also über einen Markt und Preise ablaufen, so staunt man darüber, dass dort auch Güter, die vormals symbolisch, d. h. nicht handelbar waren, über den geldvermittelten Markttausch zu bloßen Waren werden (z. B. relationale Güter wie Freundschaft, Kumpanei und Empathie, fiktive Güter wie Träume, Extrem- und Selbsterfahrungen, exotische Güter wie *First-class*-Gefängniszellen, Schlangensteherdienste oder *high-speed*-Autobahnspuren usw.).** Der quantitative Aspekt dieser Befreiung gerät allerdings dadurch in den Hintergrund. Zwar moniert man den Staat, der vormals über Münzverschlechterung (*seigniorage*), (Schlagsatz) seinen Prunk und seine Kriege finanzierte und der heutzutage die Notenpresse in Gang setzt. Doch gleichzeitig unterstreicht man den Prozess der Geldvernichtung, sei's durch Zurückzahlung einer Schuld, sei es durch Inflation. Allein, solche Zustände, in denen das Gleichgewicht durch Geldvernichtung und/oder Inflation wiederhergestellt wird, sind nichts anderes als eine scholastische Fiktion. Das

* In Aldo Haesler, *Das letzte Tabu*, Frauenfeld 2011, gehen wir diesem Prozess der Geldbefreiung etwas genauer nach. Dabei geht es nicht nur um den qualitativen Sprung einer Geldvermehrung, sondern um den quantitativen Sprung seiner qualitativen Entwicklung. Freiheit im Doppelsinne von Befreiung und Projekt (*telos*) heißt also nicht nur die Auflösung der materiellen, wirtschaftspolitischen, kulturellen, religiösen u. a. Fesseln der Geldproliferation, sondern seine quantitative Ausdehnung in Domänen, die bislang von ihm nicht affiziert worden waren.

** Michael J. Sandel liefert in seinem Bestseller *What Money Can't Buy. The Moral Limits of Markets*, New York 2012, anschauliche Beispiele.

quantitative Wachstum der Geldmenge ohne subsequente Geldvernichtung ist das Signum der Harten Moderne.* Freilich dauerte es beinahe vier Jahrhunderte, bis sich diese Situation faktisch – und weit mehr als vier Jahrhunderte, damit sie sich auch theoretisch – durchsetzte. Der Erfolg von Stephanie Keltons Bestseller *The Myth of Deficit* (2020), der in der Form der *Modern Monetary Theory* im Grunde nur die alte Staatstheorie des Geldes von Georg Friedrich Knapp auffrischt, rührt nicht daher, dass sie neue Gedanken auf den Tisch bringt, sondern liegt in der theoretischen Trivialität seines Kerngedankens. Der Staat, so Kelton, sei kein Haushalt, der immer auf den Ausgleich von Ausgaben und Einnahmen bedacht sein müsse, sondern ein souveräner Apparat, dessen souveränster Akt gerade darin besteht, die Geldmenge nach Belieben auszuweiten. Zwar müsse er alle Mittel einsetzen, um Inflation zu vermeiden, doch sei die Feintechnik der Finanztheorie so weit gediehen, dass diese Gefahr weitgehend gebannt werden könne. Eine Trivialität, fürwahr, aber bis es zu dieser Einsicht kam, brauchte es gleichwohl ungeheure Anstrengungen, deren Geschichte bis heute noch nicht geschrieben wurde. Denn Geldgeschichte wurde immer nur qualitativ geschrieben, aber den qualitativen Sprung seiner *quantitativen* Entwicklung zu begreifen, wurde meist versäumt. Jetzt, wo sich die Evidenz einer endogenen Geldmengenvergrößerung Bahn bricht, ist es an der Zeit, einige dieser Denkanstrengungen nachzuvollziehen.

Weshalb sich ein Verschuldungs- in einen Bereicherungszusammenhang verwandelt, schreibt sich ein in die für die Soziologie seit Ferdinand Tönnies' klassischer Frage des Überganges von Gemeinschaft zur »Gesellschaft«. Anstelle eines holistischen Ansatzes, der

* Wir bezeichnen als Harte Moderne die Jahre nach der Aufkündigung des Bretton-Woods-Abkommens am 15. August 1971. In einem Zeitraum von 30 Monaten haben sich mehr als 50 Indikatoren verändert, technische, kulturelle, politische und sozioökonomische Innovationen eingestellt, die es nahelegen, diese kurze Epoche als »kleine Schwellenzeit« innerhalb der modernen Konfiguration zu betrachten. Eine ausführliche Darstellung findet sich in Aldo Haesler, *Hard Modernity. La perfection du capitalisme et ses limites*, Paris 2018, S. 123–212.

zu erklären versucht, wie sich eine Totalität in eine andere verwandelt, lotet eine relationstheoretische Soziologie, von der wir hier ausgehen, das Beziehungsgeflecht zwischen Mensch, Kollektiv und Natur im Rahmen einer *Sozialgrammatik* aus. Die Leitfrage lautet, grob gesagt: wie sich eine Grammatik der Verschuldungs- in eine Grammatik der Bereicherungsbeziehungen verwandelt, indem das Medium Geld an die Stelle des Mediums Macht tritt.

Die Frage nach der Entstehung der Moderne ist eine genuin soziologische. Wie konnte gerade eine so heruntergekommene, desolate Kultur wie die abendländische des 17. Jahrhunderts, nachdem Krieg, Hunger und Seuchen auf dem Kontinent gewütet hatten, es schaffen, Sitz der Moderne zu werden? Geopolitische Gründe gibt es zuhauf. Auch mangelt es nicht an religiösen, rechtlichen und technischen Motiven. Der Vergleich mit China ist dabei erhellend. Das chinesische Reich bestand während der Ming-Dynastie (1368–1644) in einer wohladministrierten Hegemonialmacht mit weitem Zugang zum Meer und einem ausgedehnten Handelsnetz, einer durch sehr nachgefragte Luxusgüter beflügelten Wirtschaftsmacht mit Handelstechniken, die den ganzen Raum des Indischen Ozeans befriedeten, im Besitz einer hochgradig arbeitsteiligen Überschussproduktion mit einer unternehmerischen Elite, deren konfuzianisches Ethos dem protestantischen in nichts nachstand. Gerade zu dem Zeitpunkt aber, als China zur modernen Zivilisation, ja zu einer Weltmacht hätte mutieren können, schloss es sich ein, errichtete Mauern und ließ seine mächtigen Dschunken in den Häfen verrotten. Weshalb also Europa, wieso schlug Europa einen anderen Weg ein, wie konnte es unter so viel schlechteren Ausgangsbedingungen zu seinem einmaligen »take off« anheben? Und weshalb wurde eine Zivilisation zur Hegemonin, die alle anderen nicht-modernen Zivilisationen in ihre Systemgewalt hereinzog und sie zertrümmerte?

Diese Frage ist durchaus gestellt worden. Sie durchzieht Fernand Braudels Monumentalwerk *Civilisation matérielle, Économie et Capitalisme* (1979): weshalb dieses kleine, schäbige Europa, und in Europa selbst nur diese schmale Serpentine zwischen Rotterdam und (allenfalls) Siena, und weshalb bemächtigt es sich der Welt mit einer solche Zerstörungswut? Wenn all die einschlägigen Faktoren – Säkularisierung, Rationalisierung, Protestantismus, Katholizismus, Technik, Rechtsordnung, Handelseifer, Schuldendruck usw. – sekundär sind, fragt sich Braudel, so muss die Antwort in einer Art »Virus« liegen, das bislang unentdeckt geblieben ist. Dieser Virus muss all die Sekundärfaktoren, die hier aufgezählt worden sind, in sich aufnehmen und zu einem neuen Ganzen herauskristallisieren. Seiner Aufgabe als Historiker getreu hat Braudel alle Fakten so breit wie möglich zusammengetragen, authentifiziert, identifiziert und klassifiziert, um sodann den Staffelstab an die Philosophen und Soziologen weiterzureichen. Bislang mit mäßigem Erfolg.

Wir wollen hier den Versuch machen, diesem Virus auf die Spur zu kommen, und unsere Hypothese lautet natürlich, dass es etwas mit dem Geld und der neuen Sozialgrammatik des Bereicherungszusammenhanges zu tun hat. Folgen wir Braudels Intuition, so müssen diesem Virus folgende Charakteristiken zukommen:

- Er muss unscheinbar sein, sonst hätte man ihn schon längst erkannt.
- Er muss die Gesellschaft als ganze erfassen und alle ihre Domänen affizieren.
- Er muss immer schon präsent gewesen, also keine *creatio ex nihilo* sein, sondern nur auf den passenden Moment »gewartet« haben, um virulent zu werden.
- Er muss zu einer neuen Zivilisation im Darwin'schen Sinne führen, d. h., wie Darwin in *The Descent of* Man (1871) erläutert, zu einem Freiraum, in dem die natürliche Selektion sich selbst ausgeschaltet hat und der somit nicht dadurch bestimmt ist, dass nur der »Fitteste« überlebt, sondern dadurch, wie gut der Schwächste noch darin überleben kann.
- Dazu kommt, dass seine Aktivierung mit der kopernikanischen Revolution in Einklang stehen, ja, eine Antwort darauf sein muss. Vor dieser Revolution erschien der Virus bloß als Anomalie, wenn nicht als ein Unvordenkbares. Nach ihr wurde er zu ihrem konstitutiven Prinzip.

Kommen wir zurück auf die altökonomischen Gesellschaften, wie sie etwa ein Otto Brunner in *Land und Herrschaft* (1939) exemplarisch dargestellt hat. Die Rechtsgrundlagen solcher Gesellschaften beruhen auf einer Sakralisierung von Gemeinschaftlichkeit, die vom Landsherren bis zum Knecht alle sozialen Bindungen in reziproken Verhältnissen von Vorrecht und Verpflichtung instituiert. Kurz gesagt: Der Landesherr bietet Schutz, der Knecht Arbeit. Die Bindung ist dabei wichtiger als das gute Maß. Schutz kann sich in reiner Symbolik erschöpfen, während sich der Knecht ein Leben lang abrackert. Bindungslos ist allein der Vogelfreie (*homo sacer*), der auch bedingungslos getötet werden kann. Bei diesem »ungleichen Tausch« wird Ungleichheit in Kauf genommen, damit überhaupt eine Tauschverbindung stattfinden kann. Betrachten wir alle traditionalen Kulturen, so finden wir immer dieselbe Struktur. Von »fairem« Tausch kann nur unter Händlern die Rede sein, ansonsten gelten nur Schuldverhältnisse, die sich über ein ganzes Leben ausdehnen können. Das Verhältnis von Landesherr und Fronknecht findet sich wieder im Verhältnis der Generationen und Nationen, zwischen Toten und Lebendigen, Frauen und Männern, »Bienen und Hornissen« nach dem Bonmot von Claude de Saint-Simon: »Die Kunst des Regierens reduziert sich darauf, den Hornissen den größten Teil des Honigs zu geben, den man den Bienen abgenommen hat« (»*L'art de gouverner [...] est réduit à donner aux frelons la plus forte proportion de miel prélevé sur les abeilles*«).

Im Gegensatz zum modernen Geld, das, wie es Benjamin Nelson formulierte,[46] »*tribal brotherhood*« in »*universal otherhood*« verwandelte und damit die Anonymität des »sanften Tausches« hervorbrachte, ist Gewalt das Medium eines jeden Verschuldungszusammenhangs. Mit Gewalt werden ungerechte Verteilungsordnungen durchgesetzt. Sei sie nackt (brachial) oder symbolisch (diskursiv), gleichwohl wird damit ein *Herrschafts*system instituiert, in dem man lieber illegitim verschuldet als legitim unausgebeutet ist. Die Wahl hat man ohnehin nicht. Man wird in einen Verschuldungszusammenhang hineingeboren und kann nicht anders mehr, als ihn so getreu wie möglich zu reproduzieren. Ob die Gewalt brachial oder diskursiv ausgeübt wird, hängt allein vom Bildungsstand der jeweiligen »Gesellschaft« ab. Bildung zwingt zur Rechtfertigung zumindest der größten Tausch- und Verteilungsungleichheiten, d. h. wo sie nicht mehr mit brachialer Gewalt ausgeübt werden können, müssen sie mittels Ideologien und anderen Überzeugungstechniken durchgesetzt werden. Beide Formen entsprechen einer »Ökonomie der Krafteinsparungen«, wie sie Simmel von Ernst Mach übernommen hat, die sowohl der Technik wie der Machtausübung ihren Rhythmus gibt. Brachiale Gewalt nützt sich schnell ab und braucht zur Machterhaltung immer stärkere Mittel.

Nicht alle traditionalen Kulturen haben Götter, aber alle haben eine Vorstellung von der Welt, die man kosmologisch nennen kann. Diese Vorstellung ist ihnen sehr präsent, sowohl im Alltag wie in den normativen Ableitungen, die sie daraus ziehen. Diese *kosmoi* können sehr divers sein, Menschen, Tiere, Pflanzen, ja sogar Steine beinhalten, wobei das aus moderner Sicht Erstaunliche immer wieder die Tatsache ist, dass zwischen diesen Elementen Verwandtschaftsverhältnisse gelten. Eines ist allen Kosmologien aber gemein: die starke Vorstellung der Endlichkeit, ja der Knappheit dieser Welten. Selbst und gerade bei sog. »Natur«-Völkern. Immer noch glauben wir Westler an eine wilde Natur, die diesen Völkern ihren Stempel aufdrückt. Das Ethnologenpaar Philippe Descola und Anne-Christine Taylor hat bei den unnahbaren, »dreisten Individualisten« der Jivaros im Nordosten Perus ganz im Gegenteil festgestellt, in welchem Maße die Natur *bearbeitet* ist.[47] Und das gilt offenbar für die größten Teile des Amazonasgebietes. Nicht die Natur drückt ihnen ihren Stempel auf, sondern ihre Sozialstrukturen der Natur, sowohl materiell als auch symbolisch. Und überall herrscht die anaximandrinische Formel eines Seins, das seine Existenz, ja seine Individualität, einem Nichtsein schuldig ist:

> Woraus aber die Dinge das Entstehen haben, dahin geht auch ihr Vergehen nach der Notwendigkeit; denn sie zahlen einander Strafe und Buße für ihre Ruchlosigkeit nach der festgesetzten Zeit.[48]

Gibt es in den traditionalen Kulturen eine transkulturelle Invarianz, dann diese: die äußerst dichte Vorstellung einer in sich geschlossenen, endlichen und geordneten Welt. Entsprechend der Durkheim'schen Auffassung sind diese morphologischen Züge nichts anderes als die Projektionen der sie generierenden Kollektive und ihrer Ordnungen. Deshalb auch die von uns vorgeschlagene Bezeichnung aller vormodernen Gesellschaftsformationen als *Verschuldungszusammenhänge*. Ob bei den Aborigines, den Jivaros, den Wikingern, den Merowingern und bis dicht an die Grenze des 17. Jahrhunderts in Europa, überall besteht diese fundamentale Urnorm: eine endliche Welt zu bewohnen, in der jedem Plus ein Minus, jedem Mehr ein Weniger entspricht und in der durch die Spannung beider Zeichen sowohl Dynamik (Zeit) als auch Statik (Reproduktion, Gleichgewicht) bestimmt werden. Diese Urnorm variiert in ihrem Determinismus lediglich mit dem Grad der Sesshaftigkeit dieser Gesellschaftsformationen. Befanden sich die Jäger-Sammler in einer Symbiose mit ihrer Umwelt, deren Regenerierung durch das zyklische Nomadisieren stets wieder aktualisiert wurde, so steigt mit dem Grad der Sesshaftigkeit der Grad der Zivilisierung der sie bewohnenden Kollektive. Es gibt also für sie keine Brachen, die sie wiederfinden könnten. Der sie beinhaltende Kosmos ist in ihrer Schuld, wie auch sie sich in seiner Schuld wähnen.[49]

Kaum ein anderer hat die Verschuldung in einem solchen Grad zu einem kosmischen Kohäsionsprinzip erhoben wie François Rabelais (1483–1553), der in seinem *Tiers Livre* (Kap. III und IV) Pantagruel zu einer besonders bekömmlichen Belehrung Panurges, der sein Korn fraß, animierte. Seiner Ansicht nach ist es die wechselseitige Verschuldung aller, die zur Aufrechterhaltung des gesellschaftlichen Zusammenhalts beiträgt. Jeder ist der Reihe nach oder sogar zugleich Gläubiger und Schuldner. Aber dafür zu sorgen, niemandem Rechenschaft schuldig zu sein, heißt nichts anderes, als mit Hochmut die soziale Umwelt zu leeren und die wesentlichen Bande der Solidarität zu zerreißen. Die Abhängigkeit, so sie denn gewollt und bewusst in Kauf genommen wird, ist eine Schule der Bescheidenheit und der Aufmerksamkeit gegenüber dem Mitmenschen. Sie zügelt das tödliche Streben danach, sich hervorzutun. Beseitige die

Schuld, dann »wird sich keiner mehr dem anderen verpflichtet fühlen« (»l'un ne se réputera obligé à l'autre«). Wenn er niemandem etwas schuldet, verwandelt sich der Mensch – die Formulierung stammt von Erasmus, der sie seinerseits von Plautus übernommen hatte – in des Menschen Wolf.

Der Einwand ist allzu bekannt: Gemeinhin werde nicht getauscht, um einen Nachteil davonzutragen. Diese Binsenweisheit glaubte Joseph A. Schumpeter ganz zu Beginn seiner *Geschichte der ökonomischen Analyse* ein für alle Mal feststellen zu müssen. Wie kommt es dann aber, dass in allen traditionalen Kulturen der Wirtschaftstausch als ein Nullsummenspiel angesehen wird? Noch Montaigne (1533–1592) glaubte sich bemüßigt zu fühlen, dieser Spielstruktur mit größtem Nachdruck auf die Beine zu helfen. Wir wählen diese geschraubten Worte mit Bedacht, denn der hier inkriminierte *»essai«* (I, 22) – der kürzeste in der gesamten Sammlung, an dem Montaigne auch im Zuge der vielen späteren Umarbeitungen nur ein einziges Wort korrigierte – erscheint wie eine Trotzreaktion, ja wie ein Manifest, das der zum Landesherren avancierte Sohn eines handelnden, reichen Parvenüs seiner Nachwelt hinterlassen möchte.

> Der Athener Demades verurteilte einen Bürger seiner Stadt, dessen Metier es war, die für Bestattungen notwendigen Dinge zu verkaufen, mit der Begründung, daß er einen zu hohen Preis dafür fordre, den er ohne den Tod so vieler Leute niemals erzielen würde. Dieses Urteil scheint mir verfehlt, da man Profite allein auf Kosten andrer erzielt und demnach jede Art von Gewinn verurteilt werden müßte.
>
> Der Kaufmann kann nur durch die Verschwendungssucht der Jugend gute Geschäfte machen, der Bauer nur durch die Getreideteuerung, der Architekt nur durch den Einsturz der Häuser, und die Richter und Advokaten leben von den Prozessen und Streitigkeiten der Leute; sogar Ansehen und Amt der Diener Gottes verdanken sich unseren Lastern und unserem Tod. Kein Arzt freue sich über die Gesundheit selbst seiner Freunde, sagt ein griechischer Komödiendichter der

Antike, und kein Soldat über den Frieden seines Landes, und so fort. Was aber noch schlimmer ist: Jeder, der sein Inneres auslotet, wird entdecken, daß unsere geheimen Wünsche zum größten Teil aus Vorstellungen entstehn und sich nähren, deren Verwirklichung auf Kosten andrer ginge.
Beim Nachdenken darüber ist mir in den Sinn gekommen, daß die Natur auch hierin nicht von den allgemeinen Gesetzen ihres Waltens abweicht, sagen doch die Naturphilosophen, daß Geburt, Entfaltung und Wachstum jedes Wesens den Verfall und Verderb eines anderen bedeute, weil das,

was sich ändernd seine Grenzen überschreitet,
auf der Stelle dem, was war, den Tod bereitet.
(Nam quodcunque suis mutatum finibus exit,
Continuo hoc mors est illius, quod fuit ante.)[50]

Trotzig ist einer, der etwas gesehen oder gemerkt hat, es aber nicht gelten lassen will. Als Bürgermeister von Bordeaux *hatte er es gesehen.* In seinem Turm zurückgezogen, will er dem Geschehenen trotzen. Er, der Skeptiker, der dezidierte, weltoffene Humanist, verschließt trotzig die Augen vor einem Phänomen, das er nicht sehen will. Und behauptet in Kap. 22 des Ersten Buches, dass »man Profite allein auf Kosten andrer erzielt und demnach jede Art von Gewinn verurteilt werden müsste« (*Il ne se fait aucun profit qu'au dommage d'autruy, et qu'à ce conte il faudroit condamner toute sorte de guein*).

Derselbe Trotz gilt übrigens auch für den Wucherzins. Dicht an der Schwelle des 17. Jahrhunderts kann man aber die Augen nicht mehr verschließen. Man muss zulassen, was die Händler, zumal die Fernhändler, seit Jahrhunderten praktizierten. Man sticht ja nicht in See, geht allerlei Risiken ein, um den Kürzeren zu ziehen. Und man zwingt auch nicht die eigene Naivität so weit, zu glauben, dass der Tauschpartner irgendwo in Afrika einem seine Ware nur aus Sympathie abkauft. Seit Aufblühen des Fernhandels im späten 12. Jahrhundert war wohl allen Händlern klar, dass sich beide Tauschparteien einen wenn nicht äquivalenten, so doch zumindest annähernd fairen Vorteil von ihrem Handel versprachen. Konnte sich also Montaigne noch auf einen Binnenhändler beziehen, der sein Salz so teuer wie möglich einer salzlosen Stadt verkaufen wollte, so galt seit Jahrhunderten eine solche Übervorteilung auch in Europa nicht mehr (von China ganz zu schweigen). Der Rechtsbegriff der Übervorteilung trägt es in sich. Im Schweizerischen Obligationenrecht gilt ausdrücklich: »Wird ein offenbares Missverhältnis zwischen der Leistung und der Gegenleistung durch einen Vertrag begründet, dessen Abschluss von dem einen Teil durch Ausbeutung der Notlage, der Unerfahrenheit oder des Leichtsinns des andern herbeigeführt worden ist, so kann der Verletzte innerhalb Jahresfrist erklären, dass er den Vertrag nicht halte, und das schon Geleistete zurückverlangen« (OR Art. 21, Abs. 1). Was im Binnenhandel durchaus der Fall gewesen sein und dem Händler seinen wüsten Ruf eingetragen haben mag, galt indes im Außenhandel – was auch schon den dem Profit abgeneigten gestrengen Thomas von Aquin zu einem trotzigen Zugeständnis führte – auf keine Weise.[51]

Dennoch gibt es zwischen dem chinesischen und dem europäischen Fernhandel bedeutende Unterschiede. Die chinesischen Händler waren mit ihren fernen Tauschpartnern auf Vertrauensbeziehungen aus, während der Europäer ein der Piraterie nahestehender Abenteurer war. Dschunken waren seetauglicher und bis fünfmal größer als Karavellen, die chinesischen Kartographen ihren europäischen Kollegen weit überlegen; die Händler waren in Gilden organisiert, während die Europäer zunächst als Einzelkämpfer agierten. Man mutmaßt, dass die Hälfte der europäischen Schiffe von ihren Seereisen nicht zurückkehrte. Darüber hinaus rekrutierten sich die meisten europäischen Seefahrer aus einem schwer verschuldeten Kleinadel, weshalb sie es sich nicht leisten konnten, mit leeren Schiffen im Heimathafen anzulegen, während die Chinesen schon professionalisierte Spezialisten waren, die durch langandauernde Vertrauensbeziehungen, sichere Seekenntnis und erprobte Navigationstechniken den Fernhandel zu einem regelmäßigen Wirtschaftszweig aufblühen ließen. Das alles zwang die Europäer, für schnelle und hohe Gewinne Extremrisiken auf sich zu nehmen – und also nicht langfristige Vertrauensbeziehungen einzugehen. Lange bevor sich die Europäer zu organisieren begannen, wie zum Beispiel in der Ostindischen Gesellschaft, war das Streben nach schnellem Profit zur Norm geworden. Juriskonsulten, allen voran Leonhard Lessius, taten ihr Bestes, um diesem Wirken einen moralischen Rahmen zu geben. Doch wie sollte ein solcher Rahmen mit der Urnorm eines Verschuldungszusammenhanges, der im Europa dieser Zeit noch galt, in Einklang gebracht werden? Doch wohl nur, indem stillschweigend angenommen wurde, dass auch der Gegenpart auf schnellen und hohen Profit aus war.

Der Geist des Merkantilismus, wie er zum Beispiel schon bei Leonardo Bruni (1370–1444) zum Ausdruck kam, steuerte seine eigenen, wirtschaftspolitischen Argumente hinzu: Ein Profit sei lauter, so Bruni, wenn er dem Gemeinwohl zugutekomme. Dasselbe bekundete etwas mehr als ein Jahrhundert später Sir Thomas Smith (1513–1577), der den Begriff des *commonwealth* und damit die Grundlage einer neuen Legitimität der profitorientierten Fernhändler schuf. Montaignes trotziges Festhalten am ungleichen Tausch findet in Jean Bodins (1529–1596) Formel »*il n'y a personne qui gagne qu'un autre n'y perde*« (keiner verdient, ohne dass dabei ein anderer verliert) einen letzten Rückhalt, obwohl die wichtigsten Begriffe des Merkantilismus schon bereitstehen – ganz zu schweigen von einer Praxis, die seit Jahrhunderten diese Atavismen Lügen straft.

Und damit kommt endlich die kopernikanische Revolution ins Spiel. War der Merkantilismus letztlich nur die Theorie einer sehr viel älteren Praxis, die im Abendland bei den Phöniziern ihren Ausgang hatte, so liefert nun die kopernikanische Revolution eine ontologische Erschütterung, die eine alles in allem ziemlich schwache Händlertheorie zu einem neuen Denkgebäude avancieren lässt, in dem, um es vorsichtig zu formulieren, des einen Gewinn zur *Gelegenheit* eines Gewinns eines anderen wird. Kurzum, ein Verschuldungszusammenhang, in dem A einen Tauschgewinn macht (A+), der durch einen Verlust von B kompensiert wird (B-), mutiert in die revolutionäre Formel (A+/X+). Nicht nur sind A und B nicht mehr aneinandergebunden, sondern A initiiert durch seinen Gewinn den Gewinn *irgend*eines anderen (X), ohne dass hier der Passus der Übervorteilung zum Tragen käme.

Gnoseologisch formuliert, war diese neue Formel zunächst nur ein *topos idioi*, eine von vereinzelten Händlern gebrauchte Verlegenheitsformel, die bereits bei den Phöniziern anzutreffen ist, wie Othmar Franz Fett in seiner wegweisenden, aber kaum beachteten Studie *Der undenkbare Dritte. Vorsokratische Anfänge des eurogenen Naturverhältnisses* (2000) dargelegt hat. Mit dem Ausbruch der »kommerziellen Revolution« (Raymond de Roover) im 12. Jahrhundert avancierte diese Formel zum *topos koinoi*, zur geteilten Norm der partikulären Gemeinschaft von Zwischenhändlern, um dann an der Schwelle des 17. Jahrhunderts zu einem mehr und mehr akzeptierten Gemeinplatz (*doxa*) zu werden, der sich schließlich durch den Einsatz der merkantilistischen Argumente zum umfassenden Ideologem, ja zur Doktrin des »besänftigenden Handels« (*doux commerce*) entfaltete, wie ihn Montesquieu aussprach. Parallel zu dieser gnoseologischen Entwicklung verdichteten sich die verschiedenen Formen von Handelsrecht (*lex mercatoria*) zu einem internationalen Recht, dessen arbitrale Eigenschaften auch heute noch gültig sind.

In ihrer *Philosophie du droit international. L'impossible capture du droit international* widmet sich Agnès Lejbowicz dieser leider wenig beachteten Thematik.[52] Das Handelsrecht ist das Recht der Fernhändler und daher an keine nationale, diskretionäre und autoritäre Judikatur gebunden. Die Händler selbst geben sich ihre eigenen Instanzen (zumeist Schlichtungsinstanzen, franz. *Cours arbitrales*). Da der Souverän ohnehin mit den Spitzfindigkeiten dieses Metiers überfordert ist, begnügt er sich damit, seinen Zoll und seine Zölle abzufordern und nur in Extremfällen seine *Armada* aufzubieten. Hier hat sich ein Fallrecht entwickelt, das sich, historisch gesehen, nie dem kanonischen Recht untergeordnet und von der römischen Rechtssystematik nur wenige Grundnormen übernommen hat. Daraus entwickelte sich mit der Zeit eine *Rechtskasuistik*, die auch das Völkerrecht, das auf dem Naturrecht beruht, nur am Rande aufgenommen hat. Die Engführung von merkantilistischen Handlungspraxen, die im Abendland wie erwähnt bis auf die Phönizier zurückreichen, mit diesem allmählich sich ausbildenden kasuistischen Handelsrecht firmierte bis in die Spätscholastik unter der Grundnorm der *aequalitas* und verpflichtete die Händler auf Formen der Fairness gegenüber dem Außenhandelspartner, die erst zur Zeit der ersten Kolonisatoren, *die keine Händler, sondern Krieger waren*, ausgeschaltet wurden. Erst nach dem Disput von Valladolid über die Versklavung der indigenen Völker Amerikas Mitte des 16. Jahrhunderts wurden der kolonialen Barbarei Grenzen gesetzt und konnte das Handelsrecht wieder zum Zuge kommen – doch unter ganz anderen Vorzeichen. Der von Braudel beschriebene Handelsabenteurer (*marchand-aventurier*) war kein Raubritter mehr, sondern musste sich wieder der *lex mercatoria* unterwerfen, mit dem entscheidenden Unterschied indes, dass er als alleiniger Rechtsschreiber den durch ihn zerstörten Kulturen seinen Stempel aufdrücken konnte und somit Unrecht schrieb.

Dieser entscheidende Wandel vom *topos idioi* zum »doux commerce« hat Albert O. Hirschman in seinem wohl berühmtesten Buch, *The Passions and the Interests* (1977, dt. 1980), dazu veranlasst, wirtschaftlichen mit politischem Fortschritt zu parallelisieren. Nicht nur schafft es der Markt, allerlei zerstörerische Leidenschaften der Menschen in wohlverstandenes Eigeninteresse umzuformen (*affectus comprime!*); dieses von Marx und Engels hämisch betrachtete »eiskalte Kalkül« hat auch die formidable Eigenschaft, den Krieg unter Wolfsmenschen in die (supponiert) friedlichen Bahnen der (supponiert) freien Konkurrenz und damit in eine neue politische Ordnung zu verwandeln. Allerdings, und das ist hier der entscheidende Aspekt, wurde diese gesamte Entwicklung nicht als Transformation des Wirtschaftstausches verstanden, sondern immer nur aus der Perspektive des modernen Individuums und der »Gesellschaft der Individuen« (Norbert Elias). Die fulminante Hegemonie des westlichen Kapitalismus wurde dadurch nur angetönt oder suggeriert, verstanden wurde sie weder in ihrer Logik noch in ihrer »destruktiven Kreativität«.

Die Transformation der traditionellen Sozialgrammatik entstand, wie wir nur tentativ formulieren können und im Anschluss noch zu zeigen versuchen, durch das Zusammentreffen des wohl größten Bewusstseinsschocks, den die Menschheit je erlebt hatte – nämlich der Einsicht in die kosmische Verlorenheit der Erde – mit besonderen merkantilen Praktiken, die seit Jahrhunderten im Fernhandel praktiziert und *peu à peu* auch im Binnenhandel durchgesetzt

Abb. 3: Ferdinand Bol, Die Vorsteher der Amsterdamer Weinhändlergilde, 1659. Öl auf Leinwand.

wurden. Erst durch diese Bindung zwischen Kosmologie und Praxeologie ließ eine neue Handlungs- und Strukturlogik das alte Fundament der allseits verwobenen Verschuldungszusammenhänge über- und unterwandern; ließ nicht zuletzt auch, wie Nietzsche es gespürt hatte, den Schuldbegriff pejorieren, ja als Exklusionsgrund überliefern, und damit das in der Spätscholastik eingeübte Gleichgewichtsmodell überwinden*.

* Unübertroffen zu diesem Gleichgewichtsmodell die Arbeiten Joel Kays', insbesondere seine *History of Balance, 1250–1375. The Emergence of a New Model of Equilibrium and its Impacts on Thought*, Cambridge 2014. Kays zeigt in diesem Buch, wie der uralte Menschheitstraum von sich selbst regulierenden Weltbewegungen, die immer und immer wieder destabilisiert und wieder neu errichtet werden mussten, während mehr als einem Jahrhundert (1250–1375) durch die Elite der scholastischen Denker zu einem Einheitsmodell zusammengefügt wurde, dessen logische Perfektion im ökonomischen, politischen, medizinischen und bis in die Naturphilosophie hineinreichenden Denken die Basis dessen abgab, was nach der Pestzeit und den nur als Chaos erlebten 15. und

Auf den kleinsten Nenner gebracht, betrifft das Verhältnis Kosmologie/Ökonomie eine verkürzt gedachte Vorstellung der kopernikanischen Wende. Wie es als Erster der amerikanische Philologe Arthur O. Lovejoy in seiner Studie *The Great Chain of Being* (1936) formulierte, hat diese Wende zwar mit einem Wandel des Weltbildes von der Geo- zur Heliozentrik zu tun; doch was im Zentrum des Werks des wohl wichtigsten Apologeten dieser Wende, Giordano Bruno, steht, ist nicht diese neue Zentrierung, sondern die traumatisierende Einsicht, dass sich unser Planet in einem infiniten Weltall, einem Weltall von unendlichen Welten befindet – nicht von unendlich *möglichen*, sondern von unendlich *realen* Welten. Das ergibt eine viel radikaler zu denkende Vorstellung von Kontingenz, als bisher im gesamten Schrifttum von Koyré, Duhem, Lukács, Arendt, Blumenberg, Makropoulos bis Sloterdijk u.v.a.m. dargestellt wurde.* Die Vorstellung von Kontingenz fußt bei diesen Autoren auf der Heliozentrik, d. h. auf einer Gottverlassenheit und einem Orientierungsdefizit, die zwar auch zur *conditio moderna* gehören, aber eben doch nur als Aktualisierungen einer viel wesentlicheren Verlassenheit gelten, die mit der Grenzenlosigkeit des Universums zu tun hat – einer Grenzenlosigkeit, vor der jede Sinnfrage als absolut deplatziert und absurd erscheint. Eine solche absolut zu nennende Kontingenz kennt nur eine Notwendigkeit: die Notwendigkeit ihrer eigenen Kontingenz. Damit endet jede Form von Substanzphilosophie, nicht aber von Philosophie überhaupt – nur vom *Boden*, von wo aus sie zu philosophieren wagt. Die Heliozentrik kannte diesen Boden: Es war dieser Planet mit seinen

16. Jahrhundert, durch die kopernikanische Revolution überwunden werden musste.

* Das unterstreicht auch Umberto Eco in seinen *Scritti sul pensiero medievale* (Mailand 2012, S. 218), indem er, wie vor ihm Hans Blumenberg in *Die Legitimität der Neuzeit* (Frankfurt a. M. 1966), nochmals den Denkweg von Nikolaus von Cues bis Bruno von Cusanus' Unendlichkeitsspekulationen aus beschreitet und daraus Lovejoys radikalere Interpretation dieser Wende darstellt.

endlichen Ressourcen, der, fortan auf sich allein gestellt, mit den beschränkten Mitteln des menschlichen *cogito* so gut es eben ging sein Dasein bestreiten musste. Dem Infinitismus ist dieser Boden aber fremd; auch er erscheint ihm noch als kontingent. Wenn aber Mephisto dem Kanzler rät, es könnten unter diesem Boden noch Schätze ruhen, vorausgesetzt, man würde nicht nach ihnen suchen, sondern Wechsel auf sie ziehen, dann entspricht dieser wundersame Gedanke, den Goethe in seinem *Faust II* entwickelte, der Suspension von Substanz in der Notwendigkeit, dieser absoluten Kontingenz (anders als durchs *cogito*) durch Schaffung eines absoluten Artifizes zu begegnen: dessen, was wir als Geld in seiner modernen Form gewahr werden. Denn dieses substanzlose Geld bricht mit den Begrenzungen des Bodens; es muss ja nicht geborgen werden, ja, es kann nur gelten, wenn und weil es nicht geborgen wird. Geld ist ein Versprechen, das nur gilt, wenn seinen Versprechungen nicht auf den Grund gegangen wird. Es ist dies die einzig notwendige Form seiner Kontingenz, nämlich die Gewissheit, dass auch kein Schatz dort liegt, wenn er nicht gesucht wird; er also supponiert werden muss, weil nach ihm nicht gesucht werden kann und darf. Dieser Streich ist keinem *cogito* eigen; er muss geteilt werden. Der Kanzler muss daran glauben und in seinem Gefolge die Truppen des Kaisers, die auf ihren Sold warten. Und von diesem Punkt aus darf von Strukturontologie gesprochen werden.

Bezeichnenderweise ist diese dramatische Kontingenzerfahrung psychodynamisch immer wieder mit der Bildung einer Nische oder einer Ökumene angegangen worden. Es fehlte ein Obdach, eine transzendente Garantie oder gar, wie bei Sloterdijk, eine Gebärmutter. Also musste sich der moderne Mensch eine solche »Sphäre« ausdenken, die er nun als »unfertiges Tier« (Nietzsche), als solches er sich in seiner Obdachlosigkeit vorkam, zu schaffen verurteilt wurde. In dieser Nische verschaffte er sich zwar Schutz und Wärme, doch wusste er sich im Geiste des Infinitismus genauso ausgesetzt wie zuvor, einem Taumel gleich, vor dem ihm seine Nische nur als vorübergehende Verlegenheitslösung vorkommen musste.

Geht man von dieser traumatischen Erfahrung aus, so muss die Genese der Moderne viel radikaler gedacht werden als durch ein probates »Weltbild«. Die *via moderna* kann sich zwar im Geiste der Heliozentrik ein solches ausdenken, doch im Grunde genommen weiß sie, dass es ein solches nicht geben kann bzw. nur von der Abwesenheit eines Welt-»Bildes« ausgegangen werden kann, um diesem Trauma ins Gesicht zu sehen. Solcher Ikonoklastie kann nur durch eine *metanoia* begegnet werden, einer *Konversion des Denkens*, die weiß, dass sie sich definitiv vom aristotelischen Fundamentalismus verabschieden muss, dass es keinen »Grund« mehr gibt, auf dem man eine neue Welt aufbauen kann.

Dafür gibt es aber die Macht der Illusion dessen, was Cornelius Castoriadis etwas geschraubt als »symbolische Institution von Gesellschaft« bezeichnet hat. Im Moment größter Not – und es ist davon auszugehen, dass die Einsicht in die absolute Kontingenz der kopernikanischen Wende ein solcher ist – haben es gewisse Gesellschaften oder Kulturen immer wieder geschafft, aus dem Geist des Imaginären eine Vorstellung von Gesellschaftlichkeit zu ersinnen. Ob nun das solonische Athen nach dem mykenischen *dark age*, oder Augustinus' *civitas dei* inmitten des Zusammenbruchs Roms, um nur wenige Beispiele zu nennen, immer war sozusagen aus dem Nichts (Castoriadis nennt es ein »Magma«, wir würden heute sagen, aus der größtmöglichen Entropie) ein neues, unerwartbares Sinngefüge geschaffen worden, das dem sogenannten Thomas-Theorem – stell dir eine Situation als »wirklich« vor, so ist sie wirklich in ihren Konsequenzen – in nichts nachsteht. Stell dir vor, so hieße die moderne Wette, dass sich unter deinen Füßen unendliche Schätze befinden, so brauchst du sie dir nur als wirklich vorzustellen, und sie werden es auch, vorausgesetzt, du findest ein Mittel, die Konsequenzen dieser Vorstellung auf einen Begriff zu bringen. Dieser Begriff ist für die Moderne das Geld.

Diese faustische Wette gebar nicht die Heliozentrik, sondern sie war die Frucht der absoluten Kontingenz, wie sie die kopernikanische Wende hervorbrachte. Und es ist daher kein Wunder, wenn Bruno enthusiastisch von einem »unendlichen Nachschub« sprach, der aus den multiplen Welten des Weltalls unseren Planeten befruchten sollte. Was er aber nicht wissen konnte, ist, dass diese Befruchtung nicht extraterrestrischen Sphären entsprang, sondern sich just unter seinen Füßen abspielte. Gebar die Heliozentrik eine wirkliche Materie, aus der wir in unserer Not unser Dasein fristen sollten, so ist diese exoterische Daseinsbefristung nur ein Abklatsch, eine banale Konsequenz eines umfassenden Imaginären, das zwischen Null und Unendlichem, zwischen *creatio ex nihilo* und *creatio ad infinitum*, die Bestimmungen einer Neuen Welt etablierte.

Denn worauf beruht ihre ungeheure Dynamik, ja ihre *Raserei*? Und das nicht nur in allen Formen der Ausbeutung, sondern auch in Bereichen, wo diese Dynamik qualitativ (man möchte gerne sagen, den humanistischen Idealen entsprechend) Neues geschaffen hat, wie in Kunst, Intelligenz, Leidenschaft, Diplomatie, Sozialformen usw. Sie beruht auf einem Bereicherungszusammenhang, der alle Facetten von Gesellschaft und Kultur erfasst. Daher die Wichtigkeit der Unterscheidung zwischen grenzkostenlos mehrnutzbaren und knappen Gütern. Als »Gut« kann schlechthin alles verstanden werden, woraus Wert extrahiert werden kann, also ein Mehr-Wert im Moment t + 1, der über den Wert im Moment t hinausgeht. Wie dieser Wert gemessen wird, ist einerlei: ob es ein individueller oder kollektiver Nutzenzuwachs, mehr Geld, mehr Leidenschaft (Bildung) oder mehr freie Zeit ist – diese Güterwelt hat faktisch keine Grenzen. Der Kapitalismus hat sich vor allem system(at)isch auf die Ausbeutung von Arbeitskraft konzentriert. Das hatte seine guten Gründe. Seine explosionsartige Entwicklung war durch Technik und besondere Eigentumsbedingungen determiniert – was aber nicht heißen soll, dass dies den einzigen Bereicherungsverlauf darstellt.

Wenn die symphonische Revolution, wie sie sich ab 1600 entwickelt hat, weder auf die Herstellung von neuen Instrumenten noch auf die Hegemonie des Taktrhythmus, noch auf den Wandel höfischer Sitten, noch auf neue Notationstechniken usw. zurückgeführt werden kann – was bleibt uns dann übrig? Wenn die Diplomatie, wie sie sich ab Beginn des 17. Jahrhunderts abzuzeichnen beginnt, nicht mehr durch List, Kalkül, Kräftemessen, Lüge, Erpressung oder Hinterlist geprägt wird, sondern durch gelungene Kompromisse – wie ist das zu verstehen? Was hat das mit Musik zu tun? Wenn die ständische Ordnung sich in dem Maße auflöst, dass Wahlverwandtschaften durch Freundschaft und Liebe möglich werden und dies weder durch einen Wandel der Sitten, der Gesellschaftsstruktur, der Normen der Galanterie usw. erklärt werden kann – könnte es nicht sein, dass dieser Wandel etwas mit dem zu tun hat, was in der Musik und der Diplomatie stattfindet? Man könnte diese Beispiele beliebig ausweiten.

Ist die Moderne heliozentrisch fixiert, wie die Orthodoxie von Marx bis Blumenberg behauptet, dann kann diese Raserei nicht erklärt werden. Das semantische Feld des Heliozentrismus beinhaltet einen technizistisch-produktivistischen Bias: Wir können nur auf unsere eigenen Kräfte zählen, müssen aus unserem Planeten alle Ressourcen erbeuten, um uns ein Überleben zu gestatten. Kehren wir dieser Fixierung den Rücken und versuchen, dem Infinitismus gerecht zu werden, so wie es Giordano Bruno vorgeschwebt hat, dann hat die kopernikanische Wende einen anderen Ausgang: *Bevor* wir eine neue Welt aufbauen, müssen wir mit dem kopernikanischen Trauma fertig werden. Dieses Trauma kann nur *sublimiert* werden. Und diese Sublimation führt zur Transformation der Kopula der *aequalitas*.

Bereicherungszusammenhänge

Der Merkantilismus als »wirtschaftspolitische Lehre« (E. F. Heckscher) einer positiven Leistungsbilanz war eine Anomalie im Denkgebäude der Alten Ökonomik, eine zwar störende, ja parasitäre im *nomos* des »Ganzen Hauses«, die aber durch die jahrhundertelangen Praktiken der Fernhändler *toleriert* werden musste.* Wie

* Ganz abgesehen davon, dass es sich um eine normative Anomalie handelt, erkennt jedes Kind, dass ein Handelsbilanzüberschuss *aller* Nationen ein Ding der Unmöglichkeit ist. Das kann auf den ersten Blick nur funktionieren, wenn, *objektiv gesehen*, zwei Überschussnationen ihre Überschüsse einer dritten Nation verdanken, die nicht mit ins Kalkül hineingezogen wird, die infolgedessen unsichtbar gemacht wird. Es sei denn, man begebe sich auf eine *subjektive* Ebene, wo jede Nation unterschiedliche Wertungen der Warenströme vornimmt, wie im berühmten

kommen nun die Merkantilisten dazu, *ohne Widerspruch* Maximen aufzustellen, die diese Anomalie naturalisierten? Naturalisieren heißt hier der Ausschluss eines Legitimationszwanges, d. h. für jeden Händler die Chance, seinen Profit nicht mehr gegen den Verdacht der Übervorteilung rechtfertigen zu müssen. Mehr noch, diesen Profit zu positivieren, ja zu *erotisieren*, da er die Gelegenheit weiterer Profite in sich trägt. Um es kurz zu sagen: Diese Gelegenheit verdankt sich dem Zusammenbruch des »Ganzen Hauses«, oder besser gesagt, dem Einsturz seines Daches. Und dieser Einsturz ist eben den Astronomen zuzuschreiben, die, von Kopernikus bis Galilei, den Menschen glaubhaft machen konnten, dass der Himmel kein Dach sei, sondern eine endlose Leere, aus der ein möglicher Gott sich verabschiedet hatte. Doch die Moderne beginnt nicht mit einer Pathogenese, wie es praktisch alle Kulturkritiker zum Besten gaben, sondern mit einer Sublimation gerade dieser Obdachlosigkeit. Ohne Zweifel sind Pascals Höhenangst, Hannah Arendts Akosmismus, Lucien Goldmanns *deus absconditus*, Blumenbergs Beobachtbarkeit (des Menschen), Makropoulos' Kontingenzverdacht oder Giddens' »ontologische Obdachlosigkeit« allesamt Traumata; doch die Moderne entstand nicht durch ihre Neutrali-

»Gesetz« der komparativen Kostenvorteile von David Ricardo. Dass sich die Spezialisierung Portugals auf Wein und die Englands auf Tuch zu einem beiderseitigen Vorteil auswirkt, macht nur Sinn, wenn für Portugal ein Tuchimport aus England höher bewertet wird als sein eigener Weinexport nach England – und umgekehrt für England. Gesetzt den Fall, die Engländer würden ihren eigenen Wein höher bewerten als den portugiesischen, fällt dieses »Gesetz« auseinander. Mit anderen Worten konstruiert Ricardo ein Modell auf Voraussetzungen, die nicht verallgemeinert werden können. Zwar bricht er eine Lanze für die Vorzüge des Fernhandels, indem er eine kontraintuitive Sicht naturalisiert, vernachlässigt aber das Problem der jeweiligen Wertung vollständig, die auf verschiedenen *Messungen*, nämlich der Messung in Arbeitseinheiten in Geld, beruht. Im Grunde genommen ist diese Kontraintuition eine logische Kontradiktion, eine *contradictio in adiecto*, die durch den fragwürdigen Trick der Naturalisierung, d. h. durch Ausschluss der jeweiligen Messbasis, einen Schein von Kohärenz aufbaut.

sierung (durch Technik, Wissenschaft, Philosophie, Utopie, Eskapismus und dergleichen mehr), sondern durch den Doppelprozess ihrer Verdrängung und ihrer Sublimation, d. h. durch den Umbau des »Ganzen Hauses« in eine epidemisch-fraktale Struktur, besser gesagt in einen proliferierenden, endlos wachsenden *Golem*.

Den Virus, den uns zu identifizieren Fernand Braudel aufgab, haben wir somit bestimmt: Es ist die unscheinbare Mutation (A+/B–) in (A+/X+). Die Crux dabei ist eine dreifache:

1. wie diese Mutation durch eine kosmologische Revolution zustande kam;
2. ob dieser Virus die eingangs erwähnte Kristallisierungsfunktion hat, nämlich alle im Europa des 17. Jahrhunderts vorhandenen Sekundärfaktoren zu einem Ganzen zu verdichten;
3. welche gesellschaftliche Synthesis daraus entsteht, die gegenüber den kulturkritischen Konstruktionen neue Aspekte der Moderne aufdeckt.

Versuchen wir uns an diesen drei Fragen. Giordano Bruno war nicht der Erste, der das räumliche *Infinitum* mit Begeisterung aufnahm, aber er war der radikalste unter den Infinitisten. Nicht nur lieferte er einen bislang unerkannten Gottesbeweis, der weit über den späteren kartesischen hinausging – nur eine göttliche Omnipotenz könne einen solchen Raum geschaffen haben, der seinen einzigartigen Prädikaten entsprach –, sondern er imaginierte eine aus diesem Raum resultierende *Fülle*, die es mit dem antiken Plerom nicht nur aufnahm, sondern es ins Unendliche anwachsen ließ. Doch im Zentrum seines Denkens kursiert die Frage nach der Form, die es erlaubt, in diesem neuen Kosmos der anwachsenden Entropie standzuhalten, indem der alte Verschuldungszusammenhang durch eine neue Vermittlung ersetzt würde. Noch steht der Nolaner mit beiden Beinen in einem Kosmos des Nullsummenspiels; noch teilt er mit Rabelais das Ideal der durch gemeinsames und gegenseitiges Verschuldetsein bestimmten *philauteia* oder Selbstliebe; doch sein Kopf steckt bereits in den fernen Sternen, im unendlichen Universum, in den multiplen Welten, dort, wo der Welt, unserer von Gott geplanten und behüteten Welt, »unendlicher Nachschub« gewährt wird.

Multiple Welten brechen mit der aus der Antike stammenden und durch das Christentum weitergeführten Raumvorstellung. Anstelle eines geschlossenen, hierarchisch geordneten, homogenen steht die gebildete Menschheit im Westen vor einem unendlich offenen, ungeordneten und heterogenen Raum. Die »große (aber endliche) Kette der Dinge« (A. O. Lovejoy[53]), wie seit Platon die Ordnung der Dinge aufgefasst wird, die *scala naturae*, die diese Dinge vom Höchsten bis in die Niederungen der Unterwelt stratifizierte, der konkrete und isotrope Raumbegriff, all das bedarf neuer Koordinaten, abstrakter Konstruktionen, wie sie in der neu angelegten Perspektivik und Architektur angelegt sein werden. Ein solcher Raum verabschiedet die mit der durch Knappheit und als gute-und-schöne Ordnung bestimmte antike Gleichgewichtsvorstellung, deren Elementarstruktur eben die Kopula (A+/B–) bildete. All seine Dinge, Wesen und Kräfte sind auf sich gestellt, und sie sind unendlich an der Zahl. In einem solchen Kosmos ist es viel kohärenter, davon abzusehen, dem Element A ein Element B beizustellen, sondern sich aus dem unendlichen Fundus der Elemente ein Element X *vorzustellen*, das mit ihm in einer Affinität stünde. So unikal, konkret und endlich-exklusiv die antike Kopula, so mannigfaltig, abstrakt und potentiell-unendlich-inklusiv die neue. Ein Element X gibt es auf alle Fälle, das seinerseits mit einem Element A kopuliert und auf weitere Kopulationen aus ist. Doch all dies generiert eine entropische Kettenreaktion, die gemeistert werden muss. Obwohl diese Unzahl von Beziehungen und Bindungen durch die neu geschaffene Algebraik dargestellt werden kann, in der sie als *Funktionen* und nicht mehr als Substanzen verstanden werden, liefern die merkantilistischen Postulate ein ordnendes Strukturelement, das die zahllosen Affinitäten zwischen den Elementen reguliert. Man könnte es Jahrhunderte vor der Geburt der Quantenmechanik mit dem Begriff der Verschränkung sagen, da vorausgesetzt werden kann, dass ein A+ irgendwo im Weltall der Dinge mit einem X+ korrespondieren dürfte. Die Anomalie der Fernhändler würde dadurch zur Regel. Die Entsprechung von A und X erscheint im Rahmen der neuen Kosmologie nicht mehr als kontingent, sondern durch eine Verschränkung *avant la lettre* geleitet. Ein zweites ordnendes

Element, das diese Kontingenz zu bewältigen hilft, ist die domänenspezifische Ordnung ihrer Bindungen und Beziehungen durch eine endliche Anzahl von Vermittlungen, die nicht – wie im Falle des Merkantilismus – auf Profitstreben, d. h. einer neuen »Quanten«-Ökonomik entsprechend, aus ist, sondern vom Konkretesten bis zum Abstraktesten reicht, vom Periodensystem der Chemie bis zu den komplexesten Gleichungen der Mathematik.

Dass diese Formen der Kontingenzbewältigungen an einem historischen Moment auf die merkantilen Techniken stießen, ist sowohl ein Glücks- als auch ein Unglücksfall. Denn mit der durch den Fernhandel aktualisierten Kopula (A+/X+) hatte man wohl einen konkreten *Beweis* für die Wirksamkeit dieser neuen Ordnung; zugleich aber war die Wirksamkeit dieser Katallaktik eine folgenschwere Bifurkation in der weiteren Entfaltung dieser neuen Ontologie. Es ist aus diesem Grunde harmlos, wenn die Konfiguration der Moderne als ein *Bereicherungszusammenhang* apostrophiert wird. Auch wenn der altökonomische Verschuldungszusammenhang leichterdings auf Gläubiger-Schuldner-Beziehungen reduziert wird, steht in diesem Falle nicht die Frage nach den jeweiligen Wertquanten, d. h. der, soweit messbar, jeweiligen Salden im Vordergrund, sondern die durch das Verschuldetsein bewirkte Bindung, während im Bereicherungszusammenhang ganz offensichtlich die Saldenmechanik gegenüber der Qualität dieser Bindungen das letzte Wort hat. A steht für sich allein. Seine »Chance« (A+), um den Weber'schen Terminus zu bemühen (Habermas würde schlicht von einem Motivationseffekt sprechen), verdankt er nicht einer göttlichen Gnade, sondern seinem effektiven Wirken, mit den ihm zur Verfügung stehenden domänenspezifischen Werkzeugen (ob mit Technik, Politik, Kultur, Religion oder eben Wirtschaft) die Chancen eines virtuell existierenden X zu aktualisieren.

David Ricardo hat mit seinem kontraintuitiven »Gesetz« der komparativen Kostenvorteile gezeigt, dass selbst der begabteste A bei entsprechender Aufgabenaufteilung mit dem unbegabtesten Tunichtgut noch eine beide Parteien bereichernde Bindung eingehen kann. Indes hat dieses Dispositiv Grenzen: Wer wollte einem virtuosen Gitarristen wie John McLaughlin weismachen, dass ein

Duo mit dem miserabelsten Trommler für ihn profitabler sei als einer seiner Soloauftritte? Ricardo würde ihm entgegenhalten, dass eine erweiterte Buchführung, in der zum Beispiel die Kochkünste des Trommlers mit ins Profitkalkül einbezogen würden, doch noch die Waage zu seinen Gunsten orientieren könnte, vorausgesetzt die Kochkünste des Trommlers seien komparativ nicht so schlecht wie die Differenz der Virtuosität beider Musiker, alleweil irgendeine Begabung folglich schon noch zu finden sei, wenn es denn anders nicht ginge. Die »Chance« hängt also von zwei Faktoren ab: 1. wirksam zu sein, 2. die richtigen Register zu ziehen. Diese beiden Faktoren ergaben einen Menschentypus, den man »Unternehmer« nennen kann. Ob Gitarrist, Fernhändler, Magier, Sektenführer oder Schwerenöter, sie alle stehen nicht in Schuldverbindungen, sondern in Verbindungen, die zur Bedingung haben, dass die Bereicherung des einen die des anderen nach sich ziehen *könnte*.

Aus allen Domänen können somit Register gezogen werden, um Beziehungen und Bindungen zu schaffen, damit, um auf Plautus und Rabelais zurückzugreifen, der Mensch seinem Mitmenschen nicht zum Wolfe wird, oder, mit anderen Worten, damit aus diesen Bezügen eine natürliche Selektion resultiert, die die natürliche Selektion aus der Welt und damit eine *Zivilisation* schafft. Menschenwürde und humane Selbstbehauptung folgen dabei nicht der fragwürdigen Dualität des Freiheitsbegriffes, einer Befreiung-von-etwas zu einem freien »Unternehmertum«, und einer Freiheit-um-zu, wie es Georg Simmel Giambattista Vico glaubte entlehnen zu dürfen – denn in Verschuldungszusammenhängen wäre eine solche Befreiung-von eine Aussetzung –, nein, diese Freiheit zum freien »Unternehmertum« schöpft aus einem unendlich *geglaubten* Reservoir an Beziehungsmöglichkeiten, die eine Zivilisation gezähmter Wölfe aus der ontologischen Verunsicherung herauslockt, die ihnen die kopernikanische Revolution beschert hat. Selbstredend haben die gähnende Leere des Universums und der *deus absconditus* einen Zustand absoluter Kontingenz geschaffen; dass aber, in Dostojewskis Diktum, der »Tod« Gottes einen Zustand schafft, in dem alles möglich wäre, unterschlägt die Gewalt der Sublimation, mit der diesen Leeren begegnet wurde. Glaubte man mit Kontingenz den Geburtsakt der Moderne bestimmen zu können, so hat man auf das falsche Pferd gesetzt. Es ist nicht so, dass urplötzlich zwischen Renaissance und Barock ein großes Halleluja ausgebrochen wäre und man jetzt aus dem Vollen schöpfen könnte; noch stimmt die tragische Vision, wonach der Zugang in die Moderne, wie Blumenberg behauptete, zögernd und rücklings geschehen sei. Diese defätistischen – man möchte gar sagen: diese larmoyanten – Sinngebilde schufen ein Präjudiz, in dessen Falle sich die gesamte Kulturkritik seit dem späten 18. Jahrhundert verlaufen hat. Nein, der Bereicherungszusammenhang stellt den westlichen Menschen *vor* den Imperativ des französischen Ministers François Guizot »*enrichissez-vous*«, der aber, wie wir sehen werden, nicht minder traumatische Züge in sich trägt als die antike Formel »*διδόναι γὰρ αὐτὰ δίκην καὶ τίσιν ἀλλήλοις τῆς ἀδικίας κατὰ τὴν τοῦ χρόνου τάξιν*«, »denn sie zahlen einander Strafe und Buße für ihre Ruchlosigkeit nach der festgesetzten Zeit«, wonach »nach der Verordnung der Zeit« (*κατὰ τὴν τοῦ χρόνου τάξιν*) jedes Sein seine Geltung einem Nicht-Sein verdankt.

Die Moderne ist sonach die Zivilisation (nicht nur) der Kontingenz, sondern mit gleichem Recht die Zivilisation des Rausches, nicht aber eine Notgemeinschaft Schiffbrüchiger, dazu verurteilt, ihr Boot stets auf offener See umzubauen, wie es Otto Neuraths schöne Allegorie zum Besten gab. Denn sie schöpft aus der mächtigen Vision eines unendlichen Nachschubs, die, nicht wie Anaximanders *apeiron* ein ontologisches Gleichgewicht der Seienden anvisiert, sondern dies Unbeschränkte zu plündern trachtet, eingedenk der fixen Idee, dass nun mal »unbeschränkt« auch »unbeschränkt verfügbar« heißen kann. Ein Bereicherungszusammenhang ist mithin ein Universum in ständiger Expansion, in der jeder Mehrwert X+ einen anderen Mehrwert N+ erzeugen *muss*, ja, X+ erst als Mehrwert erkannt werden kann, wenn irgendein anderes + daraus entsteht (wie wir bereits im Kapitel *Chronos* betont haben). Investiert einer in Kultur, so ist diese Investition nur »Wert«, wenn sie auch in eine andere Domäne *reinvestiert* werden kann – und der Kapitalismus unterliegt, nach Webers richtiger Definition, einer Logik konstanter *Reinvestition* –, und nur insofern ein neuer Wert entstehen kann, ist sie »Mehrwert«. Und dies endlos.

Daraus ergibt sich eine weiß Gott nicht mildere Vorstellung von Moderne, denn, wie man seit einiger Zeit weiß, es gibt Dinge auf dieser Erde, die nicht neuen Wert »schöpfen«, sondern nur erschöpft werden können. Dass sich die Moderne auf solche Erschöpfungen spezialisiert hat, ja, sie zum Unterpfand dieser endlosen Expansion geworden sind, das zu verschweigen schafften nicht nur energische Wachstumseuphoriker, sondern sämtliche Propheten, die guten Gewissens glaubten, mit etwas schlechtem Gewissen an dieser neuen Kultur rütteln zu können. Kulturkritik ist nichts anderes als (bestenfalls) die Kultur des schlechten Gewissens, um guten Gewissens die Früchte dieser Kultur genießen zu können, und schlimmstenfalls die Kultur des guten Gewissens (z. B. der Wachstumseuphoriker), damit niemals ein schlechtes Gewissen aufkommen könne.

Gleichwohl verwirklicht die Moderne Zusammenhänge, die vor ihr undenkbar gewesen wären. Verschuldungskulturen sind Herrschaftsgebilde, deren Tauschungleichheiten nur durch Zwang zusammengehalten werden konnten. Der kategoriale und zivilisatorische Quantensprung der Moderne bietet eine neue Sozialgrammatik auf, die nicht nur die Härten des Zwanges zu überwinden hilft (in der »sanfte Zwänge« aufgebaut werden, die meist unter der Wahrnehmungsschwelle hausen), sondern zu einer Sozial- und Kulturkreativität führt, die die Menschheit noch nie in so kurzer Zeit erlebt hatte. Dass des einen Vorteil eines anderen Vorteils die Möglichkeit bietet, findet sich in allen Domänen der Sozial-, Kultur- und Denkwelt wieder. Wo Macht das Medium dieser Herrschaftsgebilde war und diese Herrschaftsgebilde, wie in China, an quantitative Grenzen band, bietet an ihrer Stelle die gegenseitige Bereicherung eine Reihe neuer Kommunikationsmedien auf, aus denen das Geld allmählich zum Leitmedium wurde und diese quantitativen Begrenzungen allmählich zu überwinden half. Wir wollen dies nur an wenigen Beispielen veranschaulichen.

1. Macht ist ein knappes Medium. Hat man sie, so teilt man sie nicht, man verteidigt sie mit allen Mitteln. Der von Jürgen Haber-

mas (1961) beschriebene Übergang vom politischen Dezisionismus zur (bürgerlichen) Öffentlichkeit setzt anstelle der Macht die Sprechfreiheit. Die Kraft des besseren Arguments sollte auch den im politischen Disput Unterlegenen zu mehr Einsicht führen und daher zu einem Erkenntnis*gewinn*. Statt den Untertan zu unterjochen, hofft man ihn gescheiter gemacht zu haben.

2. Krieg ist in der Regel ein Negativsummenspiel. 1648, im Westfälischen Frieden, wurde ein völkerrechtlich abgesichertes »Konzert der Nationen« inszeniert, das durch moderne Diplomatie den Krieg in Kommerz verwandelte. Auch Friede ist ein unknappes Medium, wie

3. Wissen und Bildung, die, bislang in Trivium (worunter man die Sprachkünste verstand) und Quadrivium (die mathematischen Künste Arithmetik, Geometrie, Musik und Astronomie) einquartiert, mit der Moderne zur freien Zirkulation gelangten. Auch Wissenschaft, Kunst und Kultur werden zu einem »Konzert«, dessen synergetische Effekte zu einem exponentiellen Kulturwachstum führten.

4. Vernunftehen, Zwangsehen, statusbestimmte Freundschaften bescherten in der alten Welt kastenartige Beziehungen. In Goethes *Wahlverwandtschaften* (1809) wird Affinität und nicht mehr Zugehörigkeit zum Wahlkriterium. Wie Bildung und Wissen ist auch Soziabilität ein modernes (fluides) Medium.

Es ist nicht so, dass Geld Knall auf Fall zum Leitmedium der Moderne wurde.* Es hatte sich parasitär gegen eine Vielzahl neuer

* Die *Great Transformation* (1944) von Karl Polanyi, der behauptet, dass mit der Ausbildung eines freien Arbeits-, Boden- und Geldmarktes (»fiktive Waren« nach Polanyi) die westlichen Gesellschaften in den Sog eines allgemeinen Vermarktungsprozesses gezogen wurden, und dieser Prozess parallel mit der Ausbildung eines besonderen Menschentypus, dem *homo oeconomicus*, einherging, hat zwar Soziologie und Sozialgeschichte von ihren ökonomistischen Aprioris befreit, medientheoretisch mangels eines genügenden Begriffes des Geldes diesen Prozess viel zu einfach ausgestaltet. Weder hat er den Strukturwandel des Wirtschaftstausches zu Beginn des 17. Jahrhunderts noch *demzufolge* die darin bewirkte dynamisierende Funktion des Geldes wahrgenom-

Medienformen durchzusetzen, die der (alteuropäische) Humanismus bereits im 15. und 16. Jahrhundert in Umlauf brachte – man denke nur an die schillernden Figuren eines Pomponazzi, eines Pico, eines Ficino, eines Erasmus oder eines Montaigne. Friede, Soziabilität, Wissen, Bildung, Diplomatie, Neugier, Resonanzphänomene aller Art zirkulierten bereits in der Renaissance *nebst dem Geld*. Es sind dies Medien, die ansteckend sind, Bereicherungsviren, die keine Kollateralopfer verlangen. Nimmt man Braudel beim Wort, sind somit die Schwelle und die Instrumente zu ermitteln, wo Geld beginnt, seinen Parasitismus auszubreiten. Soziologisch umformuliert hieße das, Erklärungen zu suchen, wie durch die progressive Parasitierung einer durch Statusdifferenzierung strukturierten Gesellschaftsform die für die Moderne charakteristische funktionale Differenzierung sich hat ausbilden können und wie diese Transformation auf die besonderen Eigenschaften des Geldes zurückzuführen ist. Spieltheoretisch hieße das, wie das für *alle* traditionalen Gesellschaftsformen charakteristische Nullsummenspiel (A+, B-) in ein Positivsummenspiel (A+, X+) verwandelt wurde, wobei es bei knappen Gütern einen »unsichtbaren Dritten« oder präziser: eine Unsichtbarmachung des Dritten braucht, um die Fiktion des Positivsummenspiels aufrechtzuerhalten. Auf diesen unsichtbaren, ausgeschlossenen Dritten ist noch zurückzukommen. Dass Geld dabei eine zentrale Rolle spielt, versteht sich von selbst, ist es ja unter all diesen Medien dasjenige, das am fungibelsten, liquides-

men. Viele seiner Epigonen sahen folglich überall Vermarktung, und das Geld war nichts anderes als ihr Multiplikator. *Dass dieser Strukturwandel des Tausches auch einen Strukturwandel des Geldes bewirkte, machte Vermarktung selbst zu einem Fetisch, der (bei richtigem Begriff von Geld) den Monetarisierungsprozess ausblendete.* Zwar ist Geld die Sprache des Marktes, doch versteht jeder Zweitsemestrige, dass ein Markt immer ein Gleichgewicht anstrebt. Auf diese Weise kann die Exponentialität, ja die Fulguranz des Kapitalismus nicht erklärt werden – es sei denn, sie rekurriert auf Scheinargumente wie die Gier der Kapitalisten, den Kriegs- und Luxuswahn der Herrscher oder den Schuldendruck der Kapitaleigentümer. Nur die besondere Medialität des Geldes schafft es, diese schnöden Erklärungen aus dem Weg zu räumen.

ten, undefinierbarsten und unfassbarsten ist. Und vor allem: je entmaterialisierter, und das ist hier der springende Punkt, desto billiger zu erschaffen.

Die neueste Historik belegt anschaulich, dass das 17. Jahrhundert ein Jahrhundert der endemischen Monetarisierung gewesen ist.[54] Dennoch waren alle davon betroffenen Gesellschaften noch Verschuldungszusammenhänge. Die monetäre Parasitierung beginnt mit der Umcodierung vormals nicht-monetärer in monetäre Gläubiger-Schuldner-Beziehungen. Obwohl durch unzählige (Währungs-, Rechts-, Buchführungs- und andere) Hürden gebunden, sickert durch all diese Beziehungen der Geldcode mit all seinen Bedingungen. Diese Präparierung ist eine notwendige, jedoch nicht zureichende Bedingung für einen umfassenden Wandel der Sozialgrammatik. Überall wird mühsam mit Geld gerechnet, doch überall herrscht noch die alte Bindung (A+, X-). Das hätte durchaus endlos so weitergehen können, ohne je in einen Bereicherungszusammenhang umschlagen zu müssen. Kurzum, Monetarisierung ist nicht der Virus, nach dem Braudel gesucht hat.

Dem wollen wir im Folgenden näher auf den Grund gehen. Dabei ist es wichtig, sich bewusst zu sein, dass unsere Begriffswahl nicht unschuldig ist. Sie ist dezidiert sozialontologisch und soziogenetisch. *Alle* traditionellen Gesellschaftsformen unter den Begriff eines Verschuldungszusammenhanges zu subsumieren, unterschlägt bewusst ganz wesentliche Charaktere dieser Gesellschaften. Dasselbe gilt für die Moderne als Bereicherungszusammenhang – mit dem Unterschied aber, dass Verschuldung in einem reduktiven, Bereicherung in einem emphatischen Sinne gebraucht wird. Beide gehören begriffslogisch aber der mesosoziologischen Kategorie der Sozialgrammatik an und sind so gewählt, dass der Bruch zwischen beiden Gesellschafts*zusammenhängen* so radikal wie möglich, d. h. idealtypisch gefasst werden kann. Hypostasen sind nicht immer Holzwege: Sie dienen hier dazu, Kritik auf sich zu ziehen, d. h. sich dem Risiko auszusetzen, das Aus- und das Eingeschlossene als blinden Fleck auf dem Altar einer Sozialontologie und Soziogenese zu opfern, um so womöglich einen Erkenntnisgewinn in der Endlosdebatte zwischen Tradition und Moderne zu erzielen. Allein, dass Verschuldungszusammenhänge gottgewollte Ordnungen sind und der Bereicherungszusammenhang wie durch eine unsichtbare Hand integriert wird, sind vielleicht einprägsame Tropen; sie verleiten aber in ihrer Anschaulichkeit zu noch größeren Hypostasen als die von uns eingestandenen.

Idealtypisch äußert sich dieser Bruch in zwei voneinander strikt getrennten semantischen Feldern, die es z. B. nicht mehr erlauben, von Schuld und Verschuldung im gleichen Sinne zu sprechen, wie es Nietzsche noch im Sinne hatte.* Dasselbe gilt für die Bereicherung: Die antike *Hybris* hat nichts mit dem überakkumulativen Drang der Moderne zu tun, den wir Wachstum nennen. Denn Wachstum ist für die Moderne keine Folge, sondern ihre Bedingung. Die Welt des Verschuldungszusammenhangs ist die Waage, das Gleichgewicht, die *aequalitas*, die Welt des Bereicherungszusammenhangs ist die des Wettstreits, der Überbietung und der Epidemik, die *aemulatio*.**

* Dass materielle immer auch moralische Schulden sind – und Gott als Gläubiger in letzter Instanz fungiert –, gehört zu den griffigen *topoi*, die seit Nietzsche im Ideenhimmel kapitalismuskritischer Intellektueller von Walter Benjamin bis David Graeber und Maurizio Lazzaratto umherschwirren. Auch wenn die Paronomasie (Schuld = Schulden) zu Nietzsches rhetorischen Lieblingskniffen gehört, ist dieser Schuldenkniff in keiner Weise für den kapitalistischen Bereicherungszusammenhang konstitutiv, gar bezeichnend. Der moderne Schuldner kriegt's nicht mit Gott, sondern mit dem Gerichtsvollzieher zu tun; und wenn wir uns in einer Helikoptergeld-Gesellschaft bald als chronische Schuldner wähnen dürfen, so wird uns schnell bewusst, dass anstelle der ultimativen Religion Benjamin'schen Zuschnittes (Kapitalismus *als* Religion) ein nahezu perfektes Überwachungssystem an die Stelle des Hl. Petrus getreten ist.

** *Aemulatio* (lateinisch *Nacheiferung*) bezeichnet die wetteifernde Nachahmung und das Überbieten eines Vorbildes in der Literatur und Kunst. Die Aemulatio steht nach antiker Auffassung nicht im Gegensatz zur Originalität, vielmehr impliziert jeder Bezug auf eine literarische Vorlage eine wetteifernde Auseinandersetzung mit ihr. In diesem Sinn will Quintilian »nicht, daß die Paraphrase nur eine Übersetzung liefert, sondern es soll um die gleichen Gedanken ein Wettkampf und Wetteifern *(aemulatio)* stattfinden.« (Quintilian, *Institutionis oratoriae liber* X, 5, 5) In der Romantradition des 18. und 19. Jahrhunderts spielt der

Nichts ist bedeutender als die grundverschiedene Rolle, die das Geld in diesem Bruch gespielt hat. Im äquivalitativen Verschuldungszusammenhang kann es zwar schon seine klassischen Funktionen innehaben; da es aber an eine Materie gebunden ist, sein Angebot relativ unelastisch und mit hohen Transaktionskosten verbunden ist, entfaltet es seine dynamischen Effekte nur am Rande. In den Bann der *aequalitas* gezogen, kann es nicht zu Kapital werden, sondern nur dieser Grundnorm dienen. Selbst in dieser *regulativen* Funktion ist es nicht alleine, sondern der Konkurrenz anderer Medien ausgesetzt. So wird ein Vertragsbruch nicht nur durch Geld vergolten, sondern in manchen Fällen mit Vertrauensverlust geahndet. Handelsgerichte sind heute noch Ehrengerichte, in denen korporative Normen herrschen, Bußgelder daher einen ehrenrührigen Charakter haben.

Der Bruch, der Geld zu Kapital werden lässt, ist zu Beginn des 17. Jahrhunderts erst angedeutet als *topos idioi*. Selbst in der damals immer mehr um sich greifenden Kreditökonomie (der »*économie morale*«, wie es Laurence Fontaine ausdrückt) herrschen noch Verschuldungszusammenhänge, die zwar durch die Monetarisierung der Alltagswelt immer messbarer werden, jedoch jenen Quantensprung hin zum Bereicherungszusammenhang noch nicht realisiert haben. Dieser Quantensprung, so die These dieses Kapitels, entsteht erst mit dem zur *doxa* werdenden Bewusstsein der kosmologischen Verlorenheit.[55]

Begriff eine entscheidende Rolle. Autoren haben stets versucht, sich an vorhergehenden Texten zu orientieren und sich mit diesen zu messen. Man vergleiche etwa die Entwicklung des Bildungsromans: Goethe versuchte, den Typ des Bildungsromans mit seiner eigenen Variante zu erweitern, und sein *Wilhelm Meister* tritt somit nicht nur in Konkurrenz mit Wielands *Geschichte des Agathon*, sondern versucht auch, diesen zu überbieten. – Bis zur Moderne ist das Überbieten des Vorherdagewesenen entscheidend. Erst ab der Postmoderne versuchen Romane dieses Überbieten nicht mehr.

Alles, was als Geld in Verschuldungszusammenhängen beschrieben werden kann, kann man als *Abgeltung* bezeichnen. Hat das Schlagwort der »*multiple modernities*« (S. N. Eisenstadt) eine Zeit lang die Geister der Sozialwissenschaften »irritiert«, so muss wohl beigefügt werden, dass es in diesen Zusammenhängen multipler kaum noch zugehen kann. Ob Wergeld, Knechtgeld, Notgeld, Brautgeld, Frongeld, ja sogar Lehrgeld: Mit Geld wird abgegolten, und wenn Zahlen und entsprechende Umrechnungsformeln vorliegen, wird damit auch bezahlt. In einem gewissen Sinne hat die Abgeltung die zivilisatorisch doch sehr fragwürdige Vergeltung abgelöst. Es gibt zwar Kulturen, in denen Rache und *vendetta* der Abgeltung bewusst vorgezogen wird, doch kann man sich die selektiven Vorteile dieses Vorzugs schwer vorstellen – es sei denn in ökosozialen Nischen, in welchen solchen Praktiken ein besonderer Prestigecharakter zukommt. Die Liste solcher Abgeltungen ist unabschließbar, dennoch behalten im Gegensatz zum modernen Geld diese »*multiple monies*« – wie sie Viviana Zelizer nennt, deren mikrosoziologischen Geldstudien die Illusion zugrunde liegt, dass *people smarter than money* seien – behalten diese *multiple monies* also ihren partikulären Charakter, der nur sehr entfernt etwas mit unserem »generalisierten Kommunikationsmedium« zu tun hat, wie es die Soziologen schnell definierten. So divers seine Emittenten, so divers seine Materien, so divers seine Funktionen, so divers seine Bedeutungen. Wollte man das Wort »Geld« für die Moderne reservieren, so wäre hier schlimmstenfalls von Protogeldern zu sprechen, bestenfalls von partikulären Abgeltungsmitteln.

Geld hat indes den für Verschuldungsverhältnisse gravierenden Nachteil, in vielen Fällen eine Bindung aufzulösen. »Quitt sein« zu wollen – man erinnere sich an Rabelais –, ist eine typisch moderne Erscheinung. Möglich ist sie 1. unter gegenseitiger Übereinkunft, 2. durch Drohung oder einer anderen Art von Willensschwäche, 3. bei vertraglicher Fixierung, oder 4. beim Warentausch, bei Gleichheit der Wertquanten. In Verschuldungszusammenhängen wird aber besonders darauf geachtet, Bindungen soweit wie möglich *nicht* aufzulösen.* Beim Wergeld zum Beispiel ist der Wert so hoch, dass eine endgültige Abgeltung unvorstellbar ist, wobei ein solches selbst im Falle des Regizids erhoben werden kann. Selbst die Bindung zum Königsmörder soll aufrechterhalten werden, auch wenn er und die ihm nachfolgenden Generationen dieses Wergeld auf Pump in alle Ewigkeit abstottern müssen. Dennoch ist im Geld dieses »quittieren«, im »quitt sein wollen« angelegt.** Geld ermöglicht, ein Maß zu fixieren, und daher einen quantitativen Ausgleich ohne Saldo. Aus moderner Sicht entspricht dies durchaus einer »Entlastung«. Deshalb könnte man mit Gehlen vom Geld als einer Institution sprechen.

Eine »allgemeine Theorie« des Geldes kann es dementsprechend in den vormodernen Gesellschaftsformen nicht geben, nur eine endlose Aufzählung seiner Formen und Funktionen. Erstaunlich und instruktiv zugleich sind daher seine quasi-universelle Verpönung und die Vorkehrungen, die getroffen werden, damit es nicht zu einem allgemeinen Medium wird. Wenn seine Nützlichkeit erkannt wird, wie bei Aristoteles, so wird im selben Satz immer auch von seinen zersetzenden Wirkungen auf die *polis* gesprochen. Wenn seine Fungibilität bestaunt wird, so legt man sogleich Tauschkreise an, die inkonvertibel sind: Sklaven können nur durch Blech, Ehegatten nur durch Gold bezahlt werden, und wehe einer kommt

* Der Schweizer Ethnologe Heinzpeter Znoj hat in seinen wirtschaftsanthropologischen Forschungen im Inneren Sumatras genau herausgearbeitet, dass selbst auf Märkten, wo Geld zirkuliert, sorgfältig darauf geachtet wird, dass der Tausch nicht liquidierend ist, dass also alles getan wird, damit Schuldbindungen aufrechtzuerhalten. Vgl. Heinzpeter Znoj, *Tausch und Geld in Zentralsumatra. Zur Kritik des Schuldbegriffs in der Wirtschaftsethnologie*, Berlin 1995.

** Das hat Simmel anders gesehen. Für ihn ist die Befreiung von belastenden oder unzumutbaren Beziehungen ein zivilisatorischer Vorteil des Geldes, den er am Beispiel des Fronwesens exemplifiziert. Die Umstellung von Naturalabgaben auf Frongeld befreit den Unterworfenen von seiner Scholle. – Das mag wohl so gewesen sein, unterschlägt aber die Tatsache, dass ein Beziehungsloser im Mittelalter ein Vogelfreier wird, ohne Dach und Fach, überspitzt formuliert, ein *homo sacer.*

auf die Idee, Ehegatten gegen Sklaven oder Sklavinnen eintauschen zu wollen. Bezeichnend ist in diesem Zusammenhang auch, dass es keinen Platz in den diversen vormodernen *kosmoi* findet, sondern wie die Sprache eine Vermittlungsfunktion bekleidet, seinen Sitz also im Nirgendwo hat. Bezeichnend und seltsam, denn sowohl die Münzsorten wie die späteren Papiergelder sind nie ohne ästhetischen Reiz gestaltet worden.

Soll die Ordnung der Dinge schön-und-gut sein, wie bei den Griechen, dann hilft Geld akkurat bei den Aufräumarbeiten. Wird es aber *per se* betrachtet, ja »Selbstgebährendes« (*tokos*) daraus erwartet, dann hagelt es kanonische Verbote, die sein Eigenleben just auf diese Funktion beschränken. Als ahnte man die Vergeltungen einer *Nemesis*, wird alles getan, um seine Hybris zu vermeiden. Dieses alte Geld ist strikt »*embedded*«: in Kultur, durch Politik, Usanz, Ritual und Brauchtum, aber auch ökonomisch, religiös, sozial und *last but not least* materiell. Die rigorosen Fesseln, die es bei der Stange halten, sind von kaum zu überbietender Mannigfaltigkeit, und sollte es doch noch aus einer Ritze in diesem Gebäude dringen, ist man schnell dabei, diese Ritze zu stopfen.

Geld in Bereicherungszusammenhängen

Füllhorn, Fortunatus und Eldorado sprechen eine gemeinsame Sprache, die Sprache eines »endlosen Nachschubs« (Blumenberg). Die Krisis der kopernikanischen Verunsicherung war durch eine Vision überwunden worden, die das antike Plerom allen Ernstes zu materialisieren verstand. Nicht darben sollte die Menschheit, nein, jetzt galt es, aus dem Vollen zu schöpfen. Ein Psychoanalytiker würde in diesem Falle von neurotischer Überkompensation und von kollektiver Sublimation sprechen. Wenn es unendliche Welten gibt, aus denen Gott sich verabschiedet hat, dann bricht die Ordnung der Dinge auf; es gelten nicht mehr Gleichgewicht (*aequalitas*), Maß, Knappheit und Hierarchie, sondern eine inflationäre Ontologie mit ihren barocken Figuren, ihren Anamorphosen, ihren Dissonanzen und einer Zelebrierung des materiellen Reichtums, die nicht mehr nur für wenige Aristokraten gilt. Und diese Vision durchzieht mit dem beginnenden 17. Jahrhundert gleichsam Mikro- und Makrokosmos der Menschheit.

Im Kleinen gilt somit in allen Handlungsbezügen die Kopula (A+/X+), »ich bereichere mich, damit auch Du die Gelegenheit hast, es zu tun«. Und im Großen herrscht endloser Nachschub, was Kosmologen vielleicht nicht ohne eine Spur Humor »kosmologische Inflation« nennen. Sich im Kleinen wie im Großen die Natur Untertan zu machen, ist nur eines ihrer zahlreichen Abziehbilder, das in der Makrosphäre mit Flüssen aus Milch und Honig und Füllhörnern aller Art seine Entsprechung findet. Hatte Europa bis zu Beginn der Schwarzen Pest (1250) eine der intensivsten Perioden geistiger, wirtschaftlicher und politischer Mobilisierungen erlebt, so folgte dieser wohl größten aller Pandemien eine fast drei Jahrhunderte andauernde Zerrüttung all dieser Emanzipationen. Religionskriege, theologischer und politischer Absolutismus, aber auch materielle Rezessionen aller Art brachten die Menschheit im Westen in einen Maximalstress, aus dem herauszufinden es nur zwei Varianten gab: entweder dem Geist der Gnosis folgen und dem Materiellen bis zur Selbstaufgabe zu entsagen – oder radikal Neues schaffen, das in der Lage ist, das Auseinanderdriften der kleinen und der großen Sphären in eine neue Harmonie zu leiten. Als ob die seit Pythagoras geltende Harmonie der Universen immer wieder hergestellt werden sollte, wird aus dem Geld der Äther, der diese Universen harmonisiert.

Der Fluch einer solchen Vision ist freilich seine selbstperformative Absicherung. Ist sie einmal durchgestartet, so kann der Pilot seine Reaktoren nicht einfach umdrehen und rückwärts landen. Das »chinesische Wunder« bestand darin, kurz vor dem *take off* ins Zaudern gekommen zu sein. Eine »himmlische Bürokratie« konnte sich das erlauben, die lose vereinten Handelsplätze in der Serpentine von der Nordsee bis in die Toskana allerdings viel weniger. Doch der Impetus der merkantilistischen Chrematistik ignoriert nicht nur territoriale Grenzen, sondern durchwuchert alles, was er auf seinem Wege findet: Menschen, Dinge, Sprachen, Sachen, Wissen und Ideologien. Das Medium dieser Durchwucherung war leicht zur Hand, lag es ja bereits seit Generationen in den Händen der *argentarii*. Man muss wissen, dass auch in der Gnosis ein Medium zugleich eine *message* ist; und man muss Blumenberg zugestehen, dass die kopernikanische Revolution die Justierung zwischen Mikro- und Makrouniversen so sehr verstört hat, dass das Aufkommen eines »gnostischen Zweifels« bei der kopernikanischen Konflagration wohl kaum weniger massiv ausbrach als zu Augustinus' Zeiten. Denn auf keinem anderen Kontinent als dem westlichen war das Wissen um die symbolisch-diabolischen Züge des Geldes soweit gediehen. Geld ist, gnostisch gesehen, Medium/Bote (*hardware*) und *message*/Botschaft (*software*) zugleich. Es vereint Disparates, um es wieder aufzulösen, und löst Naturwüchsiges auf, um es in einer anderen, wertschöpfenden Kombination wieder zu vereinen.

Nicht, dass es aus dem Nichts entstanden wäre, denn als Gegenstand stand es mitsamt seinen Techniken seit Jahrhunderten bereit. Nur war es durch seine zahllosen Ligaturen so sehr eingebunden, dass noch jeder improvisierte Münzmeister niemals auf den Gedanken gekommen wäre, es materiell oder funktional zu fälschen, auf die Gefahr hin, langsam gesotten zu werden (dieses Privileg des Siedens war Münzfälschern vorbehalten). Eingeschlossen in die Kopula (A+/B–), versah es seine schlichten Dienste, und wenn einer auf die Idee kam, es in Raum und Zeit auszudehnen, wie bei den Kredit- oder Wechselgeschäften etwa, bedurfte es der kühnsten Gedankenakrobatiken, um nicht den Zorn kanonischer Gerichtsinstanzen auf sich zu ziehen. Kurz, alles ist getan worden, um Geld in all seinen Wirkungen zu *neutralisieren*.

Das sollte sich im Bereicherungsnexus rasant ändern. Zwar war es nicht aus dem Nichts entstanden, dass es aber *ex nihilo* geschöpft werden konnte, dazu brauchte es keinen Züricher Privatbänker, der anstatt rohen Edelmetalls seine höchstprivaten *treasury bonds* emittieren würde; das wussten schon die Wechsler im 12. Jahrhundert.

Entmaterialisierung?

»– wie komplizierte psychologische Vorbedingungen fordert etwa nur die Deckung von Banknoten durch Barreserve! –«
Georg Simmel, *Philosophie des Geldes*[56]

Simmels blinder Fleck

Georg Simmel ist nicht nur einer der ganz wenigen Philosophen, die sich ernsthaft und systematisch mit dem Geld befasst haben; er ist auch der einzige Philosoph, der den fundamentalen Prozess erkannt hat, der das *moderne* Geld auszeichnet. Um diesen Prozess geht es in diesem Kapitel. Auch Marx hat sich länger beim Geld aufgehalten, aber es ging ihm mehr um eine durch das Geld bestimmte Wirtschaftsform als um das Geld selbst, und wenngleich er auf seine seltsamen »Mucken« (Elfriede Jelinek[57]) aufmerksam wurde, drang er einerseits nicht so weit in das Phänomen hinein, wie Simmel es tat; andererseits hat sich Simmel aber zu ungenügend bei Marx aufgehalten, um sich dank seiner Kritik der politischen Ökonomie einen vernünftigen Begriff von einer Geldgesellschaft machen zu können. Dem einen fehlt ein klarer Begriff vom Geld, dem anderen eine ausreichende Vorstellung der Geldgesellschaft. Dennoch gibt es zwischen Marx' *Kapital* und Simmels *Philosophie des Geldes* zahlreiche Verbindungslinien, die bis heute unerforscht geblieben sind, es gibt aber ebenso zahlreiche Klüfte zwischen ihnen, deren Überwindung etwas mehr Licht in das »Rätsel Geld« brächte.

Der »fundamentale Prozess«, den Simmel aufgedeckt hat, ist die Entmaterialisierung des Geldes. Dieser Prozess durchzieht den gesamten (schwer lesbaren) ersten Teil seiner *Philosophie*. Viele seiner Interpreten haben sich bei seiner Wert- und Opfertheorie oder bei seiner Funktionswertlehre aufgehalten – und sich dabei rettungslos verlaufen. Der einzige rote Faden in diesem brillanten Sammelsurium ist folgende Frage: *welches sind die ökonomischen, sozialen, kulturellen und kognitiven Konsequenzen des Entmaterialisierungsprozesses?*

Als Simmel 1914 endlich einen Ruf bekam, war Georg Friedrich Knapp Rektor der damals deutschen Universität Straßburg. Knapp, der Begründer des Chartalismus, demzufolge »Geld ein Geschöpf der Rechtsordnung [ist]« und »eine Theorie des Geldes daher nur rechtsgeschichtlich sein [kann]«, hatte diese Auffassung schon 1895 in Berlin vorgetragen, in dem Moment also, als Simmel begann, sich mit der Psychologie des Geldes zu beschäftigen. Es ist davon auszugehen, dass sie gegenseitig ihre Beschäftigungen kannten, zumal Knapp im Vorwort seiner *Staatlichen Theorie des Geldes* (1905) seinem Kollegen attestiert, ein »geistreiches«, aber weniger dem Geld als lediglich seinen »soziologischen Konsequenzen« gewidmetes Buch geschrieben zu haben, und Simmel seinerseits den gesamten zweiten Teil des 2. Kapitels seiner *Philosophie* (S. 129–150) einer Kritik des »Zeichengelds« und seiner Theorie unterzieht, deren Adressat unschwer zu erkennen ist. Dabei ist Knapp Simmel wohlgesonnen, da er schon 1894 in einem Austausch über Simmels Berufschancen mit seinem Kollegen Gustav Schmoller, in dessen Seminar er die ersten Thesen seiner *Philosophie* vorstellen durfte, Simmel eine Reflexion höchsten Grads bescheinigt, die seinem, Knapps Zielpublikum (»lauter furchtbar praktische Leute«[58]), »nicht schaden sondern nützen« (ibid.) könne. Doch zwischen Simmel und Knapp, der immerhin von Max Weber als einer seiner größten wissenschaftlichen Vorbilder angesehen wurde, sollte es in Straßburg zu keiner Annäherung mehr kommen, da Simmel sich zu dieser Zeit immer mehr der Lebensphilosophie zuwandte und Knapp sich eben auf seine »furchtbar praktische(n) Leute«, nämlich das preußische Beamtentum konzentrierte. Auch sollte Knapp allen Grund gehabt haben, nach sorgfältiger Lektüre eben dieser Seiten 129–150 an Simmels Argumentation Anstoß zu nehmen.[59] Diese ausgebliebene Annäherung wollen wir nachholen.

Simmels roter Faden spinnt sich an der *Rarefizierung* des im Geld enthaltenen Edelmetalls entlang. Dadurch wird das Geld in seinem Gewicht leichter, somit zirkulationsfähiger, mit größerer Seignoriage emittierbar, stückelbarer, sicherer in seinem Verkehr und seiner Verwahrung, aber auch fungibler und mit einer besseren Messfunktion (bei gleichzeitiger Münzverschlechterung) versehen. All diese Vorteile wachsen proportional zu dieser Entmaterialisierung. Doch hat sie weitere Vorteile, die nicht direkt mit seinen drei Hauptfunktionen von Verkehr, Verwahrung und Messung in Zusammenhang stehen. Je weniger substanzhaltig das Geld ist, desto größer werden die »Währungsräume« (Robert Mundell), die Simmel als »Tauschkreise« bezeichnete. Es kommt ein Weltgeld in Sicht. Parallel zu dieser quantitativen Ausweitung integriert dieses Geld Güter, die bislang nicht gegen Geld austauschbar waren. Simmel spricht in diesem Sinne von »Vergleichgültigung« und meint damit a) eine »Entauratisierung« im Benjamin'schen Sinne der Güter schlechthin und b) eine noch weitere Fungibilität von Symbolgütern (Ehre, Integrität, Treue usw.). Mit dieser Vergleichgültigung tritt er seinen Teil von Kulturkritik an, die er aber mit den Fortschrittsleistungen in Zusammenhang bringen möchte.

Diese Fortschrittsleistungen sind ihrerseits doppelter Natur: a) Wie Simmel am Beispiel des Frongeldes exemplifiziert, ermöglicht die Bezahlung der Fron durch Geld dem Fronbauern, ein Wertäquivalent anstatt der Naturalia herzugeben, die ihn an seine Scholle banden, womit er die Freiheit erlangte, dieses Wertäquivalent anderweitig zu erwirtschaften, während seinerseits der Fronherr dieses Frongeld einsetzen konnte, um andere (billigere, willigere) Arbeitskräfte anzuheuern. Dadurch entstand ein Arbeitsmarkt, auf welchem durch Geld vermittelt Angebot und Nachfrage nach Arbeitskräften gegeneinander antreten konnten. b) Eine Naturalwirtschaft, in der Geld lediglich (und auch nur marginal) als Zahlungsmittel fungiert, muss der Natur ein Mehrprodukt *abtrotzen*. Dieses Abtrotzen nennt Simmel einen »substanziellen Fortschritt«. Insofern aber Naturalia *per definitionem* knapp sind, entsteht – obwohl Simmel in Rechnung stellt, dass dieser Prozess technisch verbessert werden kann – eine Situation, in der dasjenige, was einer der Natur abtrotzt, einen anderen eine Entbehrung kostet. Es entsteht mithin eine Rivalität. Diese Rivalität könnte, so Simmel, durch einen »funktionellen

Fortschritt« überwunden werden, in dem gewisse Güter, wie es die Ökonomen Wolf-Dieter Grass und Wolfgang Stützel ausdrückten, »grenzkostenlos mehrnutzbar« produziert würden.[60] Simmel denkt dabei an Kultur- und Wissensgüter, in denen Rivalität nicht nur ausgeschaltet, sondern zu einem gegenseitigen Nutzvorteil nach dem Muster des Ricardo'schen Gesetzes führen könnte. Wir erinnern hier an John McLaughlin und seinen (relativ) unschlechteren Küchengehilfen und den Drummer. Geld hülfe demnach umso mächtiger der Transformation von einem substanziellen in einen funktionellen Fortschritt, je weniger seine Produktion an seinen Substanzkern gebunden ist. Hand in Hand mit dem technischen Fortschritt ginge so ein Umbau der Wirtschaft voran, in der knappe in »grenzkostenlos mehrnutzbare« Güter verwandelt würden.

Eigenartiger-, aber doch bezeichnenderweise schreckt jedoch Simmel vor dieser Frage nach dem Substanzkern zurück. Obwohl seines Erachtens die Vorteile der Entmaterialisierung ihre Nachteile übersteigen, sucht er in diesen Seiten nahezu fieberhaft nach Argumenten zu Gunsten eines solchen Substanzkerns, die Knapp ohne weiteres *mutatis mutandis* als Angriff gegen seine chartalistischen Positionen hätte verstehen können (oder verstanden und stillschweigend verdrängt hat). Möge dieser Kern noch so klein sein, so erscheint Simmel die Vorstellung eines (chartalistischen) Zeichengeldes wie eine Ungeheuerlichkeit, gleichgültig ob ein solches Geld staatlich oder privat emittiert würde. Unterstreicht Knapp den Charakter des Geldes als Rechtsgeschöpf und geht es ihm in erster Linie um eine der Prärogativen des Staates, so lässt er doch die Tür offen für andere Emissionsträger. Doch Simmel geht es nicht darum, *wer* emittiert, sondern *in welcher Form* es geschehen soll. So reiht er Gründe aneinander, die zwar jeder für sich genommen eine gewisse Rechtfertigung haben – er warnt vor übermäßigen Emissionen und den daraus resultierenden Inflationen, vor Vertrauensverlusten, wenn nicht ein letzter Bezug zu einem Materialwert bestünde, ja, gar von einer Störung des Geld-Waren-Verhältnisses, die den Geldwert überflüssig machen würde –, doch kann man sich nicht des Eindrucks erwehren, dass hier heterogene Argumente *zusammengesucht* werden, um *unbedingt* die Möglichkeit eines reinen Zeichengeldes aus der Welt zu schaffen. Als ob hier Simmel eine Gefahr gerochen hätte, deren Entdecker er selbst ist, und er nun, wie einst Goethes *Zauberlehrling*, kurz bevor sich das Geld ganz verselbständigt, die Notbremse ziehen wollte.

Wie ist zu verstehen, dass Simmel, dem der Obermandarin Knapp »höchste Reflexion« zubilligt, zu einem Notbehelf greift, um seine Entdeckung wieder ungeschehen zu machen? Ist es die Angst vor einem Weltgeld, vor einer totalen Vergleichgültigung allen Seins, vor der Verabsolutierung eines Mittels, das dadurch zum Zweck aller Zwecke wird? Mag sein. Auch wenn diese Gründe nicht von der Hand zu weisen sind, schimmert in diesem »geistreichen« (Bruno Liebrucks) Werk bei genauerer Lektüre jedoch *ein weiterer roter Faden* durch, den Simmel nur mit Andeutungen kenntlich zu machen versucht, wie zum Beispiel in unserem Eingangszitat über die »komplizierten psychologischen Vorbedingungen«, die die Deckung einer Banknote durch eine Barreserve erheischte. Wovon ist hier die Rede? Was ängstigt Simmel so sehr, dass er seine wohl radikalste Vermutung über die Entmaterialisierung des Geldes leichterhand auf dem Altar der banalsten Kompromisse opfert? – Simmel hat sich nie als Soziologe verstanden, und auch wenn im Laufe seiner Existenz lebensphilosophische Motive immer mehr an Gewicht gewannen, so ist sein Denkkompass zeit seines Lebens der eines Neukantianers geblieben. In einem diskreten Aufsatz hat Bruno Liebrucks 1970 versucht, diesen *weiteren roten Faden* zu Ende zu denken.[61] Kommen wir nochmals auf die Thematik des Substanzgeldes zurück und fragen uns, welche transzendentale Ästhetik das Verstehen eines Bartausches leitet, und vergleichen wir sodann, wie sich diese Ästhetik bei bargeldlosem Tausch modifiziert. Ist es nicht so, dass die Messprozesse, die beim Bartausch handelnd und kognitiv präsent sein müssen, durch die Entmaterialisierung des Geldes Zug um Zug »verinnerlicht«, d. h. vom Zustand der *Reflexion* in einen Zustand einer konditionierten *Reaktion* reduziert werden? Liebrucks, dessen Gedankengang wir hier vereinfachen, um ihn verständlich zu machen, fragt sich sonach, was bei dieser Reduktion vom Transzendentalsubjekt überhaupt noch übrigbleibt. Sein Fazit ist niederschmetternd: Werden alle Konsequenzen, die Simmel aus der Entmaterialisierung des Geldes zieht, zu Ende gedacht, dann bleibt vom Transzendentalsubjekt nichts übrig, dann tritt das Geld an seine Stelle, dann denken nicht mehr *wir*, wir oder es, das Transzendentalsubjekt, in uns – sondern das Geld selbst. Für einen Kantianer hieße das: das Ende einer denkenden Menschheit, unsere Verwandlung in Lemuren.[62]

Über diese Auseinandersetzung mit dem Zeichengeld, die für ihn eine zutiefst philosophische war, verlor Simmel, der Soziologie lediglich »im Nebenamt« versehen wollte, eine der wichtigsten Konsequenzen der Entmaterialisierung des Geldes ganz aus dem Blick. Er, für den »Wechselwirkung« das zentrale Konzept seiner soziologischen Methodik war, zog nicht in Betracht, dass die zur Hergabe eines Gutes, einer Arbeit, eines Dienstes erwartete Gegenleistung auch stetig an Substanz verlor. Vielleicht waren diese »komplizierten psychologischen Vorbedingungen« mit dem Übergang des Papiergeldes zum Wechsel oder zum Bankscheck so kompliziert geworden und im alltäglichen Umgang so zahllos, dass die Handelnden, nach »Entlastung« rufend, kurzerhand diese Vorbedingungen verinnerlichten, d. h. automatisierten, und es dem Geld selbst überließen – was auch eine Art Vertrauen darstellte, die man eher der Gattung des »blinden Vertrauens« zuzuordnen hätte –, für den ordentlichen Ausgleich zwischen Leistung und Gegenleistung zu sorgen. Noch konnte er nicht ahnen, dass dieses Papierstadium gut 70 Jahre nach Erscheinen seiner *Philosophie* nur der Auftakt einer weiteren Abstraktion des Geldes sein sollte. Wenn auch verspätet und mit großem Aufwand, wurde die Elektronifizierung des Banken- und Finanzsektors erst in den späten 1960ern vorangetrieben, was aber sogleich bei amerikanischen Marktspähern als begeisterter Aufbruch in eine *cashless society* zelebriert wurde. Die Veralltäglichung der »Kreditkarte« während der kleinen Schwellenzeit 1971–1973 – man bedenke hierzu nur die Bewusstscheinschocks, die ausgelöst wurden durch die schon genannte Aufkündigung des Bretton-Woods-Abkommens, die Publikation des ersten Berichts des *Club of Rome*, die Lancierung der ersten PCs, das Ende der Wirtschaftswunderjahre, das Abklingen der »utopischen Ressourcen« (Jürgen Habermas), die Erfindung »interpassiver« Werkzeuge wie dem Fotokopierer oder dem Kassettenrecorder und zahlreiche soziodemographische Trendbrüche –, die Veralltäglichung der »Kreditkarte« also war eine dieser »*silent revolutions*« (Ronald Inglehart), die im Tumult dieser Jahre kaum beachtet wurde. Dieses heute *decashing* genannte Phänomen, diese »Entbarung« hätte wohl das Zeug gehabt, den übersensiblen Simmel aus seinem dogmatischen Schlummer zu ziehen und sein Nebenamt eine Zeit lang in eine hektische geistige Betriebsamkeit zu stürzen. Denn was an Wechselwirkung bei elektronischen Bezahlungen noch übrigbleibt, hat mit Reziprozität nur noch wenig zu tun. Kaufen wird zur Selbstbedienung und Bezahlen wird zu einem Akt der Präsentation seiner Karte, ihrer Authentifizierung, der Datenübetragung und des expliziten Akzeptierens. Simmel wäre nicht umhingekommen, seine »psychologischen Vorbedingungen« als ein Ding der Unmöglichkeit anzusehen, aber vor allem hätte er sich an die römische Rechtsnorm des *do ut des* erinnert – »ich gebe, damit du gibst« – und sich dabei gefragt, ob diese Norm noch bei Sinnen ist. Diese kognitive Abschwächung des *do-ut-des*-Bewusstseins stellt nebst vielen gravierenden Verschiebungen, die wir hier nicht vortragen können, zumindest einen ganz wesentlichen Aspekt dessen dar, was wir eine »Abstraktifizierung« des Geldes nennen könnten.[63] Ist Geldabstraktion die durch Geld bewirkte Reduzierung aller Qualitäten eines Gutes auf eine Zahl, seinen bloßen Preis, so handelt es sich bei der Abstraktifizierung des Geldes selbst um eine Verringerung der Bewusstseinsleistungen beim Umgang mit dem Geld, d. h., wie bereits erwähnt, um eine Verschiebung von reflexiven in konditioniert-reaktive Bewusstseinsleistungen.

Vor einiger Zeit schon haben Neurowissenschafter diese Verschiebung auch an zerebralen Vorgängen experimentell nachweisen können.[64] Demnach werden bei Barbezahlung zwei Gehirnzonen aktiviert, deren eine mit Lust auf das begehrte Gut, die andere mit Schmerz auf das verausgabte Geld reagiert, mit dem Resultat, dass per Saldo beide »Feuerungen« sich die Waage hielten und der Kauf als eine in sich stimmige, moralisch und kognitiv zufriedenstellende Handlung wahrgenommen wurde, dagegen aber bei Kreditkarten-Bezahlung die »erfreute« Zone wie zuvor reagierte, ihr aber durch die diversen CC-Operationen eine ganz andere Hirnzone entsprach, die nicht als Schmerz, sondern als Gelingen eines technischen Problems »wahrgenommen« wurde. Der renommierte Schmerzforscher Dan Ariely hat daraus ein ganzes Verhaltensprogramm entwickelt, das darauf ausgerichtet ist, den Zahlungsschmerz zu reduzieren.[65] Kreditkarten-Zahlungen sind demnach nicht befriedigend, weil sie ein Bedürfnis stillen, sondern weil sie technisch gelungen sind.

Milliardenfach wiederholt, kommt man nicht umhin, die Vermutung zu äußern, dass sich diese Art von reaktivem Verhaltensmuster, die mit der rechtlichen Grundnorm des *do ut des* kaum noch nachzuvollziehen ist, auch auf andere Handlungsvollzüge als den Warentausch niederschlagen kann und der Warenfetischismus auch auf nichtökonomische Sachverhalte übergreift. Die Auflösung der Rechtsnorm des *do ut des* würde demnach eine zunehmende Anzahl lebensweltlicher Handlungsvollzüge affizieren. So kann man sich vorstellen, dass Einladungen, Grüße, Handreichungen, Alltagsgaben aller Art nicht mehr erwidert, sondern einfach »angenommen« oder als das Gelingen einer technischen Operation aufgefasst werden, sodass im Endeffekt das Universal der Reziprozität der Perspektiven nicht einmal mehr als schöne Erinnerung an bessere Tage in Erscheinung treten würde. Immerhin konnte die »Reziprozität der Perspektiven« (Theodor Litt) als ein anthropologisches Universal erscheinen. Und auch wenn die Geldabstraktion die Keimzelle des Verdinglichungsprozesses ist, der durch Fetischisierung naturalisiert wird, so ist selbst eine verkommene Reziprozität wie die warenförmige in ihrer Fetischisierung durch kritische Reflexion aufbrechbar (oder auch durch künstlerische, man denke an Bresson). Bei technischen Vollzügen wie den Kreditkarten-Zahlungen wird diese Entbergung problematisch. Mit der Entlastung der »Vorbedingungen«, der Abstraktifizierung der Handlungssequenzen in den Geldpraktiken, der Regression von Reflexivität auf konditionierte Reaktivität, gelangen wir in einen *Hyperfetischismus*, der nicht mehr reflexiv aufbrechbar ist.*

* Genauer besehen ist Hyperfetischismus nichts anderes als der säkularisierte Begriff der alten *culpabilitas* – und seiner Sublimation. Denn, wie

So stellt sich uns heute die Frage nach unserer Verwandlung in Lemuren (siehe S. 188) in zweifacher Hinsicht: Wenn das Geld an die Stelle des Transzendentalsubjekts getreten ist, wie Liebrucks mutmaßt, würden nicht wir als vernunftbegabte Wesen das Geld denken, sondern das Geld als sein logischer Ort in uns. Und selbst wenn es, idealistisch formuliert, nicht dächte, würden wir dazu geführt, praxeologisch formuliert, durch unsere alltäglichen Handlungspraxen diesen logischen Ort allmählich und ohne es wahrzunehmen einzuüben.

Exotische Tiergattungen, wie eben unsere Lemuren, mussten schon immer herhalten, besonders bei Autoren der Frankfurter Schule, wenn es galt, das Schicksal der Menschheit im Spätkapitalismus auf einen »Begriff« zu bringen.[66] Dieses große Pathos, das vermutlich mit Kafkas *Verwandlung* begann, muss im hiesigen Falle etwas heruntergeschraubt werden. Denn die Entmaterialisierung des Geldes ist auf der Ebene alltäglichster Handlungssequenzen ein ganz und gar trivialer Vorgang: Es genügt ein rasches, aber behutsames *Präsentieren* einer Kreditkarte. Nicht einmal mehr ein Code, den man *eintippen* müsste. *Noblesse oblige*, ist dieser Akt wie ein Handauflegen, damit all die Spuren, die unsere Bewegungen im

wir gesehen haben, es reicht nicht, Moderne mit Kontingenz zu konjugieren. Die Kontingenz muss *überwunden und verdrängt* werden. Im christlichen Horizont erscheint diese Schuldhaftigkeit in allen Interpretamenten der Erbsünde, deren psychotischer Stress von Tertullian über Augustinus bis zum Aufbruch der Neuzeit (als Ingrediens seiner Auslösung?) das Abendland in eine Zivilisation der Höllenangst verwandelt hat. Die Überwindung dieser über eineinhalb Jahrtausende andauernden und stets wachsenden metaphysischen Schuldhaftigkeit konnte an ihrem Scheitelpunkt nicht wissenschaftlich-technisch-juristisch verwunden werden, wie es die geschichtsphilosophische Doxa immer wieder zu predigen wagte; diese absolute Schuldhaftigkeit konnte nur durch eine ebenso absolute Kehre (oder Bekehrung) überwunden werden. Absolut muss diese Kehre wohl gewesen sein, damit die eingefleischte *culpabilitas* nicht nur in eine Bereicherungspsychologie führte, sondern jede Form von Erinnerung an sie ausgelöscht wurde.

Alltag hinterlassen, auf eine simple Zahl reduziert werden können, die dann in ein unendlich gefräßiges Datenverarbeitungssystem eingespeist werden.* Diese Daten gehen dann ihre eigenen Wege, Gott weiß wohin. Wichtig ist nur die konstant ansteigende Fütterung dieses Systems.** Da aus dessen Warte heraus wir die Autoren einer schier unendlichen Menge erratischer Handlungen sind, freut es sich, diese Urmasse *verarbeiten* zu können. Negative Utopisten hatten immer mit der vorsorglichen Mahnung aufgewartet, drei Tage der Unterbrechung der Stromversorgung würden uns wieder in den Status von Urmenschen verwandeln, die wie in J. G. Ballards Romanen zu Unzucht und Barbarei neigten. Dem ist entschieden zu widersprechen. Man stelle sich die *Verdutztheit* dieser Verarbeitungsmaschinen vor, kämen wir auf einmal auf die dumme Idee, alle die gleichen Daten in sie einzuspeisen. Welch ein höllischer Leerlauf! Und wie könnten sie sich gegen uns zur Wehr setzen, streben sie ja unentwegt zu solcher Uniformisierung hin? *Würden sie akzeptieren, zu bloßen Heizkörpern degradiert zu werden?* Die Antwort auf diese bangen Fragen liefert der visionäre Ballard in seinem Spätwerk: Nein, eine solche Situation, in der wir wie Lemuren handelten, wäre für die Apparate inakzeptabel. So stünden sie unter dem Zwang, Anomalien zu produzieren, die nicht einmal sie verstehen könnten, in der Hoffnung, wir würden darauf mit noch größeren Anomalien reagieren, um damit ihrer *Aussperrung* ein Ende zu bereiten. Diese Hoffnung ist die einzige Hoffnung der auf uns zukommenden Quantencomputer, und wehe ein Ingenieur, wäre er auch so talentiert wie Alan Turing, verfiele auf den plumpen Gedanken,

* Auf das Datentracking kommen wir hier nicht zu sprechen. Es ist *ad nauseam* verhandelt worden, wie z. B. durch den umtriebigen Journalisten Norbert Häring.

** Diese Fütterung hat sein Pendant in der exponentiellen Expansion der EDV, wie man sie einst nannte. Denn ihre zunehmende Gefräßigkeit ist ein Systemproblem. Fraßen meteorologische Simulationen und das Handling von *emotional data* noch einige Terabyte, so weiß man beim Riesensprung der Quantencomputer nicht mehr so recht, wo man sich Informationen herausfischen sollte. Wer weiß, vielleicht in der Kommunikation mit Außerirdischen.

einen Zufallszahlengenerator oder aber einen quantischen Unfall zur Hilfe zu rufen. Eine solche Hoffnung ist nicht in Sicht. So gesehen müssten wir *in die Pflicht genommen* werden, und das hat natürlich mit Magie zu tun. Durch unsere Handauflegungen oder bereits, wie in China, durch unsere bloßen Antlitze müssten wir dafür sorgen, dass die lahmgelegten Heizkörper wieder etwas Konfusion verspürten. Und noch etwas: Nebst dieser Lemurendrohung bietet die pathetische Kulturkritik in einem letzten Schachzug den Begriff »Entropie« als ultimatives Schicksal dieser Menschheit auf. Welch ein Lamento, wo doch sicher ist, dass nur sie noch das endlose Surren der Maschinen in den Daten*farmen* rechtfertigen kann. Wir können somit sicher sein, dass die Maschinen auf uns angewiesen sind.* Mit Stromunterbrechungen ist da kein Staat mehr zu machen, sind ja auch Staaten auf Stromversorgung angewiesen. Nur *wir* können eventuell etwas Unordnung in diese Maschinerie bringen, und zwar nicht intentional, durch wohlgedachtes Kalkül, sondern durch an Magie gemahnende, möglichst unerwartete und unerwartbare Handlungen. Das erinnert an überreizte Denkfiguren wie bei Marshall McLuhan, der eine helle Freude an *wirklichen* Problemen wie diesen gehabt hätte. So gesehen sind nur wir die Zukunft dieser Maschinen. Sie sind auf Gedeih und Verderb auf uns angewiesen. Ob wir dieser Verpflichtung gewachsen sind, ist eine andere Frage; vorläufig gilt nur, eine *Methode* angestimmt zu haben, um die uns gegenüberstehenden Verarbeitungssysteme durch die Wirkung der *Doppelabstraktion* des Geldes weiter zu stören.

Doppelabstraktion will dabei heißen, dass wir es mit einem Handeln mit aufgehobener Vernunft zu tun haben, das selbst durch Vernunft nicht als Handeln erkannt werden kann. Im Klartext: Die Möglichkeit ist jetzt geboten, alle unsere Handlungen durch monetär bedingte Digitalisierung zu speichern, den Sprung vom *digital*

* Dass nun ein Yuval Noah Harari mit der Drohung auftrumpft, die Menschen würden in einem neuen Terror, dem Terror des »Dataismus« versumpfen, ist aus dieser Warte gesehen wohl nur ein belangloser Scherz, der bald schon aus den diversen Talkshows, in denen er ihn zum Besten gibt, wieder verschwunden sein wird.

labor zum *digital life* zu machen. Ob wir nun im *darknet* herumgeistern oder unsere Körper trimmen, ob wir uns einen Jux daraus machen, verbotene Ware zu konsumieren oder gar eine geldlose Existenz fristen zu wollen, wir müssen realistischerweise davon ausgehen, dass all dies *erfasst* werden kann, also, technisch gesehen, auch erfasst wird. Wir selbst müssen dieses Erfassen nicht mehr fassen, können es auch nicht mehr. Leicht kann man sich eine Zukunft vorstellen, in der wir Zug um Zug alle unsere Codes vergessen werden. Auf welchen Plattformen diese Daten *bedient* werden, kann uns egal sein, wie es auch egal ist, ob dahinter nicht Roboter, sondern unterbezahlte Mikroarbeit, *digital labor*, steckt. Simmels »komplizierte psychologischen Vorbedingungen« sind nicht mehr verlangt, ja, unser ganzes Handeln kann nur vonstattengehen, *weil* wir sie aufheben. Wollte man, wie beim Stromabschalten, auf die abstruse Idee kommen und sich einen Konsumenten oder Prosumenten vorstellen, der diese »Vorbedingungen« ernst nimmt, also all die Zettelchen, mit denen er *abkassiert* wird, die Apps, mit denen er sich seine Komfortzone schafft und abriegelt, die Kameras, mit denen seine Anwesenheit registriert und auf »Muster« geprüft wird, in seiner höchstpersönlichen Buchführung kontrollieren möchte, so müsste man ihn mit einem *Doppelhirn* ausstatten, dessen einer Teil seine automatisierten Handlungen ausführt, während der andere darüber »reflektiert«, wie man im altmodernen Jargon zu sagen pflegte. Wir könnten sodann darauf wetten, dass selbst ein Niklas Luhmann recht in Verlegenheit geriete, würde man ihn fragen, wie diese beiden Gehirne miteinander *kommunizierten*.*

* Man fragt sich wie Luhmann schreiben konnte: »Kein Bewusstsein kann die eigenen Operationen an die eines anderen anschließen, kein Bewusstsein kann sich selbst im anderen fortsetzen« (*Die Wissenschaft der Gesellschaft*, Frankfurt a. M./Berlin 1992, S. 23), wenn doch seit George Herbert Mead klar ist, dass mein Bewusstsein erst im wie auch immer riskanten Akt des Anerkennens des Anderen als mit Bewusstsein *begabtes* Wesen entstehen kann.

Schreiten wir nun gemäß des pythagoräischen Gedankens der (strukturontologischen) Entsprechung der Universen von dieser Mikro- auf die Makroebene. Unsere These lautet dann, dass mit der definitiven Schließung des Goldfensters, also der Aufkündigung des Bretton-Woods-Abkommens am 15. August 1971, das *Geld als reiner Begriff* entstand, als definitives Geld, dessen Definition endlich gegeben werden kann: Geld ist ein Akt der Souveränität. Es ist eine Setzung, mit der ein Souverän, möge er ein Staat sein, ein Staatengebilde oder ein Quasi-Staat, Geld »schaffen« kann, das *akzeptiert* wird. Ob diese Akzeptanz erzwungen, erschlichen, rational motiviert oder *per default* toleriert wird, ist von sekundärem Interesse. Geld *gilt* von dem Moment an, wo es angenommen, d. h. gebraucht wird. Wozu es gebraucht wird, ist ebenfalls sekundär. Man kann es für besondere Anlässe hamstern; man kann es verbrennen, wie einige Aktionskünstler; man kann es verschenken, gar vergessen; wesentlich ist nur, dass es wie auch immer gebraucht wird.

Gemeinhin wird diese Annahme, diese Gebrauchsannahme, als ein *Vertrauen* ins Geld erklärt, genauer: als ein Vertrauen in die zukünftige Kaufkraft des Geldes. Schwindet dieses Vertrauen, kauft man sich Teppiche und das Geld verschwindet. Hat man Vertrauen, so reinvestiert man das Geld, bringt es zum Zirkulieren und die Gebräuche nehmen zu. Offensichtlich tangieren aber beide Fälle nicht die bloße Existenz oder gar den Wert des Geldes. Die Vertrauensfiktion behandelt Geld wie ein Marktgut, das je nach Angebot und Nachfrage an »Wert« zunimmt. Vermutlich ist dies ein fernes Echo des Gresham'schen Gesetzes, demzufolge das gute vom schlechten Geld verdrängt wird – *als ob man heute die Wahl zwischen besserem oder schlechterem Geld hätte!* Zu Thomas Greshams Zeiten konnte man das Gresham'sche Gesetz noch einigermaßen verstehen. Heute gibt es aber keine Münzverschlechterung mehr. Geld ist Geld, ob man nun mit Krypto-, Regional-, Lokal-, Parallel-, Tele-, Smartphone-, Alternativ- oder Quasigeld handelt. Das schöne Wort »Vertrauen« unterhält die wohlfeile Fiktion der Wahl. Man kann zwar zwischen Bar- und Kreditkarten-Zahlungen wählen, aber das gilt nur für den Annehmer, der, wie jetzt in Holland, selbst beim Bestellen eines Humpens Bier das (immer noch als einziges legales Zahlungsmittel geltende) Bargeld aus sanitären Gründen nicht mehr akzeptiert. Der Bartender vertraut aber nicht darum dem Kreditkarten-Geld, weil es ein besseres Geld wäre, er vertraut ihm nur, weil es sauberer als das alte Bargeld zu sein scheint. Wenn Vertrauen also nur eine billige Fiktion ist, mit der die Geldakzeptanz gerechtfertigt wird, so wird mit dem Ausblenden dieser Fiktion sein effektiver *Setzungs*charakter sichtbar.

Nun war in Knapps Diktum vom Geld als »Geschöpf der Rechtsordnung« ursprünglich an den nationalen Charakter dieser Schöpfung gedacht. Doch heute setzen und schöpfen die Staaten nur noch winzige Geldmengen; ob Schattenbanken, Geldalgorithmen, suprastaatliche Instanzen, Finanzinstitute aller Art oder was auch immer Geld setzen kann, dieser diskretionäre Akt bedarf keines Vertrauens mehr, sondern gilt schlicht durch Setzung, durch *Imposition*. Anders als bei einem Waschmittel gibt es keine Marktforschung darüber, wer ein neu geschaffenes Geld konsumieren möchte. Diese Setzung kennt keine Qualität (gutes oder schlechtes Geld), es wird geschaffen und setzt sich quantitativ durch. Findet sie kein genügendes Publikum, so verschwindet es wieder als Geld, findet es Zulauf, so setzt es sich durch. Ein Medium ist qualitätslos, es setzt sich also auch nicht aufgrund seiner Qualitäten, sondern nur durch seine Masse durch. Wie mit der Fiktion des Vertrauens in die zukünftige Zahlungsfähigkeit eines Geldes steht es auch mit dem Hoffen oder dem Glauben an Geldalternativen. Die einen glauben an eine friedliche Rückkehr zu einer Gabenwirtschaft, in der nicht mehr bezahlt, sondern lediglich gegeben wird; die anderen hoffen auf einen Algorithmus, der den Geldzauber durch einen Zahlenzauber zu überwinden hilft. Bei beiden handelt es sich um Verblendungen, die die Massivität und die Komplexität der real existierenden Weltgeldmenge nicht sehen oder nicht sehen wollen.*

* Die Geld-/Güterquote, d. h. das Verhältnis zwischen der Weltgeldmenge und dem Weltbruttosozialprodukt, möge sie 30, 100, 300 oder 1000 betragen, war seit Schließung des Goldfensters, als sie in etwa 1

Nicht dass Geld, wie es bereits Georg Helm 1887 formuliert hatte,[67] in der Wirtschaft die gleiche Rolle spielt wie Energie in der Thermodynamik, denn, wie Niklas Luhmann unterstrichen hat, über Entropie kann nicht kommuniziert werden, über Geld aber sehr wohl. Obwohl es in der Hayek'schen Vorstellung einer Wissensökonomie den Informationsüberschuss beschränken kann, *misst* das Geld nicht den Grad der Unordnung im Weltwirtschaftssystem, sondern resultiert aus einem exponentiellen Prozess, dessen Hauptressource es ist.

Viele Missverständnisse rund um das Geld rühren daher aus dem Glauben, dass Geld knapp sei. Wie viele *Bonmots* kursieren über das Fehlen des Geldes (Nestroy-Zitat: »aber warum nur so wenig«) in meinen und das Überborden des Geldes in den Taschen meines Nachbarn. Das sind, wie wir nun sehen, Urreste der alten Mentalität des Verschuldungszusammenhangs. Es gehört zu den abnormen Gesetzen des Geldes, dass es in einer Fülle vorhanden ist, die nur mit dem antiken Plerom veranschaulicht werden kann, mit einem *apeiron*, das entgegen dem anaximandrinischen Lehrspruch keinem Metabolismus zwischen Sein und Nicht-Sein mehr folgt, sondern jedem Sein ein weiteres Sein hinzufügt, entsprechend einer Fibonacci-Folge: 1, 1, 2, 3, 5, 8, 13 etc.

betrug, immer wieder Gegenstand wildester Spekulationen. Beschwichtigende Finanztheoretiker waren schnell zur Stelle, um das Ausbleiben der Hyperinflation, das nach Lehrbuchwissen aus der Explosion dieser Quote hätte resultieren müssen, auf sich immer weiter verkomplizierende Intermediationstechniken zurückzuführen. Andere votierten für den spekulativen Drang, Geld in immer mehr Geld verwandeln zu wollen, wobei das Platzen einer sog. Blase nur deshalb ausblieb, weil solches Finanzkapital nie in die Realsphäre der Wirtschaft gelangte, oder nur dort, wo horrende Renditen den Anschein gaben, dass eine solche Rückkehr in die Welt solcher weltabgehobener Geldmengen doch noch möglich wäre. Diese Fiktion hat einen hohen Tribut an Blut und Schweiß verlangt. Dazu kommt, dass die Schwammigkeit der Geldmengenaggregate, die Heterogenität der Buchführungsregeln, die Unmöglichkeit, auch nur Schatten-, Halbschatten- und legal autorisierte Banken voneinander abzugrenzen, die gröbste Approximation dieser Weltgeldmenge zu einem Ding der Unmöglichkeit machen.

Früher musste ein Gut produziert werden, damit und *bevor* es in eine Zirkulation gelangte. Dadurch erhielt es seinen Wert. Jetzt diktiert die Zirkulation, was und wie produziert wird, d. h. die Produktion ist eine Funktion der Zirkulation: $P = f(Z)$. Ob Medikamente, Kartoffeln oder blanker Unsinn, sie können nur produziert werden, wenn sie in Geld gemessen werden und dadurch in den allgemeinen Verkehr gelangen. Das Say'sche Theorem wird dadurch umgekehrt: Nicht das Angebot schafft sich seine eigene Nachfrage; erst wenn Geld ein Gut anlockt, d. h. nachfragt, wird es angeboten. Das Say'sche Theorem war noch ganz produktivistisch angelegt: Die in der Produktion entlöhnte Kaufkraft würde automatisch eine entsprechende Güternachfrage induzieren, so die Wette. Das neue Theorem lautet: Gelddistribution, wie und in welcher Form auch immer, macht diese Wette zur Gewissheit. Man ist nicht mehr abhängig von den mehr oder weniger erratischen Nachfrageentscheidungen der Konsumenten, sondern kann diese Entscheidungen je nach emittierter Geldbasis und Geldqualität steuern.

Ohne gigantische Geldspritzen hätte das kapitalistische System die Finanzkrise im Jahre 2008 nicht überstanden; dasselbe gilt in noch größerem Maße für die COVID-Pandemie. Auch hier gilt: $P = f(Z)$. Die Finanzkrise von 2007/2008 war im Grunde genommen nur eine Kinderkrankheit des Finanzsystems, induziert durch dysfunktionale Bankpraktiken und mathematische Betriebsamkeit (Merton-Scholes-Formel, Minsky-Moment). Aber diese Kinderkrankheit hatte revolutionäre Konsequenzen: Von nun an konnte man sicher sein, dass jede Krise durch den Geldtropf neutralisiert (wenn auch nicht überwunden) werden kann. Heute scheint eine Rezession von fast 9% keine Gemüter mehr zu erhitzen, *business as usual* und die Show geht weiter. Es erhitzt nicht einmal mehr die Gemüter, dass keine Gemüter mehr erhitzt werden.

Gemäß der jedem VWL-Erstsemestrigen vertrauten Fisher'schen Verkehrsgleichung:

$$M \times v = P \times p$$

hat eine Aufblähung der Geldmenge (ΔM) bei gleichbleibender Umlaufsgeschwindigkeit (v) drei mögliche Folgen: entweder eine dieser Aufblähung entsprechende Produktionssteigerung (ΔP), eine vergleichbare Inflation (Δp) oder ein Mix von beidem. Weder nach der Finanzkrise 2008 noch nach der COVID-Pandemie war dies der Fall. Die Produktion erholte sich, wenn überhaupt, nur mäßig, und die Preise blieben stabil.* Ist die Gleichung falsch? Nein, denn da sie normalerweise als Tautologie gehandelt wird, ist sie vielmehr unvollständig. Sie müsste durch den Grad der Monetisierung (m) vervollständigt werden, nämlich lauten:

$$M \times v = P \times p \times m.$$

Monetisierung heißt Doppeltes: 1. Entweder wird Geld exogenisiert, d. h. wird nie in die Realsphäre eingespeist, und/oder 2. es werden neue Güter (P), die noch nicht produziert werden müssen, in Geld gemessen und dann eingetauscht, also freie oder fiktive Güter. Wobei der Güterbegriff hier so weit wie nur möglich aufgefasst werden muss: Zukunfts(konsum)güter (Böhm-Bawerk), Zukunfts(investitions)güter (Elon Musk), imaginäre und in die Gegenwart abdiskontierte Güter und eben auch (noch) freie Güter: relationale Güter, immaterielle Güter, Sinngüter usw., die, wie in der Mikrosphäre mit dem Verweis auf die Gefräßigkeit der Maschinen bereits gesehen, auf – wenn auch infinitesimaler (aber notwendiger) – Arbeitskraft beruhen und immer größeren Konstrukten der Produktionsmittel unterliegen. Die von Marx in seinem Maschinenfragment ersonnenen »Organe des menschlichen Hirns«, sein *general intellect,*** darf daher nicht zur Figur des »Gesamtarbeiters«

* Die ab Sommer 2022 einsetzende Inflation wird – bezeichnenderweise! – auf den Krieg in der Ukraine zurückgeführt und auf eine Erhöhung der Leitzinsen durch die US-Notenbank oder die EZB, nicht aber, oder nur als Anspielung, auf die gigantische Geldschwemme in den Jahren 2020–2022.

** »Die Natur baut keine Maschinen, keine Lokomotiven, Eisenbahnen, electric telegraphs, selfacting mules etc. Sie sind Produkte der menschlichen Industrie; natürliches Material, verwandelt in Organe des menschlichen Willens über die Natur oder seiner Betätigung in der Natur. Sie sind *von der menschlichen Hand geschaffne Organe des menschlichen Hirns*; vergegenständlichte Wissenskraft. Die Entwicklung des reduziert werden, wie es Matteo Pasquinelli (2019) getan hat, sondern muss in unserem Sinne als systematischer Entropiegenerator aufgefasst werden.

Was hier unterstrichen werden muss, ist, dass die durch die »Medialität« (Unfassbarkeit) möglich gewordene Begrifflichkeit des Geldes eine Plastizität der Güterwelt verlangt, von der man nur hoffen kann, dass ihr der *general intellect* gewachsen ist.

capital fixe zeigt an, bis zu welchem Grade das allgemeine gesellschaftliche Wissen, knowledge, zur unmittelbaren *Produktivkraft* geworden ist und daher die Bedingungen des gesellschaftlichen Lebensprozesses selbst unter die Kontrolle des general intellect gekommen und ihm gemäß umgeschaffen sind. Bis zu welchem Grade die gesellschaftlichen Produktivkräfte produziert sind, nicht nur in der Form des Wissens, sondern als unmittelbare Organe der gesellschaftlichen Praxis; des realen Lebensprozesses« (*Grundrisse,* MEW 42, S. 602).

Der Ausschluss des Dritten

Stefan Lessenich hat 2016 ein Buch unter dem Titel *Neben uns die Sintflut* veröffentlicht, das den vielversprechenden Untertitel trägt: *Wie wir auf Kosten anderer leben.* Er notiert dabei die Liste aller Missetaten einer Weltordnung, in der es dem Westen immer noch (und immer besser) gelingt, seinen Wohlstand durch die Armut der restlichen Welt zu finanzieren. Was er wort- und detailreich als Informationsdefizit denunziert, müssten wir jetzt nach all dem Gesagten auf einer etwas systematischeren Ebene darlegen: Informationsdefizite reduzieren ist gut, verstehen, wie wenige auf Kosten vieler ihre Singularität ausleben, besser.

Die Kopula (A+, X+) des modernen Bereicherungszusammenhanges ist bei grenzkostenlos-mehrnutzbaren, nicht-rivalitären Gütern oft ein Segen. Auch wenn John McLaughlin sein *irish stew* besser hinkriegt als sein unbegabter Drummer, ist ihm die Zeit, die er einspart, indem er das weniger gute *stew* isst, in Bezug auf das Zeitbudget seiner virtuosen musikalischen Übungen mehr wert als der Geschmacksunterschied, den er mit dem schlechteren *stew* hinnehmen muss. Und für den Drummer gilt alleweil, dass er als *sideman* von McLaughlin einen Prestigegewinn macht, der all seine Mühen, ein bestmögliches *stew* zu kochen, übersteigt. Da beide diesem Leistungstausch zustimmen, ist auch die moralische Frage, wer auf wessen Kosten »lebt« oder den größten Vorteil hat, Nebensache, und umso nebensächlicher, als McLaughlin über mehr Produktionsmittel verfügt als sein Trommler. – Doch dieser Segen wird zum Albtraum, wenn es sich um knappe und rivalitäre Güter handelt.

Erinnern wir uns: Ein Verschuldungszusammenhang funktioniert in zeitlicher Aufschlüsselung wie folgt:

1.	(t)	A+B-	(sequentielles Ungleichgewicht)
2.	(t+1)	B+C- etc. bis M+N-	(sequentielle Ungleichgewichte)
3.	(t+n)	N+A-	(temporales Gleichgewicht)

Und das gilt bei allen Gütern: Sokrates' Rechthaberei macht Protagoras nicht gescheiter. Der Vorteil des Metöken ist des Bürgers Nachteil. Des einen Macht ist des anderen Ohnmacht usw. So erklärt sich, wie *aequalitas* bis ins Hochmittelalter eine Grundnorm darstellte, die alle Beziehungen der traditionellen Sozialgrammatik dauerhaft strukturierte. Und so erklärt sich auch, dass Geld nur als Gelt gelten konnte, als ein Regulativ, wenn *aequalitas* nicht anders zu etablieren war.

Seit Aristoteles herrscht der Grundsatz *tertium non datur*. Es gibt nur ein Entweder-Oder. Dieser logische Grundsatz war auch die Basis für den Tauschhandel: Des einen Gewinn *ist* des anderen Verlust – ein Grundsatz, dem man bis heute in der doppelten Buchhaltung treu geblieben ist. Jeder Buchungssatz hat dieselbe Form und diktiert dadurch die Struktur des Kontenplans (Aktiva/Passiva :: Aufwand/Ertrag). Seit den Phöniziern war jedoch klar, dass zumindest im Fernhandel dieser Grundsatz nicht gelten konnte: Wenn nicht des einen Gewinn auch Gelegenheit zum Gewinn des anderen wäre, wäre ein solcher Handel nicht möglich gewesen (was im Binnenhandel nicht systematisch der Fall sein konnte, weil man dort den Partner unter Druck setzen konnte, während man im Außenhandel auf den Goodwill des Partners angewiesen war).

Aristoteles' Grundsatz ist aber alles andere als unrealistisch, denn in einer Knappheitssituation *ist* des einen Gewinn tatsächlich des anderen Nachteil. Und wir wissen mindestens seit dem ersten Bericht des *Club of Rome*, dass unsere Erde nur energetischen, aber keinen materiellen Nachschub von außen erhält. Unsere Erde ist *per se* knapp – es sei denn es gelänge, Asteroiden aus dem Weltall in die Nähe der Erde zu bringen und Robotersatelliten für den Abbau knapper bzw. seltener Ressourcen zu nutzen (so die Vorstellung von Aaron Bastanis »Luxuskommunismus«). Es gibt aber Güter, die *per se* unknapp sind, wie Bildung, öffentliche Güter (darunter das Geld), relationale, emotionale, kognitive, ästhetische Güter usw., deren

Verzehr dem anderen nicht nur nicht schadet, sondern ihm einen überproportionalen »Mehrwert« beschafft. Die Ermöglichung dieses Mehrwerts ist das zivilisatorische Werk der Moderne, sein Mirakel. Doch die Kehrseite davon hat dieses Mirakel nicht nur zerstört, sondern die Lebensgrundlagen der ganzen Menschheit in Frage gestellt. Denn der abnorme Trick der Moderne bestand nun darin, dass sie diese »symbolischen« Güter nicht nur der Vermarktung überließ, statt sie zu behüten, sondern schlimmer noch – und das ist das eigentliche Unheil der Moderne – die Charaktere dieser symbolischen Güter auf die knappen Güter anwendete, also so tat, als ob auch bei knappen und knappsten Gütern noch ein beidseitiger Vorteil beider (oder mehrerer) Parteien erwuchs (was schließlich der Sinn von Ricardos »Gesetz« der komparativen Kostenvorteile war; auf diese »als ob«-Struktur werden wir im Kapitel *Logos* zurückkommen). Dieses Unheil konnte sich umso besser durchsetzen, als das *tertium non datur* noch das abendländische Denken bis in seine feinsten Strukturen beherrschte, man also *gezwungen* war, auch bei einem offensichtlichen Nachteil eines Dritten, der den beidseitigen Vorteil bezahlen musste, diesen Dritten, dieses *tertium*, aus der Welt zu schaffen. Nur indem sie *den* Dritten, der die Zeche zahlt, unsichtbar machte, konnte die Moderne also die Illusion errichten, dass es *das* Dritte, wie es vormals vom *tertium non datur* ausgeschlossen wurde, nämlich einen beiderseitigen Gewinn ohne entsprechenden Verlust, auch wirklich geben könne.

Ein Bereicherungszusammenhang funktioniert näher besehen also wie folgt:

1.	(t)	A+B+	(sequentielles Gleichgewicht) und das *scheinbar* (aber nur scheinbar) bei allen Gütern
2.	(t+1)	C – –	(bei limitiert-rivalitären Gütern) (temporales Ungleichgewicht), wobei C – – = f (A+B+).

Was als temporales Ungleichgewicht erscheint, *ist* also nichts anderes als die genuin kapitalistische Dynamik. Sie setzt ein C voraus, das im weitesten Sinne alle negativen Externalitäten aufheben muss, die bei Bereicherungen mit knapp-rivalitären Gütern entstehen, und dabei – das ist der entscheidende Punkt – *aus allen Büchern getilgt wird.* Das betrifft nicht nur Waren, also gegen Geld getauschte Güter, sondern jede Form von rivalitärer Knappheit in zwischenmenschlichen Beziehungen, in zahllosen Situationen des Alltagslebens, der Sozialstruktur, der Öffentlichkeit, kurzum, in allen Fällen, wo eine knappe Ressource einen unverdienten Gewinn zeitigt und dieser Gewinn auf Kosten eines unsichtbar gemachten Dritten gemacht wird. Solche *illegitimen Gewinne* wurden in traditionellen Gesellschaften durch Gewalt durchgesetzt. Der sichtbar Überwältigte musste durch Gewalt stillgehalten werden. Doch Gewalt ist nie grenzkostenlos-mehrnutzbar; sie *vernutzt* sich laufend und muss durch immer massivere oder subtilere Formen von Macht genährt werden. Die historische Anomalie des modernen Kapitalismus besteht darin, dass es keine solchen illegitimen Gewinne gibt, ja, es sie nicht geben kann, da jeder Gewinn sich schon dadurch rechtfertigt, dass er eine Chance für weitere Gewinne darstellt. Und hier tritt das Geld auf den Plan. Da Gewinn in Geld gemessen wird und es die Möglichkeit bietet, die *actio per distans* ins schier Unendliche zu steigern, ist alles, was nicht in Geld gemessen werden kann und alles, was so weit von der Gewinnabschöpfung entfernt ist, dass ein Konnex zwischen Schaffung und Abschöpfung nicht mehr rekonstruiert und erfahren werden kann, nicht weiter rechtfertigbar, ja selbst die Idee einer Rechtfertigung nicht fassbar (wir kommen in *Logos* darauf zurück).*

* So brauchte es mehr als ein Jahrhundert, bis die Rolle des Transithandels in der Schweiz erkannt und erforscht wurde, wie es die eindrückliche Studie von Lea Haller belegt (*Transithandel. Geld- und Warenströme im globalen Kapitalismus.* Frankfurt a. M. 2019). Dieses Land bietet seine »guten Dienste« als humanitäre Gabe nicht nur in der Diplomatie an, sondern schöpft als Intermediär im Milliardengeschäft des transnationalen Rohstoffhandels – ganz zu schweigen von anderen, sehr lukrativen »Mediationen« im Versicherungs- und Rückversicherungsbereich, im Quasischatten-Bankenwesen, in den Pharma-Oligopolen usw. – einen ganz erheblichen Teil seiner unerhörten, aber höchstbescheidenen und scheinheiligen Luxusdemokratie.

Der/das ausgeschlossene Dritte ist somit nicht nur eine Person oder ein Personenkreis, sondern ein Prinzip wie Marx' *general intellect*. Auch hier müssen wir zwischen einem konkreten, weil messbaren Ausschluss (der Dritte) und einem abstrakten, sozusagen systemischen Ausschluss (das Dritte) unterscheiden. Das heißt nur so viel, dass Externalitäten nur bis zu einem gewissen Punkt gemessen und Gegenstand einer *integralen Buchführung* gemacht werden können. Frauen-, Kinder-, Kultur-, digitale, Verdammte-dieser-Erde- oder Robotersubstitutionsarbeiten sind konkret ausgeschlossene Dritte. Aber was sind abstraktere Ausschlüsse wie irreversible Umwelt-, Sozial- und Kulturschäden und wie können sie bemessen werden? Was ist eine ruinierte Aussicht oder Landschaft, was sind durch endokrine Disruptoren verursachte Langzeitpathologien, wie kann die Zerstörung von Generationenverträgen (z. B. im Wandel der Rentendispositive), wie kann die durch Aufmerksamkeitsökonomie »gefakete« Öffentlichkeit usw. bemessen werden? Diese wenigen Beispiele offenbaren nur das Ausmaß des Abstrakt-Ausgeschlossenen, die berühmte Spitze des Eisbergs. Wollte man also – wenn man überhaupt den politischen Willen und die Durchsetzungskraft dazu hätte – Verschmutzungszertifikate, Kompensationszahlungen, Eigentumsrechte oder andere Instrumente zur Implementierung von Externalitäten einsetzen, so wäre selbst der bestintentionierte »Unternehmer« nie in der Lage, mehr als eine »grüne Buchführung« auf den Tisch zu legen (auch darauf kommen wir in *Logos* zurück).

Die Wertextraktion durch Geld ist aber nicht nur seiner Feinkörnigkeit zu verdanken. Ein weitaus wichtigerer Faktor ist seine unbegrenzte Angebotselastizität. Wer auch immer Geld emittieren kann, ob Staat, internationale Instanzen, das Bankenwesen oder parasitäre Kreditorganismen, in welcher Form auch immer, er wird die Say'sche Wette eingehen, weil er weiß, dass ab einem gewissen Punkt in der Geldgeschichte (15.8.1971) das Geld begonnen hat, *sich selbst zu allozieren*. Es braucht keine unsichtbare Hand mehr, Geld fließt zum besten Bauern.

Harte Moderne

Jetzt ist es zu spät. Die Krise – nicht des Diskurses des Meisters, sondern seines Ersatzes, des Kapitalisten, – hat schon eingesetzt. Ich will Ihnen keineswegs sagen, dass die kapitalistische Rede hässlich ist, im Gegenteil, sie ist etwas wahnsinnig Raffiniertes, nicht wahr? Etwas wahnsinnig Raffiniertes, aber etwas, das zum Scheitern verurteilt ist. Immerhin ist es der cleverste Diskurs, den wir je gemacht haben. Das heißt aber nicht, dass er nicht zum Scheitern verurteilt ist.

Jacques Lacan[68]

Damit sind wir am Ende des Gedankens angelangt, den wir in diesem Kapitel *Kosmos* durchdenken wollten. Halten wir fest:

1. Geld ist ein durch einen Souverän geschaffenes Zirkulationsmedium, das in Verschuldungszusammenhängen (VZ) (traditionalen Gesellschaften) komplexe Gleichgewichte aufrechterhält, in Bereicherungszusammenhängen (BZ) (Moderne) aber »Wachstum« an die Stelle dieser Gleichgewichte setzt. Souverän ist, wer eine Regel einführt (eine Norm setzt), die eine Zeit lang ohne Begründung befolgt wird. In VZ geschieht diese Setzung durch Herrschaft, in BZ durch Geld.

2. VZ und BZ unterliegen zwei grundsätzlich verschiedenen Kosmologien: ein geschlossener Kosmos mit limitierten Ressourcen und eine offene Welt mit überschießenden Ressourcen. Beide sind *bis zu einem gewissen Punkt* rechtfertigbare Konstrukte, d. h. Totalitäten (Ontologien) mit den für sie konstitutiven Anomalien. Die Erkenntnis dieser Anomalie ist ein notwendiges Tabu. Weshalb in VZ ein Sein durch ein Nicht-Sein »verschuldet« wird und warum in BZ ein Sein die Emergenz eines anderen (überschießenden) Seins ermöglichen soll, kann nur postuliert, aber nicht restlos begründet werden.

3. Zu Beginn des 17. Jahrhunderts geht eine Transformation der Sozialgrammatik einher mit einer Transformation der »Struktur« des Geldes. War der Warentausch in VZ in allen Kulturen ein Nullsummenspiel, so wird er in BZ ein Positivsummenspiel. Das ist der entscheidende Bruch zwischen Tradition und Moderne. Er bewirkt nicht nur einen grundlegenden gesellschaftlichen Strukturwandel, sondern auch eine völlige Verwandlung der »Natur« des Geldes.

4. In VZ war Geld eine partikuläre Sprache, die in Ausnahmefällen, sozusagen *per default*, eingesetzt wurde, in BZ ist es eine allgemeine Sprache, d. h. ein *Medium*, dessen Wirksamkeit umso größer (allgemeiner) ist, als sein Sprachcharakter als universaler Konnex ausgeblendet wird.

5. Die logisch-historische Rekonstruktion des Geldes kann nur regressiv (rekursiv) erfolgen, d. h. vom Zustand seiner (periodenmäßig erfassten) phänomenalen Perfektion aus. Der Grundfehler der allermeisten Geldtheorien liegt in der Genealogie ihrer Methode (siehe *Chronos*). Wir haben heute einen Punkt dieser Perfektion erreicht, wo Geld im Begriff ist, sein materielles Substrat zu verlieren. Dies war der Anlass dieser kleinen Philosophie: vom »kritischen Punkt« seiner Entmaterialisierung aus, wie er sich heute offenbart, seine Geltung zu erkunden.

6. Paradoxer- und das heißt erkenntnisleitenderweise hing noch nie ein Gesellschaftszusammenhang so sehr am Geldfaden wie heute. Der BZ kann sein Wachstum, das die Formel seiner Reproduktion abgibt, nur durch kolossale Geldspritzen sicherstellen. Entmaterialisierung und Finanzialisierung haben in ihrer Perfektion (oder ihrer Hypertrophie) einen menschheitsgeschichtlich einmaligen Punkt erreicht. Ungeachtet dessen, dass es vielleicht noch weitere technische Perfektionierungen geben kann, scheint zumindest eine periodische Standortbestimmung des Geldes notwendig geworden sein.

7. Methodisch geleitet, phänomenal beschrieben, kosmologisch begründet, erscheint sodann Geld als eine *creatio ex nihilo*, als ein unendlich »schöpfbares« konventionales Zeichen, dessen Vermehrung auf einem bloßen Verwertungsversprechen basiert, also auf einem besonders performativen Simulakrum. Dieses »automa-

tische Subjekt« lebt folglich nicht nur durch Zinsnahme und Spekulation, sondern durch immer massiver werdende Geldschöpfungen und, wo der Staat aussetzt, durch private, systemische und *proof*-abgesicherte Neuwährungen.

8. Konkret kann dieser *reine* Kapitalismus anhand der kleinen Sattelzeit der frühen 1970er-Jahre rekonstruiert werden. Hier haben wir einen Kristallisierungsprozess (Bretton-Woods-Aufkündigung, Schließung des Goldfensters, Merton-Black-Scholes-Formel, Lancierung der ersten Kreditkarten, des Kleinkredits, Deregulierung und Informatisierung des Bankensektors, Strukturwandel des Finanzsektors, Parallel- und Kryptowährungen usw.), der nicht nur mit den allgemein kursierenden Stichworten wie Finanzkapitalismus, virtuelles Kapital, erweiterte Akkumulation und Kommodifizierung usw. erfasst werden kann. Wir müssen mit dem Schlimmsten rechnen: mit einem metastabilen, hyperfetischisierten, immer mehr durch die Geldgesetze durchstrukturierten Gesamtzusammenhang. Damit würde das Phänomen *crash* eine andere Bedeutung erhalten: Anstatt auf den *crash* zu warten (oder ihn herbeizuwünschen), inszenierte dieser Kapitalismus diese *crashs* als *pharmakoi*, als selbst administrierte Gifte, um daran seine Stabilität zu testen und weiter zu erhärten.

Die beiden renommierten (liberalen) französischen Ökonomen Patrick Artus und Olivier Pastré erklären in ihrem jüngst erschienenen Buch *L'économie post-COVID*, dass in den nächsten fünf Jahren eine »Verhärtung« (*durcissement*) des Kapitalismus zu erwarten sei.[69] Pastré sagt mit Recht, dass, historisch gesehen, große Pandemien immer zu Zivilisationsbrüchen geführt haben. Wenn man ihr Buch und vergleichbare Werke liest, ob sie nun von deutschen oder amerikanischen Autoren stammen, so sind in diesem Verhärtungsszenario mindestens zwei fundamental neue Aspekte mit zu berücksichtigen: 1. eine kolossale Kapitalschwemme (man spricht von einer Verdoppelung der globalen Geldmenge im Jahr 2021, von einer Verdreifachung im Jahr 2022), 2. eine ebenso große Exklusion all jener, die jetzt schon am Rande der Gesellschaft stehen. Da diese Kapitalschwemme nicht in die Konsumgüter, sondern in langfristige Aktiva wie Immobilien fließt, ist mit einer

Bildung immer größerer und zusehends erratischer Blasen zu rechnen. Davon werden mehrheitlich jene profitieren, die eh schon viel Kapital besitzen – Rentner (im Sinne von *rentier,* also Nutznießer von leistungslosem Kapitaleinkommen) und Quasirentner. Auf der anderen Seite steigt gleichzeitig die Zahl der »Entbehrlichen«, mit denen eine Gesellschaft nichts mehr anzufangen weiß. Da man Großkonflikte wie in Frankreich mit den Gelbwesten vermeiden möchte, wird man mit Helikoptergeld (Geld[überlebens]westen) diese *für immer* Ausgeschlossenen an der Stange zu halten versuchen. Solches »Gratisgeld« muss aber strikt gesteuert, nämlich in Sektoren geleitet werden, die dem Rentnerkapitalismus nicht schaden. Mit vollständig entmaterialisiertem und dazu noch gratis verteiltem Geld wird von den Exkludierten erwartet, dass sie sich als Anpassungsvariable zu diesen Blasen verhalten. Das setzt eine strenge Kontrolle sowohl von Vergabe wie Verwendung dieser Zuwendungen voraus. Dadurch wird das Geld, ganz im Gegensatz zum Abolitionismus, requalifiziert. Die Klassenunterschiede sind demnach nicht mehr nur durch den jeweiligen Status im Produktionsprozess bestimmt, sondern finden in der Zirkulationssphäre eine nahezu perfekte Absicherung. Ein solches *social credit system,* das in China wenigstens diese Bezeichnung nicht zu scheuen braucht, wird damit fließend in ein Kontrollsystem überführt – mit dem politischen Vorteil, eine überaus humane Armenpflege zu betreiben.

LOGOS

»*Da ist etwas* was nicht stimmt.«

Christian Enzensberger, 1968[70]

Das Geld als symbolische Form

Der Markt als Datenprozessor

Zwar hat der Mensch das Geld geschaffen, so stellten wir im *Praeludium* fest, aber er ist nicht sein Gebieter. Wie jedes kulturelle oder technische Artefakt und jede soziale Institution hat auch das Geld ein Eigenleben und eine Eigendynamik, die uns unbekannt ist und erst erforscht werden muss. In diesem Sinne kommt die Einsicht, dass das Geld auch den Charakter einer Sprache hat – also dass Preise Informationen transportieren und wir mithin durch Geldbeträge einen symbolischen Weltbezug herstellen –, tatsächlich einer echten Entdeckung gleich, die wir obendrein dem neoliberalen Vordenker, Marktideologen und Antidemokraten Friedrich von Hayek zu verdanken haben. Es war die Debatte um sozialistische Wirtschaftsplanung (*socialist calculation debate*) der 1920er-Jahre, die diese Einsicht provozierte. Veranlasst durch die sozialistischen Revolutionen in Russland, Österreich und Bayern begannen Ökonomen, sich über die konkrete Organisation einer Planwirtschaft Gedanken zu machen.

Hayeks akademischer Ziehvater, der Marktradikale Ludwig von Mises war es, der als Erster beherzt in diese Debatte eingriff, um im letzten Moment noch die Ehre des Kapitalismus zu retten. Sein Argument: Rationale Entscheidungen setzen Preise voraus, Preise den Markt, der Markt die individuellen, kapitalistischen Produzenten und diese das Privateigentum. Wer Hand an Letzteres legt, unterminiert nolens volens die rationale Wirtschaftsorganisation und wirft die Gesellschaft in genau jene Situation, in der Pascal, den wir ja noch vom 500-Francs-Schein in Bressons Film kennen, den Menschen sah: taumelnd zwischen den Abgründen des Unendlichen und des Nichts, bar jedweder festen Unterlage und jedes verlässlichen Maßstabs. Das Argument besticht durch logischen

Zwang. In der Tat muss man ja nur die Gedankenkette vom Eigentum aus rückwärts verfolgen, um der desaströsen Konsequenz gewahr zu werden: ohne Eigentum keine individuelle, selbständige Produktion, ohne diese kein Markt, ohne diesen keine Preise, und ohne diese keine rationalen Entscheidungen!

Man kann sich diesen Zusammenhang am besten an einem konkreten Beispiel vor Augen führen. Man stelle sich vor, zur Produktion eines bestimmten Produkts stünden drei verschiedene Methoden zur Auswahl, die sich vor allem im Rohstoffeinsatz pro produzierter Einheit voneinander unterscheiden:[71]

Methode 1:	2 Einheiten Holz	2 Einheiten Gummi
Methode 2:	2 Einheiten Holz	1 Einheit Gummi
Methode 3:	1 Einheit Holz	2 Einheiten Gummi

Welches ist die ökonomisch rationale Wahl zwischen den drei Methoden? Unter der Bedingung von Knappheit scheidet Methode 1 aus, da sie für jede Produkteinheit mehr Rohstoffe verlangt, also weniger ökonomisch ist. Aber wie trifft man die Wahl zwischen den beiden übrigen Methoden 2 und 3? Preise für die Rohstoffe reduzieren die Aufgabe auf eine einfache Rechnung, denn die billigste Lösung ist auch die ökonomischste.

August Friedrich von Hayek, der Ahnherr des Neoliberalismus, sah mit messerscharfem Verstand gleichwohl die Lücke in der Gedankenführung seines Lehrers – und stopfte sie: Auf Preise ist nur angewiesen, wer nicht über ein umfassendes Bild der Situation verfügt.[72] Aber Hayek verstand, dass diese vermeintliche Schwäche der Argumentation von Mises eigentlich ihre Stärke ausmachte. Denn in hochgradig arbeitsteiligen Gesellschaften mit globalisierten Märkten ist es gleichsam die *conditio humana*, nur über sehr beschränktes Wissen zu verfügen. Allein Gott genießt Allwissenheit. In einer Robinsonade mag die gestellte Frage noch zu beantworten sein, denn Robinson weiß sehr genau, welcher Aufwand mit der Beschaffung der jeweilig notwendigen Ressourcen verbunden ist und was er mit diesen Ressourcen alternativ noch anfangen könnte. Aber wie soll man die Entscheidung in einer komplexen

Gesellschaft treffen? Wenn wir, die wir in solchen Gesellschaften leben, umgekehrt in dieser prekären Situation mangelnder Information nicht ständig irrationale Entscheidungen treffen, dann – so der bestechende Umkehrschluss – haben wir dies offenbar dem Marktpreismechanismus zu verdanken: Da sich die Preise auf einem gemeinsamen Markt aus dem Zusammenspiel von Angebot und Nachfrage ergeben, spiegeln sie automatisch alle von Marktteilnehmern geltend gemachten Bedürfnisse und somit zugleich alle alternativen Verwendungsmöglichkeiten in anderen Sparten der Produktion wider. Das streng individuelle Kalkül der Kostenreduktion beinhaltet ohne unser Wissen eine gesamtgesellschaftliche Perspektive und denkt statt an uns an alle. Hier geht der Kapitalismus eine glückliche Liaison mit der menschlichen Natur ein – aber nicht mit dem Menschen als rücksichtslosem Egoisten, sondern als dem endlichen Wesen, das er wirklich ist.

Was Hayeks Einsicht in die Funktion der Preise für die Ausgangsfrage nach der Organisation einer Planwirtschaft bedeutet, ist sofort klar. In einer Planwirtschaft müsste das zentrale Planungsbüro alle Informationen über die verfügbaren Rohstoffe, den Rohstoffaufwand in den Produktionszweigen und die Nachfrage bei den Endverbrauchern eruieren und kontinuierlich aktualisieren – eine Aufgabe, die nicht nur praktisch unmöglich erscheint, sondern geradezu frevelhaft anmutet, denn das Planungsbüro würde die dem Menschen zugewiesenen Grenzen missachten und sich die Position Gottes anmaßen. Aber warum soll man diese Bürde auch schultern, wenn der Markt die Aufgabe geräuschlos, (nahezu) kostenlos und wie nebenbei erledigt? Hayek spricht wörtlich von dem »Wunder« (*marvel*), das der Markt vollbringt. Das Heilsvokabular ist kein einmaliger Ausrutscher. Es ist durchaus üblich, die epistemische Funktion des Marktes als »Offenbarung« der Konsumentenwünsche zu beschreiben.[73] Und dieses Vokabular spricht Bände über den Kapitalismus als säkulare Religion, als – in den Worten Walter Benjamins – »permanenten Kult«, der keine »Wochentage« kennt und »kein Tag der nicht Festtag« ist.[74]

Mit dieser Analyse hatten Mises und Hayek der Diskussion um Planwirtschaft und Sozialismus eine ganz neue Wendung gegeben.

Was vorher eine weltanschauliche Frage war, die von Plausibilitätsannahmen abhing – würden im Sozialismus nicht die Armen alle Anreize zur Arbeit und die Unternehmer die Anreize zur Innovation verlieren? –, schien nun durch reine Logik entschieden. Für die Frage nach dem Geld ist allerdings in erster Linie wichtig, dass diese Analyse einen ganz neuen Blick auf die Funktion des Marktes als Informationsprozessor und auf den Marktpreis als symbolische Form implizierte. 1945 brachte Hayek diesen neuen Blick auf den Punkt:[75]

> Wenn wir seine wirkliche Funktion verstehen wollen, müssen wir das Preissystem als einen solchen Mechanismus der Informationsübertragung betrachten [...]. Der wichtigste Umstand besteht dabei in der Sparsamkeit an Informationen, mit welcher es arbeitet, oder wie wenig der einzelne Teilnehmer wissen muss, um in der Lage zu sein, die richtigen Entscheidungen zu treffen. In abgekürzter Form, durch eine Art Symbol, wird nur die wesentlichste Information übermittelt, und dies auch nur an diejenigen, die es etwas angeht. Es ist keine bloße Metapher, wenn man das Preissystem als eine Art Maschine zur Registrierung von Veränderungen beschreibt, oder als eine Art Telekommunikationssystem, welches es den einzelnen Produzenten erlaubt, gleich einem Ingenieur, der seine Anzeigetafeln überblickt, lediglich die Bewegungen einiger Zeiger zu verfolgen, so dass sie ihre Tätigkeiten Veränderungen anpassen können, von denen sie niemals mehr wissen werden, als das, was sich in dem Preisschwankungen widerspiegelt.

Hayek betrachtet den Markt hier nicht mehr in der Hauptsache als einen Ort des Tausches und Relais des Warenflusses und der Güterallokation und auch nicht in erster Linie als den Lokus der Konkurrenz, sondern – wie der Wissenschaftshistoriker Philip Mirowski betont – als einen Informationsprozessor.[76] Die besondere Sprache, der sich der Markt bedient, ist die der Preise. Nichts anderes als der Preis ist jenes »Symbol«, das der Markt verarbeitet. Dieses Verständnis des Marktes stellt einen echten Paradigmenwechsel dar. Der Markt ist nicht mehr primär der Ort des Güterflusses und das Geld nicht mehr das »Blut«, das den kollektiven Körper durchströmt, wie man sich das in den vorangegangenen Jahrhunderten oft vorstellte. Das Geld ist ein symbolisches Medium, das Informationen transportiert, die vom Markt als Prozessor verarbeitet werden. Hier betreten wir das 20. Jahrhundert.

Über die Art von Informationen, die durch das Preissystem kommuniziert werden, verrät Hayek allerdings noch nicht sehr viel. Er beschränkt sich auf den Hinweis, dass es »Veränderungen« sind, die sich in Preisschwankungen übersetzen. Vermutlich denkt er an Veränderungen in der Verfügbarkeit einer Ressource oder Veränderungen in der Technologie ihrer Extraktion und Verarbeitung. Für eine vollständige Theorie der Marktpreise fehlt nun noch die Seite der Nachfrage durch den Endverbraucher. Dieses fehlende Element beizusteuern oblag anderen Ökonomen, nämlich der heute dominierenden neoklassischen Schule der Wirtschaftswissenschaften. Hayek selbst trug zur Ausarbeitung dieses hochgradig mathematischen Ansatzes nichts mehr bei.

Marktwunder und Weltenharmonie

Die neoklassische Theorie ergänzt Hayeks Verständnis des Marktes als Informationsprozessor um zwei wichtige Aspekte. Der erste besteht in der Theorie des Konsumenten. Der Konsument ist charakterisiert durch eine individuelle Hierarchie von Präferenzen. Diese stellt das (vorgebliche) Heiligtum der liberalen Ökonomie dar: Der Konsument ist autonom in seinen Präferenzen und seine Wahl muss auf dem Markt im Sinne der Vertragsfreiheit unbedingt respektiert werden. Man spricht von »Konsumentensouveränität«. Die Präferenzordnung übersetzt sich auf dem Markt direkt und mechanisch in Wahlhandlungen: Wovon nimmt der Konsument wie viel? Der Konsument vergleicht den Nutzen, den er aus zusätzlichen Einheiten eines Produkts ziehen würde – der sogenannte Grenznutzen –, und stellt seinen Warenkorb so zusammen, dass der

Grenznutzen aller Produkte gleich ist und damit der Gesamtnutzen unter dem fixen Budget maximiert wird. Und wohlgemerkt kennt er keine andere Dimension des Wertvollen als den Nutzen. Wie die Waage alles unerbittlich auf das Gewicht reduziert, wobei sie keinen Unterschied zwischen dem Schönen und dem Hässlichen, dem Heiligen und dem Profanen macht, so reduziert die innere Waage des Konsumenten alle Motive auf den Nutzen. Moral wiegt nicht schwerer als Gaumenfreude, ja, sie ist bloß eine solche, nämlich für denjenigen, der Geschmack an ihr findet.

Dies ist *in nuce* die subjektive Werttheorie der Neoklassik. Das Bild enthält ein kleines, aber pikantes Detail. Aristoteles und Marx hatten sich noch den Kopf darüber zerbrochen, wie es möglich ist, dass auf dem Markt qualitativ ungleiche Dinge gleichwohl einander gleichgesetzt werden. Eine Theorie des Marktes und des Tauschwertes sollte vor allem diese Frage beantworten. Es ist dies die Frage nach der Quantifizierung und Messung, die wir im Kapitel *Chronos* als zentrale Frage der Philosophie des Geldes ausgemacht haben. Aus der Perspektive der Neoklassik stellt sich diese Frage indes gar nicht. Der äußere Tausch ist aus ihrer Sicht ja nur der zweite Akt, dem ein Vergleich *in foro interno* voranging. Das Wunder der Gleichsetzung des Ungleichen geschieht schon im Inneren des Konsumenten, der die Waren auf die innere Waage legt und nach ihrem Nutzen beurteilt. Das Innere des Konsumenten, sein Geist, wie man pathetisch sagen könnte, wird von ihr schon als ein Markt vorgestellt. Der »äußere« Markt ist für die Neoklassik fast nur noch so etwas wie eine Projektion des inneren Marktes, der unsere natürliche innere Verfasstheit darstellt. Der Mensch war schon immer ein Konsument, und der Markt ist das Medium, in dem er endlich zu sich selbst findet. Hier hätte nach dem Wunder und der Offenbarung die Erlösung als drittes theologisches Motiv ihren Platz.

Zumindest fast. Denn eine originäre Leistung belässt die Neoklassik dem äußeren Markt noch, und dies ist die zweite entscheidende Zutat zu Hayek: Der Markt *vermittelt* zwischen den Individuen. Jeder Konsument kann zwar per Naturanlage auf dem inneren Marktplatz seiner Seele verschiedene Güter kommensurabel machen – aber wie bringt man nun die inneren, subjektiven Mechaniken verschiedener Konsumenten auf dem äußeren Marktplatz miteinander in Kommunikation? In einer »Marktwirtschaft« (in die sich der Kapitalismus in dieser Sichtweise unter der Hand verwandelt hat)[77] werden Güter getauscht, was eine *inter*subjektive Handlung darstellt. Als solche enthält sie aber eine neuerliche Hürde der Inkommensurabilität – oder macht zumindest diesen Anschein: Selbst wenn jedes Individuum qualitativ verschiedene und heterogene Gebrauchswerte auf seiner inneren Waage vergleichen kann, wie sollen dann zwei getrennte Individuen sich über ihre subjektiven Werturteile verständigen? Wie bringt man die beiden Waagen, die getrennten Innerlichkeiten angehören, miteinander in Verbindung und in Einklang? An welchem dritten Maßstab soll man sie kalibrieren?

Das Rätsel, wie diese zweite Inkommensurabilität überwunden wird, bleibt durchaus noch zu lösen. Aber die Neoklassik ist nicht um eine Antwort verlegen. Der Markt, wie ihn die ökonomische Theorie versteht, ist insbesondere durch die Abwesenheit von Zwang gekennzeichnet. Ein Verkauf, der auf dem Markt zustande kommt, ist mithin vor allem eines: freiwillig (in einem sehr spezifischen Sinne freilich, den wir bald genauer begreifen werden). Wenn aber jeder involvierten Partei nur die subjektive Perspektive zur Verfügung steht, dann ergibt sich als Kriterium: Ein Tausch findet dann und nur dann statt, wenn sich im Tausch beide Parteien verbessern und deshalb in den Handel einwilligen. Wir müssen ja gar nicht die Ergebnisse der beiden subjektiven Wägungen miteinander vergleichen – es reicht, dass sich in beiden Parteien die Waage zur selben Richtung neigt und somit beiderseits des trennenden Abgrunds die Tauschhandlung freischaltet. Dies ist das Verständnis des Tausches in der Sozialgrammatik des Bereicherungszusammenhangs, wie wir sie im Kapitel *Kosmos* herausgearbeitet haben. Mark Twain lieferte einst eine Illustration in *Tom Sawyers Abenteuer*: Tom und Huck tauschen einen Zahn gegen eine Zecke, »und die Jungen trennten sich, beide in dem Gefühl, reicher zu sein als zuvor.«[78]

Was Twain hier noch mit einem Augenzwinkern sagte, sollte in der Ökonomie als der fundamentale und vollkommen ernst gemeinte Grundsatz des Pareto-Prinzips zu Ruhm gelangen. Der Markt ist der Ort, auf dem alle durch freiwilligen Tausch die Güter so lange redistribuieren, bis ein Optimum erreicht ist und der Tauschprozess von alleine zum Erliegen kommt, weil diejenigen, die sich unter den gegebenen Umständen nicht mehr verbessern können, nicht in weitere Tauschhandlungen einwilligen. Dies ist der Zustand des »Gleichgewichts«, und die modernen Ökonomen verstehen ihren wissenschaftlichen Ansatz dementsprechend als »allgemeine Gleichgewichtstheorie«. Der Markt verwirklicht solcherart die theologische Barockphantasie der Weltenharmonie (Abb. 4). Über den Mechanismus des freiwilligen Tauschverkehrs vollbringt er das veritable Wunder, ein intersubjektives Optimum zwischen intrasubjektiven und als solchen eigentlich unvergleichlichen Nutzenwerten einzurichten. Seine Zauberformel lautet mithin:

intrasubjektiver Vergleich + freiwilliger intersubjektiver Tauschverkehr
= intersubjektives Optimum.

Damit sind nunmehr die drei Elemente beisammen, die die vollgültige Entdeckung der Preise als Universalsprache ausmachen. Hayek entdeckte die symbolische Funktion der Marktpreise. Die neoklassische Theorie ergänzt, dass – dank dem inneren Markt, der alle Güter auf die eine Dimension des subjektiven Nutzens reduziert – die Sprache der Marktpreise für *alles*, das gesamte Universum der Güter, angemessen ist, während der zwischen den subjektiven Konsumenten vermittelnde Markt sicherstellt, dass die Preise keine Privatsprache darstellen, sondern von allen zugleich und miteinander verwendet werden können, ohne dass je ein intersubjektiver Abgleich, eine Art Verständigung, hat stattfinden müssen. Die Konsumenten dürfen im Autismus ihrer Souveränität verharren und finden trotzdem im Preis das gemeinsame und universelle Medium all ihrer Belange.

Das Geld als Zeichen

Geld ist also eine Sprache. Die Bedeutung dieser Einsicht lässt sich erahnen, wenn man sie aus einer rein naturhistorischen Perspektive beschreibt. Viele Lebewesen, angefangen schon bei manchen Bakterien, organisieren ihr Zusammenleben und regulieren ihr Zusammenwirken durch den Austausch von Signalen. Manche Tiere entwickeln komplexe Lautsprachen. Wie die Nervensignale innerhalb des Körpers diesen als kohärentes, abgestimmtes Ganzes funktionieren lassen, so heben die zwar noch körperlich hervorgerufenen, sich aber im Körperäußeren, »exosomatisch«, entfaltenden Lautsignale auch Populationen von Lebewesen auf die Ebene eines organisierten, koordinierten Ganzen. In den menschlichen Kulturen entwickelt die Sprache eine enorme Komplexität und ermöglicht somit eine ungekannte zeitliche, geographische und soziale Organisationstiefe.[79] Ein naturhistorisches Novum ereignet sich mit dem Aufkommen der Möglichkeit, die kommunizierten Inhalte auch außerhalb des Körpers zu fixieren, also mit der Verlängerung des neurophysiologischen Gedächtnisses in die Umwelt in Form von »Exogrammen«, vor allem durch Symbolsysteme und schließlich die Schrift.[80] Das Geld, so sehen wir jetzt, gehört hierhin. Schrift und Geld entstehen in großer zeitlicher Nähe, um unsere Gesellschaften bald komplett zu revolutionieren. Streng naturhistorisch betrachtet, durch die Brille von Biologie und Verhaltensforschung, stellen wir Menschen uns mithin als eine Population dar, die ihr Zusammenleben wesentlich auch über Preissignale organisiert, im Medium nicht von bestimmten Signalmolekülen wie bei Bakterien im Boden und im Meer, nicht von Lauten wie bei so vielen anderen höheren Lebewesen, sondern in diesem seltsamen, unstofflichen Stoff des Geldes.

Um sich nun auch die philosophische, anthropologische und epistemologische Bedeutung des Geldes in seiner Symbolfunktion für den Menschen deutlich zu machen, kann die Symboltheorie des Kulturphilosophen Ernst Cassirer nützlich sein. Für Cassirer stellt das Symbol den Schlüssel zum Wesen des Menschen dar. Dieses *animal symbolicum* unterscheidet sich von den anderen Tieren dadurch, dass sich die symbolische Repräsentation zwischen die von der Außenwelt eintreffenden Reize einerseits und die physiologischen Reaktionen des Organismus andererseits schiebt. Der Mensch gelangt damit in eine »Distanz« zur Außenwelt, die ihn zwar von der Welt entfernt und sie in ihrer Unmittelbarkeit verloren gehen lässt – der Mensch hat nun ein Bild von der Welt, aber nicht mehr diese selbst –, aber ihm auf diese Weise gerade erlaubt, reflektiert zu handeln, statt bloß mechanisch und bewusstlos auf Reize zu reagieren:

> Der Mensch hat nicht mehr wie das Tier einen unmittelbaren Bezug zur Wirklichkeit; er kann ihr gleichsam nicht ins Angesicht blicken. Die unberührte Wirklichkeit scheint in dem Maße, in dem das Symbol-Denken und -Handeln des Menschen reifer wird, sich ihm zu entziehen.[81]

Der sowjetische Entwicklungspsychologe Lev Vygotsky erweiterte den Bereich der Symbolfunktion auf das menschliche Innenleben. Dank der Symbole können wir nicht nur die Außenwelt objektivieren, sondern auch unsere Emotionen, unsere Wünsche und Wollungen, die uns zu distanzierten Gegenständen werden, zu denen wir uns aktiv verhalten können. Impulsives Verhalten verwandelt sich so – erst kraft der Sprache – in überlegtes, geplantes und in diesem Sinne freies Handeln.[82] Dank der symbolischen Repräsentation lernt der Mensch sein Handeln besser zu kontrollieren, Wissen aus der Vergangenheit mit einzubeziehen, Erwartungen über die Zukunft zu artikulieren und in sein Handeln zu integrieren. Die symbolische Repräsentation, die die unmittelbare Wirklichkeit ersetzt, steht damit nicht – oder zumindest nicht zwingend – im Widerspruch zur Realitätsorientierung, sondern bietet vielmehr eine raffinierte »neue Methode, sich der Wirklichkeit anzupassen«, wie Cassirer sagt. Hat der Mensch einmal die symbolische Stufe erklommen, ist der Verlust der unmittelbaren Wirklichkeit unwiderruflich. Er lebt nun »innerhalb« einer symbolischen Form, die seinen spezifischen Wirklichkeitsbezug darstellt:

> Er lebt so sehr in sprachlichen Formen, in Kunstwerken, in mythischen Symbolen oder religiösen Riten, dass er nichts erfahren oder erblicken kann, außer durch Zwischenschaltung dieser künstlichen Medien.

Cassirer erkennt freilich nicht nur eine einzige symbolische Form an, sondern eine Pluralität von Möglichkeiten, unseren Bezug zur Wirklichkeit zu organisieren: Mythos, Religion, Kunst, Sprache, Mathematik und Wissenschaft. Hayek erweitert diese Liste um ein Element: das Geld als symbolische Form, die Marktpreise als Sprache, die unser Wirklichkeitsverhältnis regelt und uns erlaubt, durch die Signale des Marktpreismechanismus rational auf Veränderungen in der sozialen Umwelt zu reagieren.

Diese symbolische Natur des Geldes findet eine Bestätigung in einem Phänomen, mit dem wir uns schon ausführlich im Kapitel *Chronos* beschäftigt haben, nämlich der Unmöglichkeit einer historischen Ableitung, und erlaubt uns zugleich, diese besser zu verstehen. Tatsächlich ist dieser Befund, den wir am Geld gemacht haben, für die Sprache und allgemeiner die Symbolfunktion wohlbekannt. Was auch immer ein Symbol ist und wie auch immer es genau funktioniert, es ist ein Ding, das für etwas anderes als es selbst steht. Aber wie soll man diese Eigenschaft aus einer vorsymbolischen Konstellation ableiten, in der jedes Ding sich darin erschöpft, zu sein, was es ist (mitsamt seinen mannigfachen kausalen Wirkungen), aber niemals für etwas steht, was es nicht ist?

Diese Unableitbarkeit des kategorial Neuen in der Symbolfunktion äußerst sich in einer zirkulären Verfassung der Sprache, die, einmal erlangt, sich selbst vorauszusetzen scheint, wie Cornelius Castoriadis sehr plastisch herausgearbeitet hat.[83] Er machte dazu den Beginn bei der Mengenlehre, also einer Kunstsprache, die sich im späteren 19. Jahrhundert anschickte, die Fundamentalsprache zur Grundlegung der Mathematik zu werden, wozu sie durch ihre äußerst rudimentäre Natur prädestiniert ist. Die von ihr aussagbaren Sachverhalte beschränken sich ja auf die Elementschaftsbeziehung (»*x* ist ein *a*«) und die basalen Verhältnisse zwischen Mengen, die sich lediglich gegenseitig zur Gänze oder teilweise ein- und ausschließen können, aber sonst zu keinem Verhältnis in der Lage sind (»Jedes *a* ist ein *b*«, »einige *a*s sind *b*s«, »kein *a* ist ein *b*«). Wir haben es also mit der denkbar basalsten Sprache zu tun. Betrachtet man Cantors berühmte Definition des Grundbegriffs der Menge, so sticht ihr zirkulärer Charakter in die Augen:

> Unter einer ›Menge‹ verstehen wir jede Zusammenfassung *M* von bestimmten wohlunterscheidbaren Objecten *m* unserer Anschauung oder unseres Denkens (welche die Elemente von *M* genannt werden) zu einem Ganzen.[84]

Wollen wir diese Definition verwenden, müssen nicht nur die fraglichen Objekte sozusagen »von sich aus« schon wohlunterschieden sein, sondern wir müssen offenbar auch schon genau die richtigen ausgesucht haben, damit sie sich zwanglos zu dem gesuchten Ganzen zusammenfinden können, welches dann die Menge definiert – d. h. wir mussten schon gewusst haben, dass sie erstens »Elemente« und zweitens Elemente der fraglichen »Menge« sind. Die wesentlichen Beziehungen des Unterschieds und der Identität, ohne welche man gar nicht von Elementen sprechen könnte, hat man schon immer unterstellt. Mit anderen Worten müssen wir schon über die Begriffe von Element und Menge verfügen, um sie überhaupt anwenden zu können. Wir müssen, so Castoriadis, unser Universum schon durch eine »mengenhaft-identitäre« Logik (*logique ensembliste-identitaire*) strukturiert haben, um eine solche Logik überhaupt erst in Kraft setzen zu können.

Hat man diesen Befund am Beispiel der primitiven Kunstsprache der Mengenlehre eingesehen, lässt er sich leicht auf jede andere, »natürliche« Sprache verallgemeinern. Um – wie Castoriadis weiters zu bedenken gibt – sagen zu können, dass *das*, was im Französischen »bœuf« heißt, auf Deutsch »Ochse« genannt wird, muss »das« schon sprachlich erschlossen worden sein. Auch eine außersprachliche Zeigegeste hilft hier nicht weiter, da sie, wie Wittgenstein bemerkte, unweigerlich des sprachlichen Kommentars bedarf, wenn sie eindeutig sein soll.[85] Es gibt nur ein In-der-Sprache-sein, aber – zumindest aus dem Blickwinkel der logischen Analyse – keinen Weg in die Sprache. Castoriadis bezeichnete diese zirkuläre Struktur der Sprache als »Selbstvorausgesetztheit« (*auto-présupposition*) oder »objektive Reflexivität«: »Die Anwendung der wesentlichen Schemata des *Legein* [d. h. das Gesamt der Handlungen des Unterscheidens-Auswählens-Setzens-Zusammenstellens-Zählens-Sagens] setzt voraus, dass diese Schemata bereits angewandt worden sind, bevor sie angewendet wurden und um angewendet werden zu können. Wie kann man trennen, wenn man nicht über ein Trennungszeichen verfügt, das selbst trennbar und getrennt ist?«[86]

Dieser zirkuläre Charakter der Sprache bedeutet nicht, dass die Sprache keine Geschichte und vor allem keine Vorgeschichte hätte. Natürlich lässt sich studieren, wie sich die einzelnen Bestandteile von Sprache, Schrift und Symbol – wie z. B. der menschliche Kehlkopf oder die ersten rhythmisierten Marken auf vorgeschichtlichen Werkzeugen – allmählich in der Natur- und Kulturgeschichte des Menschen herausbilden – sozusagen in einer »ursprünglichen Akkumulation« der Sprachgeschichte. Aber es handelt sich dabei eben nur um die Geschichte der Voraussetzungen der Symbolfunktion. Sind die notwendigen Voraussetzungen versammelt, kommt es *irgendwie* zu einer Initialzündung, einer Art Urknall, mit dem sich die Spielregeln abrupt ändern. Plötzlich funktioniert die Sprache, steht das Symbol für etwas anderes als es selbst und es eröffnet sich die Logik, deren Analyse immer nur auf das Ergebnis führt, dass sie schon in Kraft getreten sein musste, um überhaupt in Kraft treten zu können.

Was wir hier über die Entstehung der Sprache selbst feststellen, gilt gleichermaßen für den ontogenetischen Spracherwerb in der individuellen Entwicklungs- und Sozialisierungsgeschichte. Im Erstsprachenerwerb des Kleinkindes können wir dem beschriebenen »Urknall« sogar beiwohnen, ohne ihn deshalb besser zu verstehen. Was beim Kleinkind zu einem Zeitpunkt noch ein bloßes Gestammel zum Training des Sprachapparates war, hat plötzlich eine Bedeutung erlangt – »ma-ma« ist *irgendwie* zu »Mama« geworden –, ohne dass man von dem Übergang Rechenschaft ablegen, noch auch nur den genauen Moment benennen könnte, in welchem er geschah. Aus diesem Grunde interessierte sich Cassirer für den Fall der Laura Bridgman, jener jungen, taubstumm und blind geborenen US-Amerikanerin, der eine hingebungsvolle Lehrerin mit viel Geduld eine Sprache von in die Handfläche gezeichneten Symbolen beibrachte – bis plötzlich, schlagartig, bewusst erlebt und nach außen hin sichtbar der üblicherweise schleichende und sich im Verborgenen vollziehende Durchbruch gelingt und die

Schülerin mit einem Mal versteht, »dass jedes Ding einen Namen haben muß«.[87]

Auch der Preis ist ein Zeichen. Im Geld entspricht der irreduziblen Symbolbeziehung, wie wir in den vorangegangenen Kapiteln sahen, die originär neuzeitlich-kapitalistische Logik der Verwertung durch Reinvestition, in der das Geld endlich zu sich selbst kommt. Natürlich hat auch diese Logik ihre Vorgeschichte und mag im vorkapitalistischen Geld als Potentialität angelegt gewesen sein. In dem Moment, in dem diese Logik in Kraft tritt, geschieht aber etwas Neues, dessen Anfang, obgleich er vor unseren eigenen Augen stattgefunden haben mag, sogleich undenkbar ist: Es gibt keine Ur-Investition, da jede Investition auf Kapital beruht, das einer vorangegangenen Investition entspringt. Mit anderen Worten: Investition setzt sich selbst voraus.

Die Entdeckung, dass das Geld eine symbolische Form bildet, nimmt seiner Ursprungslosigkeit oder ihrem Charakter der Selbstvorausgesetztheit zwar nicht das Rätselhafte, aber immerhin das Überraschende. Was die Geldphilosophie erst mühsam entdecken muss, hätte sie von der Sprachphilosophie indes einfach abschauen können. Und wie die übrigen symbolischen Formen bei Cassirer nicht einfach historisch aufeinander folgen, sondern auch in modernen Gesellschaften mehr oder minder friedlich koexistieren, so tritt auch die symbolische Form des Geldes anfänglich als eine neue Modalität und Möglichkeit hinzu. Aber mit dem Geld scheint es eine besondere Bewandtnis zu haben. Wie die Märkte sich immer weiter ausdehnen – geographisch durch kolonialistische Extensivierung wie auch lokal durch Intensivierung oder innere Kolonisierung – und auch die Wirtschaftswissenschaften ihre Modelle auf immer weitere Bereiche ausdehnen und somit die Bereiche der anderen Sozialwissenschaften kolonisieren (*economic imperalism*), so scheint auch das Geld in der *hard modernity* die übrigen symbolischen Formen beiseitezudrängen und ein Monopol über den »rationalen« Wirklichkeitsbezug anzustreben.

Calculemus!

Unsere funktionale Analyse der monetären Universalsprache ist allerdings noch nicht vollständig. Die Marktpreise bieten eine Sprache, die nicht nur in dem doppelten Sinne universell ist, als dass sie erlaubt, sich mit *jedem*, ungeachtet seiner Herkunft und der damit verbundenen Sprache, aber auch ungeachtet aller anderen Unterschiede, die in der Markttransaktion nicht interessieren, über *alle* Dinge von menschlichem Belang, mithin das gesamte Universum der menschlichen Wünsche und Begierden zu verständigen. Dies wäre eine bloße *lingua franca*. Das Geld erlaubt darüber hinaus noch, auf rein rechnerischem Wege – algorithmisch – zu einem Konsens zu kommen. Der ökonomische Akteur hält mit den Preisen alle Informationen in der Hand, derer er bedarf, und um zu einer Entscheidung zu kommen, muss er lediglich zwei Zahlen miteinander vergleichen, was nicht nur ein intellektuelles Kinderspiel ist, sondern auch eine Aufgabe, die garantiert eine eindeutige Lösung hat. Mit der Entdeckung des symbolischen Charakters der Preise ging somit ein alter europäischer Traum in Erfüllung, nämlich der einer – wie der Universalgelehrte des Barock, Gottfried Wilhelm Leibniz sie nannte – *characteristica universalis*, einer Universalsprache, in der nicht nur Missverständnisse ausgeschlossen wären, sondern durch bloße Konstruktion die Wahrheit aller Aussagen verbürgt wäre, die Gesamtheit der Implikationen jeder Aussage mechanisch abgeleitet und jeder logische Schluss durch bloße Rechnung gezogen werden könnte. Leibniz hat diese Utopie formuliert und in lebenslanger Bemühung zugleich zu realisieren versucht.

Eine solche Sprache, die es dem Denken erlaubte, auf algorithmische, also rein mechanische Weise vorzugehen und somit alle Fehler auf bloße Rechenfehler zu reduzieren, die aber leicht festzustellen und zu verbessern sind, wäre das ultimative Werkzeug nicht nur der Kunst des Denkens, des Erinnerns (eine symbolische

Mnemotechnik), des Beweisens bekannter und gar des Findens neuer Wahrheiten. Sie wäre darüber hinaus noch das Werkzeug einer Kunst, im komplizierten und tückischen Reich der moralischen und politischen Fragen eindeutige und rationale Entscheidungen zu fällen. So schrieb Leibniz im Juli 1696 an seinen englischen Informanten Thomas Burnett[88]:

> Ich teile Ihre Meinung, dass Moral und Politik auf eine feste und unanfechtbare Grundlage gestellt werden könnten, aber um dies praktisch umzusetzen, bedürfte es einer neuen, ganz andersartigen Logik als der unsrigen.

Und bereits 1677 hatte er in einem Brief an seinen französischen Kollegen Jean Gallois erläutert:

> Wenn wir nur ein Schriftsystem hätten, wie ich es mir für Metaphysik, Moral und allem, was daranhängt, vorstelle, könnten wir auf diesen Gebieten sehr sichere und wichtige Aussagen treffen; um eine Entscheidung zu treffen, könnten wir die Vorteile und Nachteile auf einem Konto verbuchen [*mettre en ligne de conte*] und die Grade ihrer Wahrscheinlichkeit schätzen, fast so wie die Winkel eines Dreiecks. Ohne ein solches Zeichensystem ist dies aber nicht zu bewerkstelligen.

Hätten wir eine Universalsprache, die nach diesem Urbild des mathematischen Kalküls funktionierte, so würde sie es uns erlauben, allen mühsamen Streitigkeiten, von denen auch die gelehrten Journale des Barock nur so überquellen, ein einfaches Ende zu setzen, indem die Streitenden zur Feder griffen und sich sagten: »Calculemus!«, rechnen wir es einfach aus![89]

Am nächsten kommt diesem Ideal die Sprache der Mathematik. Eine syntaktisch korrekt gebildete mathematische Formel ist zwar nicht automatisch richtig. Aber ihre Aussage kann immerhin automatisch geprüft werden. Sie ist wahr, wenn sie in einer endlichen Zahl von Schritten gemäß einem gegebenen Regelwerk auf eine wahre Grundaussage zurückgeführt werden kann. Dies nennt man einen Beweis. Im Umgang mit Zahlzeichen nimmt diese Technik der regelgeleiteten Symbolmanipulation die einfache Form des Rechnens mit Papier und Bleistift an, wie wir alle sie schon in der Grundschule gelernt haben. Klug eingerichtete Systeme der Zahldarstellung – also das hindu-arabische Stellenwertsystem mit der Null im Gegensatz zu den römischen Ziffern – lassen die Rechenregeln eine besonders einfache Form annehmen. Das Rechnen auf dem Papier wird gleichsam mechanisch, und schlussendlich kann es sogar wirklich in eine Maschine ausgelagert werden. Leibniz selbst erfand eine solche Rechenmaschine, für deren Realisierung die Feinmechanik allerdings erst lange nach seinem Tod die nötige Präzision erlangte. Vom Traum einer rechnerischen Universalsprache des Barockrationalismus führt mithin ein direkter Weg weiter zum Albtraum des algorithmengestützten Kapitalismus der Gegenwart, z. B. im computerbasierten *high frequency trading*, als auch im weiteren Sinne der Soziotechniken des *surveillance capitalism*. Was in Leibniz' Mechanisierung des Denkens noch fehlte, war der Schritt zu der »Universalmaschine« Turings, also der Maschine, die alle Maschinen sein kann und die man mithin programmiert, damit sie eine besondere Maschine wird. Aber diese Erfindung lag auf dem Weg, den Leibniz mit der Reduktion des Denkens auf endliche Rechnungen eingeschlagen und vorgezeichnet hatte. Sie folgte indes nicht direkt aus der Weiterentwicklung der mechanischen Rechenmaschine, aber hing durchaus unmittelbar mit der Idee der *characteristica universalis* zusammen, die in ihrer modernen Gestalt als algebraische Logik eine Übersetzung in elektrische Schaltkreise erlaubt. Damit ist der »Rechner« im heutigen Wortsinn geboren. Heutige Computer erledigen nicht nur in Mikrosekunden die kompliziertesten Rechnungen, sondern können sogar selbständig mathematische Theoreme beweisen (*automated theorem proving*).

Wichtiger aber als der »echte« Computer und seine Algorithmen, die heute den Kapitalismus revolutionieren, ist für unsere Untersuchung die Tatsache, dass schon das Geld eine Leibniz'sche Universalsprache oder *characteristica universalis* parat stellt. Sofern wir Hayek Glauben schenken können, ist die Aufgabe, alle Belange der Menschheit per einfacher Rechnung zu entscheiden, mit dem

Marktpreismechanismus gelöst. In der preisbasierten Kosten-Nutzen-Analyse schreibt man in der Tat die Vor- und Nachteile als Geldbeträge nebeneinander und vergleicht die beiden Zahlen. Hat man es mit einem unsicheren Zukunftsszenario zu tun, muss man die Posten mit der Wahrscheinlichkeit ihres Eintretens gewichten, also zu einer Risiko-Nutzen-Analyse übergehen, wie dies ja Leibniz auch präzise beschrieben hat. Insofern aber auch das Risiko zu einer auf dem Markt gehandelten Ware wird – zum Beispiel in Form von Krediten, Kreditausfallversicherungen und all den sich daraus ergebenden Derivaten –, erübrigt sich dieser Schritt, da sich nun sogar die Unsicherheit selbst in ein Geldbetrag übersetzen lässt. Diese *characteristica universalis* der Preise wäre ein unfehlbarer Schiedsrichter aller Kontroversen. Nicht aber wie ein gewöhnlicher Richter als dritte Person, die von einem äußeren Standpunkt auf die Angelegenheit schaut und dabei noch die eigene Urteilskraft bemühen muss. Das einzige Kriterium wäre im Grunde die Syntax. So wie in den natürlichen Sprachen ein Satz nach den Regeln der Syntax gebildet sein muss, um überhaupt Bedeutung haben, also auch wahr *oder* falsch sein zu können, so würde es in der utopischen Universalsprache ausreichen – oder zumindest fast –, einen Satz korrekt zu bilden, um damit auch schon eine Wahrheit auszusprechen.

In der Leibniz'schen Utopie, die sich heute im Geld und der monetären Kosten-Nutzen-Rechnung verwirklicht, ist der Mensch auf die Funktion eines bloßen Rechners reduziert und könnte ebenso gut durch eine Rechenmaschine ersetzt werden. Dies sagt freilich weniger über das Wesen der menschlichen Vernunft aus als über das Menschenbild, das dieser Utopie unausgesprochen zugrunde liegt. Und hier begegnen wir wieder der Ideologie, die dem Geld eingeschrieben ist und die aufzudecken wir uns im vorliegenden Buch zur Aufgabe gemacht haben. Die dem Geld eingeschriebene Ökonomie der Zeit und die ihm eigene Kosmologie haben wir in den vorangegangenen Kapiteln bereits studiert. Aber auch in seiner Funktion als Universalsprache, so zeichnet sich nun ab, stellt das Geld kein bloßes Werkzeug dar, das zum Guten wie zum Schlechten verwendet werden kann, selbst aber neutral ist. Vielmehr bringt es auch als bloßes Recheninstrument stillschwei-

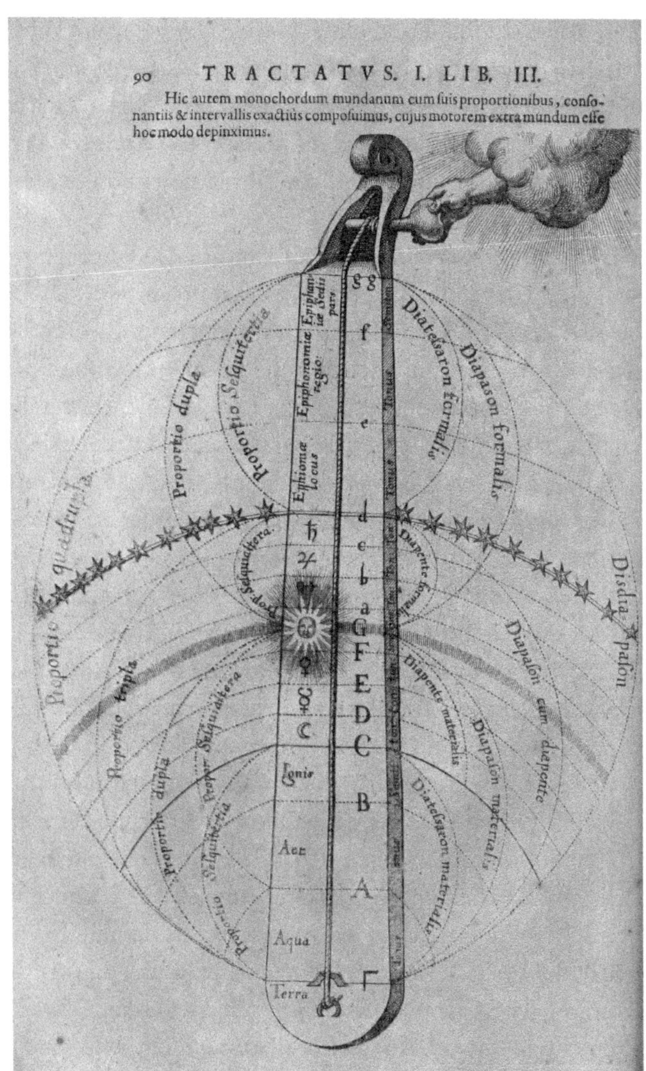

Abb. 4: Die Weltharmonik nach Robert Fludd, *Utriusque cosmi maioris scilicet et minoris metaphysica*, Tractatus Primus, 1617, bei diesem noch spekulativ formuliert, später von Kepler als Sphärenharmonie streng mathematisch gefasst. Das Bewusstsein über die Hand an dem Wirbel, die die Sphärenharmonie erst stimmt, unterscheidet im Allgemeinen die Neoliberalen von der orthodoxen neoklassischen Mainstreamökonomie.

gend ein Menschenbild und einen Gesellschaftsentwurf mit sich. Der Mensch, der die für ihn richtigen Entscheidungen einfach ausrechnet, benötigt keine Urteilskraft mehr, und eine Gesellschaft, die die optimale Entscheidung auf diese Weise findet, kann sich die Meinungsbildung, die öffentliche Diskussion und die demokratische Abstimmung sparen.

Diese Einsicht wirft ein neues Licht auf die »Sprache« der Preise, deren Charakter sich damit allmählich erhellt. Die Funktionsweise der Preise ist eigentlich nicht symbolisierend oder bezeichnend in einem anspruchsvollen Sinne, und die Sprache des Geldes instituiert auch keinen Diskurs im eigentlichen Sinne. Vielmehr wirken die Preissignale auf die ökonomischen Akteure ein wie die elektrischen Steuerungsimpulse einer Maschine. Das Geld fällt – als linguistisches Instrument verstanden – somit unter die Zeichensprachen, die Félix Guattari als »a-signifikante Semiotiken« beschrieben hat. Die monetären Zeichen sprechen nicht zu uns als Menschen mit reflexivem Bewusstsein, Imagination und Urteilskraft, sondern schließen sich direkt an den Körper und das Nervensystem an, funktionieren also eigentlich auf der Ebene von Affekten, Emotionen und Wahrnehmungen.[90]

Das demokratische Gefühl mag an diesem technokratischen oder, wie Peter Self präziser sagte, ökonokratischen Aspekt der monetären Sprache Anstoß nehmen.[91] Allerdings haben wir an dieser Stelle erst den halben Weg unserer Analyse zurückgelegt. Wir dürfen nicht vergessen, dass wir es hier nur mit einem formalen, äußerlichen Aspekt der Kosten-Nutzen-Rechnung zu tun haben. Die ökonomische Vernunft erschöpft sich darin nicht. Zwar lässt sich die richtige Entscheidung einfach ausrechnen, sind die Preise einmal gegeben, aber welche ist die Rationalität, die diese Preise verkörpern? Hier fragen wir nach der Substanz, nicht nur der äußeren Form der in die Preise eingeschriebenen Rationalität.

Die monetäre Infrastruktur

Zwar reduzieren sich die Entscheidungen des Marktakteurs auf ein bloßes Rechnen, wenn, wie Leibniz mit einer Anleihe bei der italienischen Handelssprache sagte, »Vor- und Nachteile kontiert werden können«. Aber dies ist bereits ein sehr voraussetzungsreicher Prozess. Hayek hat eine erste wichtige Lücke in der Argumentation von Mises aufgespürt und geschlossen: Preise sind nur für den notwendig, der nicht über die vollständige Information verfügt. Diese Bedingung ist für menschliche Akteure mit endlichem Informationshorizont natürlich erfüllt. Andere stillschweigende Voraussetzungen hat Hayek allerdings von Mises übernommen, ohne sie zu benennen. Er spricht immerzu von Preisen, aber schlüsselt diese Kategorie nicht auf.

Money of account

Die erste Voraussetzung, die Hayek stillschweigend macht, ist die bloße Existenz des Geldes als Verrechnungseinheit (*numéraire* oder *unit of account*), die alle Dinge kommensurabel macht, und als Maß des Werts, das die Quantifizierung im Preis erst möglich macht (wie wir in *Chronos* dargelegt haben). In dieser Hinsicht kann man das Geld mit den Systemen metrischer Einheiten vergleichen, die in der französischen Revolution geschaffen und im Laufe des 19. Jahrhunderts weiter ausgearbeitet worden sind. Wie der Historiker Ken Alder betonte, benötigt man diese Infrastruktur, um überhaupt im Sinne der neuen bürgerlichen Normen rational handeln und entscheiden zu können: »Die republikanischen Wissenschaftler begriffen das metrische System als eine rationale Sprache, die die französischen Staatsbürger in rationale Wirtschaftsakteure umformen sollte.«[92] Die Rationalität steckt somit nicht – oder zumindest nicht allein – in den Köpfen, sondern auch in den äußerlichen Instrumenten, der sich diese bedienen.

Nun sind wir heute dermaßen an das Leben im monetären Kosmos gewöhnt, dass uns nicht mehr ohne Weiteres auffällt, wie wenig selbstverständlich die Vergleich- und Verrechenbarkeit aller Güter ist. Geht man jedoch in der Geschichte bis in die Antike zurück, so wird dies mit einem Mal deutlich. Der britische Althistoriker Geoffrey de Sainte Croix hat die Folgen, Voraussetzungen und Hindernisse der Monetarisierung im antiken Griechenland präzise beschrieben.[93] Als noch kein monetärer Wertstandard zur Verfügung stand, konnte das Gesamtvermögen eines Bürgers nicht als monetäre Summe dargestellt, sondern nur als eine Menge heterogener Gegenstände gefasst werden: soundso viele Hektar Land, soundso viele Sklaven, soundso viele Waren verschiedener Art. Die Vergleichbarkeit ist damit nur in engen Grenzen gewährleistet. Wer mehr Land und mehr Sklaven hat, ist sicherlich reicher. Aber wie steht es um einen, der mehr Sklaven, aber weniger Land hat? Damit sind wir wieder bei dem Ausgangsproblem der rationalen ökonomischen Wahl zwischen inkommensurablen Alternativen angelangt, mit dem wir dieses Kapitel begonnen haben. Einen allgemeinen Wertstandard einzuführen, erlaubt es, den gesamten Besitz auf eine einheitliche arithmetische Summe zu reduzieren, womit der Buchführung ganz neue Möglichkeiten eröffnet werden.

Allerdings wäre es anachronistisch, zu unterstellen, dass dieser Schritt den historischen Akteuren auch als ein Fortschritt hätte erscheinen müssen, d. h. dass er eine Lösung für ein auch als solches wahrgenommenes Problem dargestellt hätte. Zum einen gab es nämlich keinen unmittelbaren praktischen Zwang zur Monetarisierung und Entwicklung der Buchführung, zumal »Reichtum« in der Antike allein als Besitz, nicht aber als Einkommen verstanden und somit auch nur jener, aber nicht dieses versteuert wurde (dass Tausch und Reichtum in vorkapitalistischen Gesellschaften eine grundsätzlich andere Bedeutung hatten, haben wir in den Kapiteln *Chronos* und *Kosmos* schon mehrfach thematisiert). Zum anderen ergaben sich aus dieser Auffassung von Eigentum und dem mit ihm einhergehenden Status systematische Hindernisse, die einer

Monetarisierung geradezu im Weg standen. Gerade aufgrund des unvergleichbaren sozialen Status konnte auch ein Einkommen aus Landbesitz nicht mit einem Einkommen aus Arbeit oder Handel verglichen werden. Auch wenn sie monetär äquivalent waren, stellte Ersteres darüber hinaus immer auch einen sozialen Indikator von hinter dem Einkommen stehendem Besitz und Status dar. Dasselbe gilt, wie Marx im *Kapital* unterstreicht, auch für die Arbeit. Die Arbeit eines Freien und eines Sklaven sind ihrem Wesen nach ungleich, womit es dem antiken Denken verwehrt war, den Tausch ihrer Arbeitsprodukte als Gleichsetzung der geleisteten Arbeit zu verstehen.[94] Als konkrete Tätigkeiten sind von verschiedenen Personen geleistete Arbeiten natürlich auch heute noch ungleich. Aber jetzt sind die konkreten Arbeiten durch die Kapitalform des Geldes in einen identischen gesellschaftlichen Daseinsmodus gehoben und gehen je als Werte in dieselbe Verwertung ein, aus denen sie auch wiederum als Werte hervorgehen, wobei Durchschnittsgrößen, Durchschnittsprofite und eine allgemeine Profitrate gebildet werden (wie wir im Kapitel *Chronos* ausführlich dargestellt haben). Mit anderen Worten: Die Arbeiten sind als Wertgrößen Momente einer Verwertung – sie zählen nur, was sie zum Profit beitragen. Entscheidend ist dabei freilich nicht diese Verrechnung der einzelnen konkreten Arbeiten, die sich durch diese quantitative Dimension der Verrechenbarkeit überhaupt erst qualitativ unendlich differenzieren können. Entscheidend ist vielmehr die Kommodifizierung der Arbeitszeit und der Status des Subjekts als Ware Arbeitskraft: In der Antike waren die Menschen entweder frei oder Sklave – keiner war Ware Arbeitskraft, und keiner wurde durch das Kapital in Kraft gesetzt, mehr Wert zu produzieren, als er zur Reproduktion benötigt und im Lohn erhält. Der Verwertungsnexus des Kapitalismus war noch nicht angeworfen worden.

Man erkennt mithin, dass sich die Etablierung eines allgemeinen Wertstandards nicht auf einen technischen Fortschritt reduziert. Denn sie erlaubt es nicht einfach, quantitative Verhältnisse der ökonomischen Gleichheit und Ungleichheit, die schon zuvor bestanden, aber nicht erfasst werden konnten, nun präzise auszudrücken. Vielmehr stellt die monetäre Matrix diese Gleich- und Ungleichheiten, die sie bloß abzubilden vorgibt, erst her. Nicht die Sprache ändert sich, mit welcher über Wirklichkeit geredet werden kann, sondern die kollektiven Standards dessen, was nun als wirklich wahrgenommen wird.

Doppelte Buchführung – die stille Revolution

Für die kalkulierende Entscheidung, wie sie nach Hayek in der Rechnung mit Preisen erreicht wird, reicht aber auch die monetäre Metrik noch nicht aus. Wir kommen damit zur zweiten von Hayek übergangenen Voraussetzung: der doppelten Buchführung. Privaten Konsumenten, die sich auf dem Markt an den Preissignalen orientieren, reicht die durch das Rechengeld verbürgte Möglichkeit der einfachen Buchführung, in der die Geldströme von Einnahmen und Ausgaben verglichen werden und in der man immer sieht, worauf es einem ankommt, nämlich ob man schon »in den roten Zahlen« ist. Kapitalisten aber sind keine Konsumenten. Ihr Imperativ lautet nicht, keine Schulden zu machen, sondern Profit zu generieren. Der Profit aber ist als operable Größe genauso wenig naturgegeben wie der Preis. Benötigt der Preis das Geld, kommt beim Profit die Infrastruktur der doppelten Buchführung hinzu.

Die Bedeutung der doppelten Buchführung für den Handelskapitalismus ist seit Max Weber und Werner Sombart oft betont worden.[95] Die Technik der doppelten Buchführung geht auf das 14. Jahrhundert zurück und ist im 15. Jahrhundert von dem italienischen Mönch und Mathematiker Luca Pacioli systematisiert worden (Abb. 5). In der älteren, einfachen Buchführung (der sogenannten Kameralistik) wurden unterschiedslos einfach alle Einnahmen und Ausgaben verrechnet. Solange die Ausgaben die Einnahmen nicht übersteigen, ist man »auf der sicheren Seite«. Dies ist aber auch die einzige Information, die diese Form der Bilanzierung liefert, was man schon daran sieht, dass sie es nicht erlaubt, zwischen Konsumausgaben und Investitionen zu unterscheiden, die beide unterschiedslos als Ausgabe verbucht werden. Die Händler des Frühkapitalismus begannen, ihre Transaktionen anders zu notie-

Abb. 5: Jacopo de Barberi, um 1500, Porträt des Luca Pacioli.

ren, was von Historikern des Kapitalismus bisweilen als eine Revolution bewertet wird. Es handelt sich freilich um eine unscheinbare Revolution, die sich nicht von sich aus als solche zu erkennen gibt. Die Kaufmänner begannen, ihre Beträge parallel in zwei Spalten zu verrechnen, wobei die oberste Regel der doppelten Buchführung lautet, dass in beiden Spalten derselbe Betrag zu stehen habe.

Es fällt in der Tat sogar Spezialisten nicht leicht, zu erklären, was hier vor sich geht, wirkt das Vorgehen der doppelten Notation doch erst einmal im Wortsinne redundant. Auch haben sich Ökonomen für diese Kulturtechnik, die ja allem »Wirtschaften« in einem modernen, kapitalistischen Sinne zugrundeliegt, so gut wie gar nicht interessiert, obgleich hier erst mit »Kapital« und »Profit« die fundamentalen Kategorien des Ökonomischen operationalisiert werden.[96] Auch Karl Marx stellt hier nur eine halbe Ausnahme dar. Immerhin erkundigte er sich brieflich am 31. März 1851 bei Friedrich Engels, der als Kaufmann der richtige Ansprechpartner war: »*Apropos.* Wie berechnen Kaufleute, fabricants usw. den Teil ihres Einkommens, den sie selbst verzehren? Wird dies Geld auch vom banker geholt oder wie wird es damit gehalten? Darüber erbitte ich Antwort.« Engels antwortete am 3. April auf die »nicht ganz klar[e]« Frage:

> Der Kaufmann als Firma, als Profitmacher, und derselbe Kaufmann als Consument sind im Commerce zwei ganz verschiedne Personen, die sich feindlich gegenüberstehn. Der Kaufmann als Firma heißt Capitalconto, resp. Gewinn- und Verlust-Conto. Der Kaufmann als Fresser, Säufer, Wohner und Kindermacher heißt Haushaltungs-Unkosten-Conto. Capitalconto debitirt also dem Haushaltungs-Unkosten-Conto jeden Centime, der aus der commerciellen in die Privattasche wandert, und da Haushaltungsunkosten-Conto nur ein Debet, aber kein Credit hat, also einer der schlechtesten Schuldner der Firma ist, so ist am Ende des Jahrs die ganze Debetsumme vom Haushaltungs-Unkosten-Conto purer Verlust und wird vom Profit abgeschrieben. Bei der Bilanz und der Berechnung des Profits procent wird indeß gewöhnlich die Summe, die für die Haushaltung verbraucht wird, als noch vorhanden, als Theil des Profits angesehn; z. B. bei 100 000 Th. Capital sind 10 000 Th. verdient, aber 5000 verjubelt worden, so rechnet man, 10% Profit gemacht zu haben, und nachdem alles richtig gebucht worden, figurirt Capitalconto im nächsten Jahr mit einem Debet von 105 000 Th.[97]

Marx wirft hier eine triftige Frage auf. In der einfachen Buchführung nach Einnahmen und Ausgaben – z. B. bei einem feudalen Burgherrn – standen der Zukauf von Land und der Bordellbesuch unterschiedslos auf der Ausgabenseite des Haushaltsbuches, während der Kapitalist hier zwischen Investition und privatem Konsum unterscheiden möchte. Die Buchführungsexperten Jacques Richard und Alexandre Rambaud erläutern: »Engels zeigt, dass die Verwendung dieses Haushaltskontos verhütet, dass der Privatkonsum der Kapitalisten als kommerzieller Verlust verbucht wird: er wird stattdessen als Minderung des investierten Kapitals betrachtet. Die Höhe des Profits wird also nicht dadurch verringert, dass der Kapitalist sein Geschäftsvermögen für private Ausgaben verwendet.«[98]

Engels' Metapher der Aufspaltung in zwei feindliche Personen bringt die Lösung pointiert zum Ausdruck. Die zwei Spalten der doppelten Buchführung spiegeln die Trennung zwischen dem Kapitalisten und dem Unternehmen wider, das nun erst eine eigene Realität erlangt. Tatsächlich sehen wir hier die elementaren Einheiten der kapitalistischen Wirtschaft – das Unternehmen, das Kapital und den Profit – allererst konkrete Form annehmen. Der Kapitalist investiert in die Unternehmung, weshalb dieselbe Summe doppelt auftaucht: in der linken Spalte als Barguthaben des Unternehmens, in der rechten Spalte als Schuld, die an den Kapitalisten zurückgezahlt werden muss (Zeile 1 in der Tabelle). Kauft das Unternehmen nun Handelswaren, so wird nicht einfach eine Ausgabe verbucht. Im Gegenzug zur Ausgabe liegen ja nun Waren desselben Werts auf dem Lager. Der Abbuchung des Betrags folgt in der linken Spalte mithin die Rückbuchung in Form des Warenbestands (Zeile 2). Mit dem Kapitalisten wurde ja auch der Konsument von der Unternehmung abgespalten. Im Gegensatz zum konsumierenden Haushalt gibt es nun keine bloßen Ausgaben mehr: Jede Ausgabe hat nun ihren konkreten, tangiblen Gegenwert. Werden nun in einem nächsten Schritt die Waren gewinnbringend verkauft, hat sich der Betrag in der linken Spalte erhöht, weshalb die Differenz auch der rechten Spalte der Bilanz (»bilancia«, die Waage) zugeschlagen werden muss – und hier nun endlich als Profit erscheint (Zeile 3).

	Activa	Passiva
[1]	100 (Barvermögen)	100 (Schulden)
[2]	-100 (Ausgabe)	
	+100 (Ware auf Lager)	
[3]	-100 (Verkauf der Ware)	
	+150 (Einnahme durch Verkauf)	50 (Profit)

Den Profit wird der Kapitalist nun reinvestieren oder auf den Kopf hauen, wie er möchte. Mit der doppelten Buchführung hat also nicht nur die Firma – als Schuldnerin des Kapitalisten – eine von der Person des Letzteren unabhängige juristische Existenz erlangt und haben zweitens die zentralen Größen des Kapitalismus – Kapital und Profit – überhaupt erst eine präzise, operationalisierte Definition und damit eine mathematische Existenz erhalten.[99] Auch kann nun erst der Kaufmann nach Profit streben, und erst nun kann ökonomische Effizienz als Maximierung desselben aufgefasst werden, womit wir auf dieselbe Situation treffen, wie wir sie gerade mit der Etablierung eines Wertstandards kennengelernt haben: Vor der Einführung des modernen Begriffs von Profit herrschte an seiner Stelle keine Lücke. Wer »wirtschaftete«, tappte nicht im Dunkeln, sondern orientierte sich an einem ganz anderen Ideal, wie Marx in den *Grundrissen* betont:

> Wir finden bei den Alten nie eine Untersuchung, welche Form des Grundeigentums etc. die produktivste, den größten Reichtum schafft? Der Reichtum erscheint nicht als Zweck der Produktion, obgleich sehr wohl Cato untersuchen kann, welche Bestellung des Feldes die einträglichste, oder gar Brutus sein Geld zu den besten Zinsen ausborgen kann. Die Untersuchung ist immer, welche Weise des Eigentums die besten Staatsbürger schafft.[100]

Das Schulgeheimnis der doppelten Buchführung

Die doppelte Buchführung kaschiert freilich in ihrer Operationalisierung der Größe des Profits ein dunkles Geheimnis. »Welchen Überblick verschafft uns nicht die Ordnung, in der wir unsere Geschäfte führen! Sie läßt uns jederzeit das Ganze überschauen [...]. Welche Vortheile gewährt die doppelte Buchführung dem Kaufmanne! Es ist eine der schönsten Erfindungen des menschlichen Geistes« – so ließ einst Goethe einen der Protagonisten seines Romans *Wilhelm Meisters Lehrjahre* ausrufen.[101] Tatsächlich ist die Welt für den Kaufmann gut eingerichtet. Die Preise erlauben es ihm, ökonomisch rationale Entscheidungen zu treffen, und die Buchführung liefert ihm im Profit ein Maß seines Erfolgs. Die Welt der doppelten Buchführung ist so schön geordnet, dass sie weit über die Welt des Kaufmanns hinaus zu einem Ideal wurde. Schon bei Pacioli gingen die Entwicklung von Buchführung und Algebra Hand in Hand, und in den modernen Naturwissenschaften ist der Geist der doppelten Buchführung bisweilen geradezu mit Händen zu greifen, etwa in den Reaktionsgleichungen der Chemie seit Lavoisier, die es erlauben, den Weg eines jeden Atoms von einem Molekül in das nächste zu verfolgen, oder der Quantenmechanik im Formalismus der sogenannten Zweiten Quantifizierung, die es erlaubt, die Elektronen in den verschiedenen Anregungszuständen des Atoms zu verbuchen. Allerdings gibt es einen entscheidenden Unterschied zwischen den zuletzt genannten Wissenschaften und der Buchführung. Die Naturwissenschaftler haben es mit definierten Entitäten zu tun, die durch Erhaltungssätze und Symmetrieprinzipien fixiert sind und deren Entwicklung sie durch eine Art System von Konten in Form von Umbuchungen verfolgen können – Atome, die von einem Molekül in ein anderes wandern, Elektronen, die im Atom den Orbit wechseln und somit von einem Anregungszustand in einen anderen gebucht werden, Energie, die wir gerade deshalb durch ihre Transformationen von Wärme in Bewegung, von Bewegung in Elektrizität usw. verfolgen können, weil für ihre Menge ein Erhaltungssatz gilt, wie der Chemiker Wilhelm Ostwald einmal sehr präzise bemerkte: »die Energie [hat] die Eigenschaft, daß sie auf keine Weise weder vermehrt, noch vermindert werden kann. Man kann daher [!] für einen jeden natürlichen Vorgang eine *Bilanz* aufstellen, indem man verzeichnet, welche Energien ausgegeben und welche eingenommen sind: beide Beträge sind immer einander gleich.«.[102] Der Profit fügt sich indes nicht in dieses Bild. Seine Operationalisierung verdankt sich im Grunde einer bloßen Verlegenheit: Es taucht in der linken Spalte plötzlich eine überschüssige Geldsumme auf, und da die Identität von Activa und Passiva zu den konstitutiven Regeln der doppelten Buchführung gehört und unbedingt respektiert werden muss, entsteht unmittelbar der Zwang, diese Summe aus der Spalte der Activa auch bei den Passiva zu verbuchen. Dies ist der Profit. Während wir ihn bisher nur von seiner vorteilhaften Seite betrachtet haben – nämlich als Erfolgsmaß der kaufmännischen Tätigkeit –, erkennt man jetzt, dass diese Buchung einen blinden Fleck kaschiert. »Der Profit, den mir Gott hat zuteil werden lassen«, notierten die Protokapitalisten im Italien des 14. Jahrhunderts in der Schlusszeile der Bilanz, und diese Formel drückt wohl nicht nur eine moralische, sondern auch eine epistemische Unsicherheit aus.[103] Kein Mensch weiß – und der Kaufmann am allerwenigsten – woher die gespenstische Größe des Profits schlussendlich kommt.

An dieser Stelle treffen wir genau auf den kosmologischen Bruch, den wir bereits im Kapitel *Kosmos* analysiert haben und den die Neuzeit durch die neue Sozialgrammatik des Bereicherungszusammenhangs verarbeiten musste. Dieser Bruch spiegelt sich in dem neuen Subjekt, das die doppelte Buchführung impliziert. Denn wer diese Buchführung betreibt, ist nicht mehr das »gothische« Subjekt, das mit römischen Ziffern arbeitet, in der Kunst einen objektiv von Gott geordneten, endlichen Kosmos erblickt und seine Rechnungen mit Münzen bezahlt, die durch ihren Metallwert gedeckt sind. Unscheinbarer Indikator der vollzogenen kosmologischen Revolution ist, wie der Mathematiker und Kulturhistoriker Brian Rotman herauszuarbeiten wusste, die Ziffer Null, die im römischen Zahlsystem nicht vorkommt, aber für die Buchführung unabdingbar ist (schon zur Notierung der ausgeglichenen Bilanz, also der Differenz Null zwischen den beiden Spalten) – und die den Kosmos der Renaissance bereits *in nuce* enthält.[104] Das neue Subjekt der Renaissance setzt keine unbeholfenen Ziffern in bloßer Imitation des Rechnens am Abakus, sondern rechnet wirklich schriftlich, direkt im Medium der Schrift, die eine Null zulässt, die es am Abakus, wo Zähleinheiten durch Perlen dargestellt wurden, nicht geben konnte; es sieht in der Kunst eine Welt, die auf seine Perspektive (den optischen Nullpunkt) hin geordnet ist, sich aber ins Unendliche erstreckt; und endlich lässt es unbekümmert zwar, aber durchaus unter dem Zwang, der neu in die Welt getretenen Größe des Profits gerecht zu werden, Papiergeld kursieren, das von den Banken aus dem Nichts (dem Wert Null) geschaffen und beliebig vermehrt werden kann, womit eben die Schranken zum unendlichen Universum auch monetär aufgestoßen sind.

Die merkwürdige Verlegenheit des aus dem Nichts geschaffenen Geldes entspricht genau dem unklaren Ursprung des Profits. Man sieht mit dem Profit das Kapital wachsen, und damit es fortwährend einen Profit geben kann, muss – wie Mirowski an der im *Praeludium* zitierten Stelle erklärte – die Geldmenge mithalten – aber woraus nur speist sich das Wachstum? Die schöne, geordnete Welt der Buchführung verbirgt mithin in der Tat ein dunkles Geheimnis. Die Ökonomie ist kein geordnetes Naturreich, das sich reibungslos in einer Taxonomie oder in Flussgleichungen und Erhaltungssätzen abbilden lässt. Sie ist ein brodelnder, unbeherrschter Vulkan, der sein Magma aus unbegreiflichen Tiefen schleudert. Die doppelte Buchführung erlaubt, diesen Ausstoß zu quantifizieren, aber das unbegreifliche Rätsel seiner Entstehung nicht seiner Unheimlichkeit zu entkleiden. Der Rentier sagt aus Verlegenheit, er ließe »sein Geld für ihn arbeiten«. Aber selbst wer weiß, dass dahinter die bezahlten und unbezahlten Arbeiten wirklicher Menschen und Ökosysteme stehen müssen, weiß damit noch nicht, wie diese es schaffen, einen Profit aus dem Nichts zu schaffen.

Das Geld als Mystifikation

Unsere Analyse hält zum jetzigen Zeitpunkt zwei vorläufige Einsichten parat. Erstens zeigt sich, dass hinter der einfachen Preisrechnung zwecks Maximierung der Effizienz ein beachtlicher institutioneller, juristisch geregelter Rahmen steht (was die klügeren der Neoliberalen auch immer ungeachtet ihrer Rhetorik sehr genau wussten). Die Weltharmonik besteht nicht – wie viele neoklassische Ökonomen glauben – von alleine. Die Hand, die die kosmische Laute stimmt (Abb. 4), hat durchaus ihre Berechtigung. Es benötigt Institutionen und Gesetze, insbesondere jene, die der Buchführung strenge Regeln auferlegen. Erst wenn diese Voraussetzungen alle gegeben sind, kann »einfach«, aber mit Sorgfalt und Präzision gerechnet werden. Allerdings haben alle Infrastrukturen – das Geld, aber auch die physikalischen Einheitensysteme, Strom- und Wasserversorgung, Müllentsorgung, Transport- und Verkehrsnetze, Mobilfunknetze – die Tendenz, unsichtbar zu werden, wenn sie »gut funktionieren«. Zugleich zeichnet sich hier bereits die zweite Einsicht ab, dass sich die Weltharmonik nicht in universellen Zahlenverhältnissen auflöst, sondern auf einen bestimmten Grundton gestimmt ist. Wie sowohl an der Einführung des Wertstandards als auch der modernen Kategorie des Profits deutlich wurde, begründen diese beiden Neuerungen zwar ein rein formales Effizienzkalkül nach Preisen, aber das durch sie definierte Kriterium der ökonomischen Effizienz ist – anders als die Ökonomen glauben machen möchten – selbst kein rein formales und somit ethisch-kosmologisch neutrales Kriterium. Gerade daran, wie in der Etablierung der Profitmetrik eine vormalige Wertordnung überwunden werden musste – nämlich die wesentliche *Ungleichheit* von verschiedenen Arten des Einkommens und verschiedenen Formen der Arbeit –, zeigt sich, dass diese Metrik selbst ein substantielles Wertbekenntnis inkorporiert.

Welches ist dieses Wertbekenntnis und was heißt es mithin, dass die monetäre Infrastruktur »gut funktioniert«? Die Institution der Geldmetrik kennt natürlich Krisen, z. B. solche der Geldentwertung, und seit einigen Jahren erleben wir mit der Politik der Zentralbanken – Nullzins und *quantitative easing* – eine Art Realexperiment, dessen Ende ungewiss ist, dessen bisheriger Verlauf sich aber allem ökonomischen Lehrbuchwissen entzieht (auch die aktuelle »Inflation« scheint ja eher gestörten Lieferketten denn einer Geldentwertung geschuldet zu sein, also eigentlich keine Inflation im Wortsinn darzustellen). Aber selbst in Momenten der Stabilität: In welchem Sinne »funktioniert« das Geld dann?

Dass mit der berauschenden Sorgfalt und Präzision der Preise etwas prinzipiell nicht stimmt, ist vermutlich die Hauptaussage des Marx'schen *Kapital*. In der Analyse des Lohnverhältnisses wartet Marx mit dem überraschenden Urteil auf, dass der Lohnvertrag durchaus gerecht sein mag, die Arbeitskraft zu ihrem wahren Wert verkauft werden mag. Dies ficht seine These der Ausbeutung nicht an – und genau dies ist die formale Pointe der Marx'schen Preiskritik. In der Sprache von Preis und Wert (also Tauschwert oder des kapitalistischen Warengesetzes im Gegensatz zu Gebrauchswert) ist der Tausch zwischen Kapitalist und Arbeiter gerecht, aber die Sprache des Geldes dient hier gerade dazu, das wahre Verhältnis zu verschleiern und zu »mystifizieren«, wie Marx sagte.[105] Der kapitalistische Tauschwert eines Arbeitstages ist die Arbeitszeit, die zur Reproduktion dieser Tagesarbeitskraft – d. h. im Wesentlichen zur Deckung der Grundbedürfnisse des Arbeiters – nötig ist, aber diese ist geringer als ein ganzer Arbeitstag. Der Kapitalist kann somit für weniger als einen Arbeitstag Geldwert einen Arbeitstag Leistung einkaufen, und zwar ohne gegen das Wertgesetz zu verstoßen.

Einhundert Jahre nach der Veröffentlichung des *Kapitals* entwickelten marxistische Ökonomen die Theorie des »ungleichen Tauschs«, die eine ähnliche Struktur im internationalen Handel aufzudecken erlaubte.[106] Analysiert man den internationalen Warenhandel statt in Preisen in Einheiten von Arbeitskraft, Rohstoffen, Energie und Emissionen, zeigt sich, dass die (per Definition) symmetrischen Wertströme asymmetrische Nettoflüsse dieser Größen verdecken: Arbeit, Ressourcen und Energie fließen vom Globalen Süden in den Norden. Auf dem Markt gilt, dass ein Dollar gleich einem Dollar ist – und dies muss gelten, soll der Dollar die Rolle von Tauschmedium und Verrechnungseinheit spielen. Wenn der ausländische Dollar jedoch in die lokale Ökonomie eines »unterentwickelten« und ressourcenreichen Landes gelangt, entfaltet er dort eine größere Kaufkraft und wirkt wie eine Art Ressourcenpumpe in Richtung seines Ursprungslandes. In neuester Zeit wurde diese Theorie um eine ökologische Komponente erweitert, denn in der Tat kommen zu diesen Nettoströmen der Reichtümer gegensinnige Ströme von Umweltzerstörung und Emissionen hinzu, die die Industrieländer zusehends in die Dritte Welt auslagern. Indem CO_2-Emissionen »territorial« verbucht werden, gelten sie als Schuld des produzierenden Landes, statt den Warenströmen zu den eigentlichen Konsumenten zu folgen. Die reichen Nutznießer gewinnen doppelt, da sie die ärmeren Handelspartner nicht nur ausplündern, sondern ihnen noch die Verantwortung für die ökologischen Folgen des eigenen Hyperkonsums unterschieben können.

Marx' Analyse des Lohnverhältnisses und die Analyse des internationalen Warenverkehrs durch die Theorie des »*ecologically unequal exchange*« wird deutlich, dass die vorgebliche Rationalität des Marktpreissystems, das sich durch seine algorithmische Qualität empfahl, nur einen Reflex auf der Oberfläche darstellt, während sich in der Tiefe etwas ganz anderes abspielt. Denselben Verdacht hegten auch einige kritische Ökonomen, die sich in der Planungsdebatte der 1920er-Jahre von Hayek nicht argumentativ in die Ecke drängen ließen, sondern gewissermaßen »den Stier bei den Hörnern packten«, nämlich in den frontalen Gegenangriff übergingen, indem sie unumwunden die den Preisen eingeschriebene Rationalität attackierten. Einen besonderen Platz nimmt dabei Karl William Kapp ein, da er nicht nur seine Marktpreiskritik mit besonderer Klarheit darlegte, sondern später auf ihrer Grundlage eine systematische Kritik der privatwirtschaftlichen Organisationsweise der Ökonomie entwickelte. Die Kritik der monetären

Sprache der Marktpreise findet sich in seiner Dissertation von 1936, *Planwirtschaft und Aussenhandel.*[107] Er fasst sie dort in drei Punkten zusammen, denen wir einen vierten hinzufügen werden:

1. Die Nachfrage spiegelt nicht das Bedürfnis wieder. Märkte stellen über den Preismechanismus die kosmische Harmonie von Angebot und Nachfrage her. Der Preis pendelt sich genau so ein, dass Angebot und Nachfrage zueinanderfinden. Insbesondere wird jede Nachfrage, wie die Ökonomen nicht müde werden zu betonen, auf dem Markt befriedigt. Der Zaubertrick besteht hier indes darin, bei den Zuschauern eine Unklarheit darüber zu provozieren, dass *Nachfrage* und *Bedürfnisse* nicht dasselbe sind und die Harmonie nur für jene, im Allgemeinen aber nicht für diese gilt. Auf dem Markt kommt nicht das Bedürfnis selbst, sondern die Nachfrage zur Geltung. Die Nachfrage ist aber das *solvente,* d. h. – mathematisch gesprochen – lediglich das durch die Kaufkraft gewichtete Bedürfnis (wie wir zumindest in erster Näherung sagen können):

$$\text{Nachfrage} = \text{Bedürfnis} \times \text{Kaufkraft.}$$

Ist die Kaufkraft gleich null, gilt Gleiches für die Nachfrage, gleich wie groß das Bedürfnis sein mag. Ist die Kaufkraft groß, schlagen sich auch kleine Bedürfnisse und nichtige Flausen in einer reellen Nachfrage nieder. Tatsächlich ist das Medium, in dem der Konsument seine Bedürfnisse einzig legitim artikuliert, knapp und ungleich verteilt (nicht anders übrigens – wie wir von Bourdieu wissen – als die natürliche Sprache, die der kulturellen Elite auch ein reicheres, raffiniertes Vokabular zugesteht, das zugleich als effektives Distinktionsmerkmal dient). Als Medium muss das Geld für alle das Gleiche sein, aber es ist nichtsdestotrotz das Medium der Ungleichheit.

2. Marktpreise tragen nicht der Möglichkeit von Beeinflussung der Bedürfnisse oder Irrtum bezüglich der eigenen Wünsche Rechnung. Da die monetäre Sprache nur die eine Modalität des direkten, affirmativen Ausdrucks kennt – uns aber nicht wie die natürlichen Sprachen erlaubt, zu vermuten, abzuwägen, anzuzweifeln, zu hinterfragen, unter Vorbehalt zu akzeptieren, usw. –, erzeugt sie die

Illusion einer feststehenden, unveränderlichen Präferenzordnung, die sich mechanisch in das Wahlverhalten des Konsumenten übersetzt.[108] Streng genommen ist also auch die Nachfrage-Gleichung von Punkt 1 im Allgemeinen nicht gültig, da sich die Kaufkraft nicht immer in Bedürfnis und Kaufkraft »faktorisieren« lässt, nämlich das Bedürfnis auch von der Kaufkraft beeinflusst sein kann – zum Beispiel wenn eine steigende Kaufkraft bestimmte Luxus- und Distinktionsbedürfnisse erst entstehen lässt. Da nun auf dem Markt nur die Transaktionen zählen, aber die komplizierten Dynamiken, die zu ihnen führten, keine Spuren hinterlassen, muss es im Nachhinein immer so wirken, *als ob* im Kaufakt lediglich eine bereits zuvor bestehende Präferenz zum Ausdruck gekommen sei. Dieses »als ob« kennen wir schon aus dem Kapitel *Kosmos*, wo es uns in der Übertragung der Vorstellung eines beiderseitig vorteilhaften Tausches auf den Fall knapper Güter begegnete, wo diese Fiktion nur unter Ausblendung des unsichtbaren Dritten aufrechterhalten werden kann. Auch hier ist das Bild falsch, und zwar zu beiden Seiten, denn es wird weder unserem Selbstverständnis als Personen gerecht, die mit Urteilskraft begabt sind, kraft welcher wir uns hinterfragen und von einem Bedürfnis auch distanzieren können, noch der Realität einer Wirtschaft, die, wie zu Zeiten Kapps durchaus auch liberale Autoren bemerkten, systematisch die Bedürfnisse der Konsumenten z. B. durch Werbung manipuliert. Die Theorie der »Konsumentensouveränität« als liberales Herzstück der Ökonomie müsse, so notierte Kapp schon in den 1960er-Jahren, eigentlich genau umgedreht werden: »nicht der Konsum, sondern die Produktion spielt die aktive Rolle, und der Konsum passt sich entweder passiv an oder wird von den Produzenten und Verkäufern willentlich angepasst«.[109] Philip Mirowski aktualisierte diesen Befund für den heutigen Neoliberalismus als autoritäres Projekt der Disziplinierung und Kontrolle der Individuen: »die angebliche Konsumentensouveränität, die der Markt so beflissen hätschelt, hat begonnen, sich aufzulösen. Es ist unsinnig, die Tugenden eines Marktes zu preisen, der den Menschen gibt, was sie wollen, wenn die Menschen danach zu dürsten scheinen, sie in den Typ Mensch zu verwandeln, der genau das will, was ihm der Markt gibt.«[110]

3. Marktpreise ergeben sich aus den Wechselverhältnissen und Interaktionen von Konsumenten, welche nicht nur – siehe Punkt 1 und 2 – ihre Bedürfnisse (oder was ihnen als solche erscheint) einzig entsprechend ihrer Kaufkraft artikulieren können, sondern per Definition aus einer jeweils strikt individuellen Perspektive agieren. Eine gelungene Transaktion, die durch die beiderseitige Zustimmung validiert wird, sowie das sich aus dieser Transaktion ergebende Preisverhältnis spiegeln somit einzig die Summe der direkt involvierten (wirklichen oder vermeintlichen) Privatinteressen wider. Von vornherein ausgeschlossen sind etwa negative Konsequenzen für Dritte. Die Bedeutung der Unsichtbarkeit des Dritten für die moderne Sozialgrammatik haben wir bereits ausführlich im Kapitel *Kosmos* studiert. Dem Medium der Preise ist dieser blinde Fleck strukturell eingeschrieben. Die involvierten Parteien müssen nun nicht mehr »aktiv wegschauen«. Es reicht, dass sie sich auf das Geld konzentrieren, und das Geld schaut für sie weg. Sagbar ist in der Sprache der Preise nur das egoistische Interesse. Auf Grundlage dieser Einsicht entwickelte Kapp später die Theorie, wonach solche Schäden für Dritte – »soziale Kosten«, wie Kapp sie nannte, oder »Externalitäten«, wie die Ökonomen lapidar, aber, wie wir noch sehen werden, in einem vergifteten Diskurs sagen – nicht nur prinzipiell auftreten können, sondern es den Kern des kapitalistischen Geschäftsmodells ausmache, systematisch Profite zu privatisieren, aber Kosten zu externalisieren. Ökologische Folgen werden direkt auf die Natur abgewälzt, aber auch innerhalb der menschlichen Gesellschaft schafft die kapitalistische Wirtschaftsweise ein »Anderes«, auf das die Reproduktionskosten abgewälzt werden – das biologisch Andere des weiblichen Körpers, das geographisch Andere der Kolonien, das sittliche Andere des kriminellen Milieus, die allesamt in den Formen von Haus- und Pflegearbeit, Sklaverei und Zwangsarbeit kostenlose Reproduktionsarbeit leisten.

Diesen drei Kritiken von Kapp lässt sich eine weitere beigesellen, deren Bedeutung wir bereits im Kapitel *Kosmos* gesehen haben:

4. Markpreise funktionieren unter der Annahme – oder besser gesagt der Fiktion – von Freiwilligkeit. Bei jeder preisinduzierten Markttransaktion wird automatisch so getan, *als ob* sie freiwillig

stattgefunden hätte. Dies gilt sogar noch für offenkundig abstruse Fälle. Man denke etwa an die Opioid-Krise, die in den USA das Ausmaß eines nationalen Gesundheitsnotstands angenommen hat und sich bereits negativ auf die Lebenserwartung der Bürger auswirkt. Pharmakonzerne haben mehrere Millionen Menschen durch gezielte Irreführung in eine Medikamentenabhängigkeit getrieben. Mehr als 47.000 Menschen sterben in den USA jährlich durch Überdosen, Tendenz steigend.[111] Vor allem die hinter dem Purdue-Konzern stehende Sackler-Familie ist in Verruf geraten, da sie die Krise mit aggressivem Marketing aktiv vorangetrieben haben soll. Die bekannte Gefahr einer Abhängigkeit wurde bewusst heruntergespielt, um die Einsatzschwelle des als Schmerzmittel verwendeten Medikaments zu senken. Aus diesem Grund trifft diese Krise im Gegensatz zur üblichen Drogenproblematik stärker die Mittelschicht. Jeder konnte in die Abhängigkeit geraten, wenn sein Arzt ihm nur vorschnell OxyContin verschrieb – eine Sportverletzung oder eine schmerzende Operationsnarbe reichten aus. Der Zynismus der Geschäftsstrategie des Purdue-Konzerns ist unvorstellbar.[112] Während der Konzern offiziell die Abhängigkeitsgefahr noch leugnete, kam intern der Plan auf, gleich noch ein zweites Medikament zur Behandlung der Abhängigkeit zu vermarkten (das sogenannte »Projekt Tango«). Parallel dazu machte man sich daran, auch ein Notfallmittel zur Behandlung von Überdosierungen zu entwickeln. So nimmt der Konzern das verursachte Leid nicht nur in Kauf, sondern kann noch ein zweites Mal daran verdienen. Nun, da der Skandal das Ausmaß einer nationalen Krise mit hunderttausenden Todesfällen angenommen hat, beginnen die Regierungen der amerikanischen Bundesstaaten allmählich, sich gegen die Pharmakonzerne zu wehren. Juristisch ist diesen aber nur schwer beizukommen, denn grundsätzlich ist ihre Aktivität natürlich durch die tief verankerten Rechte auf Eigentum, Gewerbefreiheit und Vertragsfreiheit geschützt, die Grundfesten einer liberalen bürgerlichen Gesellschaft, sodass der Staat nicht mit brachialer Gewalt vorgehen kann. Den Verantwortlichen muss präzise nachgewiesen werden, dass sie um die Gefahren wussten, diese wissentlich falsch darstellten und dass es einen Zusammenhang mit den Todesfällen gibt.

Diese juristischen Hürden leuchten sofort ein. Gleichzeitig aber hat das Szenario etwas zutiefst Anstößiges: Eine einzige Familie verdient Unsummen (geschätztes Vermögen: 13 Milliarden Dollar) am Leid eines ganzen Landes, und der Staat kann die Bevölkerung nicht effektiv schützen. Warum? Er stößt hier eben an die Grenzen seiner eigenen Verfassung, die den Grundmechanismus des Wirtschaftens in einer liberalen Gesellschaft absichert: Wer etwas verdienen will, darf weder stehlen noch betrügen, sondern muss freiwillige Geldströme aktivieren. Wir alle, vom Stahlmagnaten bis zur Prostituierten, tun dies, und auch die Autoren dieses Buches. Zynisch betrachtet erbringen wir keine »Leistung«, für die wir »honoriert« werden, sondern versuchen uns einfach so zu verhalten, dass ein freiwilliger Geldstrom in unsere Richtung umgelenkt wird. Dass diesen Geldströmen auch gegensinnige Leistungs- oder Wertströme entsprechen, das hoffen wir alle. Es ist sozusagen die Wette, auf der jeder Kaufakt und vielleicht auch die kapitalistische Gesellschaft als ganze beruht.

Der Schutzmechanismus zur Absicherung der Wette besteht im Votum des Konsumenten, der sich ja keinen Schund andrehen lässt – oder zumindest nicht zweimal denselben. Und hier erkennen wir das Problem: Formal erfüllt das Geschäftsmodell von Purdue das liberale Kriterium der Freiwilligkeit. Und so verhält es sich auch mit anderen Beispielen. *Amnesty International* z. B. hat sich in der Frage nach der Prostitution zu der pragmatischen Haltung durchgerungen, die Legalisierung von Prostitution zu befürworten – unter der Voraussetzung freilich, dass die Sex-Arbeit freiwillig stattfindet. Zwangsprostitution soll durchaus als Verbrechen geahndet werden. Aber wiederum stellt sich die Frage: Was bedeutet hier »freiwillig«? Fast alle Prostituierten stammen aus armen Familien. Eine Mehrheit der weiblichen Prostituierten hat bereits in der Kindheit schwere familiäre Gewalt und Missbrauch erlebt. Die Gewalterfahrung setzt sich in ihrer Tätigkeit fort. Etwa drei Viertel der Frauen greifen zu Alkohol und Drogen, um ihre Situation ertragen zu können.[113] Für *Amnesty International* sind all diese Fälle durch ein großzügig ausgelegtes Kriterium der Freiwilligkeit gedeckt, wonach jede Handlung freiwillig ist, die nicht unter unmittelbarem persönlichem Zwang geschieht. Die ökonomische Standardtheorie geht sogar noch einen Schritt weiter, indem sie erklärt, dass es im Grunde gar keine Handlung geben kann, die nicht freiwillig ist, selbst wenn sie mit vorgehaltener Waffe erzwungen wird. Denn wenn sich diese Frauen prostituieren – wobei die geschilderten sozialen Hintergründe durchaus real sein und von den Ökonomen zur Kenntnis genommen werden können –, so tun sie dies doch, weil die Alternative, es nicht zu tun, *die schlechtere Wahl wäre!* Egal was wir tun, wir handeln immer so – lehren die Ökonomen –, dass wir unsere Gesamtsituation unter gegebenen Bedingungen optimieren, indem wir von zwei Alternativen die bessere wählen. Die Prostitution ist immer noch besser, als hungers zu sterben. Es steht durchaus alles zum Besten in der besten aller Welten.

Das Zögern von *Amnesty International* ist für unsere Analyse höchst belangvoll, denn die Beispiele von Prostitution und Medikamentenabhängigkeit sind gefährlich. Wer sie ernst nimmt, wird automatisch einen Schritt weiter geführt zu dem Problem von Konsum und Lohnarbeit im Allgemeinen. »Die Prostitution [ist] nur ein *besondrer* Ausdruck der *allgemeinen* Prostitution des *Arbeiters*«, notierte der junge Karl Marx in seinen *Ökonomisch-Philosophischen Manuskripten* von 1844.[114] Und in der Tat werden wir durch den Fall der Prostitution zu der allgemeineren Frage geleitet: Wer arbeitet denn überhaupt freiwillig? Unabhängig von der Frage, wer seinem Beruf mit Freude nachgeht und wer nicht, lässt sich in struktureller Hinsicht festhalten, dass der Lohnarbeit, die im Lauf der vergangenen zweihundert Jahre zur herrschenden Norm und zentralen Integrationsmatrix moderner Gesellschaften avancierte, eine fundamentale Asymmetrie zugrundeliegt, die mit dem Prinzip der Freiwilligkeit in Spannung steht, nämlich die ungleiche Teilung von Besitz und Ressourcen. Eine Lohnarbeit akzeptiert, wer nicht über die Mittel verfügt, sich selbst zu versorgen oder ein selbständiges Einkommen zu generieren – und bis in das 19. Jahrhundert heißt das vor allem: Land. Eine Lohnarbeit akzeptiert also, wer dazu gezwungen ist, und zwar gezwungen durch die doppelte »Freiheit«, zum einen von eigenen (Re-)Produktionsmitteln und zum anderen von aller unmittelbaren Herrschaft, womit man erst zum freien Besitzer der eigenen Arbeitskraft, sprich zum Lohnarbeiter wird. Kein Kapitalist muss je Zwang ausüben, und die Besitzlosen fügen sich ihm unter dem »sanften Zwang« der Verhältnisse (wie wir ihn in *Kosmos* nannten).

Marx verwies in den *Grundrissen* auf dieses Faktum – ohne welches es den gesamten modernen Kapitalismus nicht gäbe –, um die begriffliche Trennung von Fragen der Produktion nach dem Kriterium der Effizienz und Fragen der Verteilung nach dem Kriterium der Gerechtigkeit zu dekonstruieren. Wer glaubt, Gerechtigkeit beschränke sich auf die Verteilung und sei ex post durch Teilhabe am Konsum herstellbar, der übersieht, dass die gesamte Organisation der Produktion bereits auf einer bestimmten Verteilung beruht: Besitz an den Produktionsmitteln hier und Mittellosigkeit da. Die »Distributionsweisen«, schließt Marx, »sind die Produktionsverhältnisse selbst, nur *sub specie distributionis*«.[115]

»Freiwilligkeit« ist mithin eine liberale Fiktion, und dafür bestand durchaus ein gesellschaftliches Bewusstsein in Form des Arbeitsrechts, wie der Jurist Alain Supiot erläutert:

> Die Einwilligung der Arbeiter diente schon im 19. Jahrhundert dazu, unmenschliche Arbeitsbedingungen zu rechtfertigen. Das gesamte Sozialrecht wurde gegen die Vorstellung geschaffen, dass die Einwilligung der Schwächeren die Herrschaft der Starken rechtfertigen könne. Dieses Misstrauen ist noch immer in unserem Arbeitsrecht tief verankert, wird aber zusehends im Namen individueller Freiheit aufgekündigt: Heute gesteht man leichter ein, dass die individuelle Einwilligung des Angestellten ausreicht, um ihn seines Rechtsschutzes zu berauben.[116]

Während das Arbeitsrecht geschliffen wird und die Ökonomen von Machtungleichheit nichts hören wollen, stellt die Freiwilligkeit durchaus eine Präsupposition des Geldes dar: Sobald wir das Geld benutzen, tun wir so, *als ob* wir an diese Fiktion glaubten. Bresson benutzte den Kunstgriff des Falschgeldes, wie wir in der Einleitung gesehen haben, um die Fiktion zu entlarven, um die unserer Gesellschaft inhärenten Machtverhältnisse und die aus ihnen resultierenden Zwänge, über die das Geld seinen Schleier legt, zu enthüllen und wieder sichtbar werden zu lassen.

Dieser Aspekt der Geldkritik gesellt sich den drei von Kapp entwickelten Kritiken ohne Umstände bei. Kapp selbst setzte später der Verschleierung von Machtverhältnissen durch die Ökonomie ein entschiedenes, wenn auch nur programmatisches Bekenntnis entgegen: »*economic problems are necessarily power problems. In other words, power is wealth and wealth is power.*«[117] Entscheidend ist hier indes der Zusammenhang mit der Preismetrik. Nicht erst die orthodoxen Ökonomen blenden als Apologeten der Marktwirtschaft die Machtverhältnisse aus, sondern bereits das Geld tut dies in unserer alltäglichen Praxis, indem es uns angesichts der Macht »sprachlos« macht. Mit dieser Wende bei Kapp im historischen Zusammenhang der Planungsdebatte der 1920er- und 30er-Jahre konnte Kapitalismuskritik nun die Form einer Sprachkritik annehmen. Die Irrationalität der kapitalistischen Ratio zu erweisen, heißt damit, die der monetären Sprache eingeschriebene Logik zu entlarven. Dazu gilt es natürlich von Anfang an zu verstehen, dass der Sprache eine Logik eingeschrieben ist. In einem konventionellen Bild, in dem uns der Geist immer schon fix und fertig gegeben ist und die Sprache ihm als passives Werkzeug und bloßes Vehikel des öffentlichen Ausdrucks dient, lässt sich diese Einsicht gar nicht formulieren. Wenn die Lehrbuchökonomie verbissen daran festhält, das Geld sei ein neutrales Werkzeug, das die Funktionsweise der Wirtschaft nicht affiziert, so erscheint dies, wie der Soziologe Hanno Pahl zu Recht bemerkt, als ein Sonderfall von Medienvergessenheit,[118] also im vorliegenden Fall der Überzeugung, jegliche Sprache sei eine bloße Beschreibung des Wirklichen, so etwas wie ein Koordinatensystem, das zwar konventionell gewählt sein mag, aber sich gegenüber der Wirklichkeit neutral verhalte. Schon William James hat diese Sichtweise gründlich ruiniert, indem er zeigte, dass schon die Kategorien des »gesunden Menschenverstandes« nicht einfach Strukturen der Wirklichkeit widerspiegeln, sondern vielmehr »*sublime tricks of human thought*« darstellen, die dazu dienen, unsere Erfahrungen von der Wirklichkeit eine Form zu geben. »Ding« und »Eigenschaft« sind Artefakte der Art und Weise, wie wir unsere Rede über die Welt grammatisch in Subjekt und Prädikat organisieren.[119] Und so hat auch das Geld eine ihm eingeschriebene Logik, die bestimmt, was sich sagen lässt, welche Entscheidung die richtige ist und welche Perspektive auf die Welt eingenommen werden soll. In *Chronos* haben wir schon gesehen, dass Wert immer zukünftige Verwertung meint, und in *Kosmos* haben wir die entsprechende Sozialgrammatik des Bereicherungszusammenhangs freigelegt. Auf den letzten Seiten haben wir nun bereits einiges weiteres über das dem Geld eingeschriebene Welt- und Menschenbild zusammengetragen, das der Sprache des Geldes eine bestimmte Färbung gibt. Anders als die psychologisierende Kapitalismuskritik, die in der Gier oder dem Konkurrenzstreben die Antriebsfeder des Kapitalismus und im Geld nur das neutrale Medium seines Arbeitens sieht, suchen wir mit Marx und Kapp den Mechanismus in der Sprache des Geldes als struktureller Bedingung, die bestimmt, was die Individuen – ganz egal, wer sie sind und welche Triebe sich in ihnen regen mögen – sagen und denken können.

Utopische Verdoppelung oder: Das Geld als Falle

Realitätsprinzip I: Das unerhörte Reale

Die systematischen Lücken und Auslassungen in der Sprache des Geldes sind derweil zu eklatant, um nicht allgemein bemerkt worden zu sein. Der Kapitalismus instituiert eine »Realität«, wie es Mark Fisher in den Worten Lacans beschrieb, aber das unterliegende »Reale« drängt allerorten zur Oberfläche, am deutlichsten in der ökologischen Krise.[120] Die monetären Größen hinken der Realität hinterher. In der zentralen Größe der volkswirtschaftlichen Gesamtrechnung, dem Bruttoinlandsprodukt, das einfach nur Preise und nichts als Preise aufaddiert, springen einem die Probleme sofort in die Augen: Der gesamte Sektor der unbezahlten Hausarbeit, die in den ärmeren Ländern oft auch die Produktion der Nahrungsmittel in Subsistenzwirtschaft umfasst, wird nicht erfasst, die ökologischen Folgekosten tauchen in der Bilanz nicht auf, und als bloße Summe von Preisen kann das BIP weder über die Qualität der Güter, die hinter den Preisen stecken, noch über ihre Verteilung in der Gesellschaft Auskunft geben. Baudrillard staunte über diesen »außergewöhnlichsten kollektiven Bluff moderner Gesellschaften«:

> [Es handelt sich hier um den] Einfluss einer »Weißen Magie« auf die Zahlen, hinter der sich realiter die Schwarze Magie einer kollektiven Verhexung verbirgt. Wir sprechen von der absurden Gymnastik der buchhalterischen Illusionen in den volkswirtschaftlichen Gesamtrechnungen. In sie gehen ausschließlich die nach den Kriterien der ökonomischen Rationalität sicht- und messbaren Faktoren ein – so will es das Prinzip dieser Magie. Weder die Hausarbeit der Frauen noch die Forschung noch die Kultur werden berücksichtigt, während umgekehrt in diesen Bilanzen so manches

auftauchen kann, was da überhaupt nichts zu suchen hat, einzig und allein deshalb, weil es messbar ist. Darüber hinaus haben diese Buchhaltungen eins gemein mit dem Traum: dass ihnen das Minuszeichen unbekannt ist und dass sie alles, Schäden und positive Elemente, in höchstgradiger (aber keineswegs unschuldiger) Vernunftwidrigkeit addieren.[121]

Diese Kritik ist nicht ungehört geblieben. Die Europäische Union hat bereits ein Programm *Beyond GDP* aus der Taufe gehoben, und neben anderen internationalen Institutionen hat auch die Weltbank die Kritiken schon längst aufgegriffen. Während das BIP über einen Güter*fluß* informiert (all die Güter und Dienstleistungen, die wir konsumieren und die damit durch die Gesellschaft strömen), interessiert sich die Weltbank für den Kapital*stock,* den eine Gesellschaft anhäuft. Aber auch in dieser Hinsicht können wir bisher nur verbuchen, was nicht nur einen Preis hat, sondern auch als für den Preis erhaltenen Gegenwert verbucht werden kann. Während die Natur nicht einmal einen Preis hat, ist zwar Bildung mit Kosten verbunden, kann aber nicht als Gegenwert verbucht werden, solange man die Bildungsausgaben nicht als Investition in ein Kapital verstehen kann – das Humankapital.

Die Lücken sind mithin wohlbekannt und allgemein anerkannt. Was EU und Weltbank von Marx und Kapp unterscheidet, ist, diese Lücken nicht als inhärente Grammatik der Sprache des Geldes zu verstehen, sondern eben als bloße Lücken. Und damit kommen wir zum nächsten Aspekt, dem Siegeszug des Geldes vermöge seines Scheiterns.

In seiner Untersuchung über die Geschichte des modernen Strafsystems, *Überwachen und Strafen* von 1975, machte Foucault eine merkwürdige Beobachtung: Obgleich sehr bald nach der Einführung des Gefängnisses als Strafeinrichtung deutlich wurde, dass diese Institution nicht nur augenblicklich daran scheiterte, die Kriminalität in der Gesellschaft zu senken, sondern sie geradezu förderte und durch die Konsolidierung eines kriminellen Milieus verfestigte, focht dieser Misserfolg die Monopolstellung des Gefängnisses im Strafsystem nicht an. Der Grund dafür ist leicht einzusehen. Gerade weil das Gefängnis genau dasjenige und nur dasjenige Problem, das es ursprünglich lösen sollte, verstärkt, kann es sich auch erneut als Lösung anbieten, allenfalls mit ein paar notwendigen Nachbesserungen, die aber nicht am Prinzip rühren. Dieses Schema ist aus anderen Zusammenhängen der technisch-industriellen Moderne bekannt. Nebenwirkungen von Medikamenten beispielsweise bekämpft man in der modernen Medizin mit – Medikamenten. Resistenzen gegen Pestizide verlangen den Einsatz von noch mehr Pestiziden, neuen und stärkeren Produkten. Hat man diesen Weg einmal eingeschlagen, gibt es nur mehr ein Vorwärts, aber kein Zurück. In der Wahrscheinlichkeitstheorie beschreibt man eine solche Situation formal als eine *absorbing Markov chain*, eine Kette von Zuständen, von welchen einer oder mehrere mit einer gewissen Wahrscheinlichkeit erreicht, im Falle seines Eintretens aber mit Sicherheit nicht mehr verlassen werden können. Foucault analysiert diese fatale inhärente Dynamik als »utopische Verdoppelung«: Die Notwendigkeit einer Reform wird durchaus anerkannt, aber die Reformen reproduzieren immer nur das Muster des Grundproblems. Die Utopie entpuppt sich als bloße Wiederholung des *status quo*, als Verdoppelung.

Auch dem Geld eignet diese Struktur der utopischen Verdoppelung, nämlich die Fähigkeit, sich als einzige Lösung des eigenen Problemcharakters darzustellen (und die *hard modernity* präsentiert sich damit mehr und mehr als ein Morast, in den man umso tiefer sinkt, desto mehr man dagegen ankämpft). Aus der Perspektive des Geldes bieten die von Kapp beschriebenen Probleme nicht den geringsten Grund, an der Universalität dieses Mediums zu zweifeln. Ganz im Gegenteil, sind diese Probleme nicht gerade deshalb aufgetreten, weil diese Universalität noch nicht vollgültig hergestellt war? Genau dies schlug der amerikanische Ökonom Ronald Coase 1960 in seinem berühmten Artikel *The Problem of Social Cost* vor. Soziale Kosten sind ihm zufolge eine bloße Illusion. Kosten können immer nur solche von Individuen sein, und wo »soziale Kosten« aufzutreten scheinen, handelt es sich in Wahrheit lediglich um individuelle Kosten, die das betroffene Individuum aufgrund eines mangelhaften institutionellen Rahmens nicht geltend machen kann. Konkret gesprochen: Wenn eine Fabrik die Umwelt vergiftet und die Gesundheit der lokalen Bevölkerung ruiniert, ist nicht eine marktregulierte Wirtschaftsorganisation das Problem, die den Fabrikbesitzer die Gewinne abschöpfen lässt, während andere die Kosten tragen, sondern lediglich die Tatsache, dass Umwelt und Bevölkerung in der Berechnung der Gewinne (Erlös minus Kosten) nicht berücksichtigt werden konnten, da sie keinen *Preis* haben. Die offenkundige Irrationalität der vom Markt herbeigeführten und abgesegneten Entscheidung, die umweltschädliche Produktion zu betreiben, ist nicht dem Marktmechanismus eingeschrieben, sondern resultiert aus der Tatsache, dass er in der Gesellschaft unvollständig implementiert wurde. In diesem Sinne argumentierte der liberale preußische Ökonom Johann Heinrich von Thünen bereits 1863, die Regierungen setzten im Krieg ihre Soldaten nur deshalb so rücksichtslos ein, weil diese im Gegensatz zu Kanonen keinen Preis haben und nichts kosteten.[122] Damit ist die Lösung vorgezeichnet: Der rückfällige Straftäter muss wieder ins Gefängnis, wer seine Psychopharmaka nicht verträgt, bekommt noch ein Magenmittel verschrieben, und wo der Markt scheitert, gab es eben noch nicht genug von ihm.

Realitätsprinzip II: Monetarisierung

Im Falle der Kosten-Nutzen-Rechnung in Preisgrößen lautet der Fachbegriff für diese utopische Verdoppelung »Monetarisierung«. Sie verkörpert sozusagen den »Bridgman-Moment« der Ökonomie: So wie das taubstumm-blinde Mädchen einst verstand, dass es für jedes Ding einen Namen geben muss, kommen die Ökonomen nun darauf, dass alles auch einen Preis hat – man muss ihn bloß finden. Die Monetarisierung besteht genau darin, Gütern, die nicht auf dem Markt gehandelt werden, einen Preis zuzuordnen. Monetarisierung ist damit nicht gleichbedeutend mit der Schöpfung neuer Märkte, wie wir dies in den letzten Jahrzehnten bei den umfangreichen Privatisierungen des tertiären Sektors und auch jüngst bei der Einrichtung des Handels mit Emissionsrechten (freilich noch mit regulierten Preisen) beobachten konnten. In der Monetarisierung wird der Preis nicht ermittelt, indem der Markt effektiv ausgedehnt wird. Der Bezug auf den Markt ist sehr viel komplizierter, wie wir noch sehen werden. Da keine wirkliche Markterweiterung geschieht, ist die Monetarisierung umgekehrt aber auch weniger spektakulär und findet weit unterhalb der medialen Aufmerksamkeitsschwelle statt. Wir haben es mit einer Technik beachtlichen Umfangs zu tun, die still und unbemerkt im Hintergrund läuft, aber in den internationalen Institutionen und Organisationen von der Weltbank bis zu den Vereinten Nationen fest verankert ist und daher eine beachtliche Wirkmacht entwickelt.

Die Logik der Monetarisierung besagt, dass ein Gut für das ökonomische Kalkül sichtbar wird – und somit auf dem Radarschirm gesellschaftlicher Wertschätzung, politischer Berücksichtigung und wirtschaftlicher Vernunft erscheint –, sobald es mit einem Preisschild versehen wurde. Endlich steht die Hausfrau nicht mehr gegenüber ihrem berufstätigen Gatten zurück, sondern kann den Wert ihrer Leistung in die Waagschale werfen (so das historische Beispiel aus den »fordistischen« 1960er- und 70er-Jahren mit ihren eindeutigen Geschlechterrollen). Mit einem Mal sind die nationalen Ausgaben für Bildung kein verschleuderter Luxus mehr, sondern können als Investition in das Humankapital verbucht werden. Plötzlich steht die Natur nicht mehr kostenlos zu Verfügung, und Umweltzerstörung kann als Vernichtung eines Kapitalstocks an »*ecosystem services*« angeprangert werden. Plötzlich sind Ökolebensmittel kein Luxusprodukt mehr für die materiell sorgenfreien Schichten, sondern die »wahren Kosten« der agroindustriellen Billigproduktion können genau beziffert werden. Die Rationalität ist somit wiederhergestellt, die Weltharmonik vervollkommnet, da endlich auch mit der Natur versöhnt. Die Konten der Buchführung können komplettiert werden und die Kosten-Nutzen-Analyse vermag endlich alle relevanten Faktoren zu berücksichtigen. Das Geld dient als wahrhaft universelle Sprache – wenn wir es nur zulassen!

Was für ökonomische Laien anstößig wirken mag, ist für die Wirtschaftswissenschaftler nur folgerichtig. Erinnern wir uns, dass für die Ökonomen Markt und Preise gleichsam nur die nach außen projizierte Spiegelung unserer inneren Verfassung sind. Auch wo noch keine Märkte existieren und wir die Preise der Dinge noch nicht kennen, legen wir sie gleichwohl schon immer auf die innere Waage und müssen jeder Entscheidung eine unerbittliche Wertung zugrunde gelegt haben, ob wir uns dessen nun bewusst sind oder nicht. So wie eine Waage nur Gewichte kennt und über die Welt nur in Anteilen oder Vielfachen des Kilogramms sprechen kann, so kennt unsere innere Waage nur den subjektiven Nutzen und drückt ihn in relativen Werten, also Preisen aus. Der Universalismus ist diesem Instrument eingeschrieben. Der Natur, einer Spezies, einer Freundschaft oder einem Jahr unseres Lebens einen Preis zu geben, stellt mithin keinen Skandal dar, sondern wiederholt nur als öffentliche Geste, was wir – in Ermangelung eines Marktes – in unserem Innern schon immer taten.

Was aber heißt ein Preis ohne einen Markt? Wenn der Preis eine »natürliche Information« liefern und nicht nur wie im Falle des Handels mit Emissionsrechten mit festgesetzten Einstiegspreisen einen politischen Imperativ ausdrücken soll, darf der Preis nicht einfach willkürlich bestimmt werden. Er muss vielmehr an dem alles entscheidenden Maßstab der Konsumentenwünsche abgelesen werden, aber freilich ohne dass den Konsumenten der Markt wie gewohnt als Instrument der Artikulation zur Verfügung steht.

Die Ökonomen haben viel Arbeit darauf verwandt, Methoden der Monetarisierung zu entwickeln, die im Sinne eines Preisersatzes valide sind. Die sicherste, da marktnächste Methode besteht darin, auf existierenden Märkten nach Informationen zu suchen, die über den Wert eines nicht warenförmigen Gutes indirekt Auskunft geben können. Was kompliziert klingt, nimmt konkret eine einfache Gestalt an. Der einfachste Fall liegt vor, wenn der fragliche Gütertyp durchaus kommodifiziert werden kann, auch wenn dies nicht in allen Fällen üblich ist. Pflege- und Hausarbeiten werden auch als Dienstleistungen angeboten, und somit kennt man den Marktwert der unentgeltlichen Hausarbeit. Ordentlich prüfen muss man lediglich, ob die Leistungen wirklich äquivalent sind. Kümmert sich ein anonymer Dienstleister mit derselben Hingabe wie die liebende

Mutter – oder gar aufgrund seiner Ausbildung noch besser? Einige Länder haben die unbezahlte Hausarbeit bereits in die volkswirtschaftliche Gesamtrechnung integriert, zumindest in etwas stiefmütterlich behandelten »Satellitenkonten«, und verfahren nach solchen Methoden.

Aber auch wenn kein direktes Äquivalent zur Verfügung steht, kann es durchaus sein, dass Konsumentenentscheidungen Aufschluss über den Wert eines Gutes geben können. Wenn zum Beispiel an einer lauten Ausfallstraße die Mieten niedriger sind, entspricht dann diese Differenz im Mietniveau nicht genau den sozialen Kosten der Lärmbelästigung oder, umgekehrt ausgedrückt, drücken die höheren Mieten abseits der Straße nicht genau den »Wert der Ruhe« aus? Wenn Touristen einen Umweg in Kauf nehmen, um eine Kapelle aus dem 12. Jahrhundert zu besichtigen, drückt sich dann darin nicht der Wert der kunsthistorischen Kostbarkeit aus? Dies wären der *housing-cost*-Ansatz für den Wert der Ruhe und der *travel-cost*-Ansatz für den Wert der Kultur. Was kaum bezifferbar wirkte, hat plötzlich einen Preis – und zwar einen Preis, den wir selbst ihm gegeben haben. Selbst der skandalöseste Fall fügt sich in dieses Schema. Wer für die entsprechende Lohnzulage einen gefährlichen Beruf akzeptiert, hat er nicht selbst getan, was in unserer Gesellschaft streng verboten ist, nämlich sein Überleben gegen eine Geldsumme aufgewogen? Die Ökonomen sehen es so und deduzieren ohne Umschweife den »Preis des Lebens«. In der Sprache der Ökonomen klingt dies so: »*The value of life can be expressed as the marginal rate of substitution between wealth and the probability of survival*« – der Wert des Lebens kann als Grenzrate der Substitution zwischen Wohlstand und Überlebenswahrscheinlichkeit ausgedrückt werden.[123] Die Monetarisierung zeigt sich hier nicht als Notlösung, sondern bietet uns im Gegenteil einen unverstellten Blick auf unseren eigenen Umgang mit der Wirklichkeit.

Schwieriger wird es, wenn sich solche Ersatzgüter, die indirekte Rückschlüsse auf die uns interessierende Größe zulassen, nicht finden lassen. Ein typischer Fall sind ökologische Kosten. Wie ist der Wert einer Fledermauspopulation zu messen, die einem Infrastrukturprojekt weichen muss? Und wie bemisst man korrekt die

Schäden einer Ölpest? Natürlich involvieren solche Szenarien ebenfalls ökonomisch relevante Entscheidungen und Handlungen, die als solche mit Kosten einhergehen. Eine Fledermauspopulation umzusiedeln kostet Geld, und Gleiches gilt für die Säuberung und Renaturierung einer ölverseuchten Küste. Aber dies sind lediglich Folgekosten, die über den Wert der ökologischen Güter so wenig Auskunft geben wie der Nagel an der Wand über den ästhetischen Wert des Kunstwerks, das an ihm hängt. Ökonomen wissen sehr genau, was sie unter dem Wert eines Gutes verstehen, und machen sich das Leben durchaus nicht ungebührlich leicht!

Wenn alle Stricke reißen und die Konsumenten partout nicht in ihren Handlungen »offenbaren« wollen, welchen Wert ein Ding für sie hat, dann muss man in den sauren Apfel beißen und sie ausdrücklich fragen. *Contingent Valuation* lautet der Fachbegriff für diese Herangehensweise, in der Konsumenten mit einem hypothetischen Szenario konfrontiert werden, in dem sie den Preis selbst festlegen: »Was wären Sie zu bezahlen bereit, damit der Flughafen nicht in diesem Naturschutzgebiet gebaut wird? Was wären Sie zu bezahlen bereit, damit die Population einer seltenen Fledermausspezies durch Umsiedelung gerettet wird?« usw. Im Anschluss muss man lediglich die genannten Beträge auf die relevanten Bevölkerungsteile hochrechnen und hat den exakten Wert. Eine Gruppe von Umweltökonomen hat in den 1990er-Jahren auf diese Weise (und ein paar weiteren Kniffen aus der volkswirtschaftlichen Werkzeugkiste) den Wert sämtlicher »Dienstleistungen« des globalen Ökosystems mit 33 Billionen Dollar beziffert, knapp das Doppelte des damaligen Weltsozialprodukts. Den Coup landeten sie in *Nature*, einer der beiden wichtigsten wissenschaftlichen Zeitschriften.[124] Etwa zur selben Zeit akzeptierten US-amerikanische Gerichte solche Methoden der Monetarisierung als Grundlage der Bestimmung von Schäden und entsprechenden Entschädigungszahlungen bei Umweltkatastrophen. In den Institutionen unserer Gesellschaft wird das Treiben der Ökonomen mithin sehr ernst genommen.

Ein kleines Fenster für die Kritik an der Monetarisierung öffnete sich freilich schon in den Umfragen selbst. Den Ökonomen war das Gespräch mit den Konsumenten ohnehin nicht geheuer. Eine »echte« Konsumentenentscheidung findet auf dem Markt statt, aber bei verbalen Selbstauskünften kann man sich niemals wirklich sicher sein. Was, so fürchteten die Ökonomen, wenn die genannten Geldsummen gar nicht die Wertschätzung für den fraglichen Gegenstand widerspiegeln, sondern bloß den *warm glow* des Spendens, wie die Ökonomen sagen, nämlich den bloßen Gefallen an der Vorstellung, für gute Zwecke tätig zu sein? In Wirklichkeit trieben die Befragten es (in dokumentierten Fällen) viel schlimmer.[125] Sie griffen offen die Legitimität der Studien an. Sie hinterfragten, ob sich der Wert der Natur wirklich auf der utilitaristischen Skala der Ökonomen abbilden lasse, oder weigerten sich, aus der Perspektive des Konsumenten zu einer Frage Stellung zu nehmen, die sie als eine politische verstanden und die somit ihren adäquaten Platz nicht auf dem Markt, sondern in der öffentlichen Debatte hätte, und die nicht Gegenstand einer ökonomischen Rechnung, sondern einer gesetzlichen Regelung sein sollte. Andere akzeptierten den monetären Rahmen, aber nur, um ihn unlauter zu nutzen. Sie verstanden die genannten Geldbeträge einfach als politische Statements statt als Ausdruck eines Konsumentenwunsches. Die Ökonomen gerieten durch solch rebellisches Verhalten in extreme Nöte, da sie sich durch ihren eigenen höchsten Glaubenssatz der »Konsumentensouveränität« aller Handlungsmöglichkeiten beraubt hatten. Die »Konsumentensouveränität« verlangt ja, dass der Konsument in seinem Begehren autonom ist und im Grunde alles wollen darf (und auch haben darf, sofern er dafür bezahlen kann). Allein, dass der Konsument kein Konsument sein will, sondern ein politisches Wesen, das der Geldmatrix, die sich um es schließt, einen leisen Widerstand entgegenzusetzen sucht – das hatten die Ökonomen so nicht vorgesehen, standen aufgrund ihrer eigenen liberalen Prämissen dieser Entgleisung nun aber vollkommen wehrlos gegenüber.

Eigentlich hätten sich die Ökonomen nicht erst von den Laien erklären lassen müssen, dass Monetarisierung ein Irrweg sein könnte. Bereits 1976 hatte der britische Ökonom David Pearce gezeigt, dass auch dann, wenn der einzelne ökonomische Akteur (z. B. ein produzierendes Unternehmen) die ökologischen Folgen für die Gemeinschaft mit einpreist, das Ergebnis katastrophal ausfallen kann.[126] Selbst wenn die Folgen als »wahre Kosten« berücksichtigt werden, bleibt es im Sinne der Kosten-Nutzen-Rechnung »rational«, die Produktion zu steigern, solange der zusätzliche Nutzen nicht durch den zusätzlichen Schaden aufgewogen wird. Dies bedeutet aber, dass ein gewisser Schaden durchaus – und zwar im Wortsinne – *in Kauf genommen* wird, die Umwelt also leidet. Und selbst wenn der jeweils entstandene Schaden in der nächsten Runde berücksichtigt wird, wird nun ein neues rationales Optimum kalkuliert, das wieder einen zusätzlichen Schaden impliziert. Die ökonomisch optimale Lösung ist »ökologisch nicht stabil«, wie Pearce es nüchtern ausdrückte und was nichts anderes heißt, als dass am Ende die Natur ruiniert ist und auch die Produktion zusammenbricht.

Diese im Grunde vollkommen unspektakuläre *paper-and-pencil*-Überlegung mit einem Diagramm und ein paar Kurven wirft in Wahrheit eine kategoriale Frage auf: Was bedeutet eigentlich ein Preis? Die gesamte Idee einer Ausdehnung der monetären Sprache, um »wahre« Kosten kalkulieren, umfassende Kosten-Nutzen-Rechnungen anstellen und endlich alle Bereiche des Lebens in den Konten der volkswirtschaftlichen Gesamtrechnung abbilden zu können, basierte allein auf der Vorstellung, dass Preise Werte ausdrücken und ein fehlender Preis somit einen Wert unberücksichtigt zurücklassen muss. Aber selbst wenn man dies akzeptiert – was, wie bereits deutlich geworden ist, alles andere als selbstverständlich ist, da der Wert das wertende Subjekt als begehrlichen Konsumenten, nicht aber als politisches Wesen unterstellt –, selbst dann ist damit nur die halbe Wahrheit des Preises ausgesprochen. Denn indem der Preis unsere (konsumistische) Wertschätzung quantifiziert, drückt er nicht nur positiv ihren Betrag aus, sondern auch negativ ihre präzise Grenze. Ein Wert ist, wie wir bereits im Kapitel

Chronos betonten, immer eine endliche Größe. Ein Preisschild von »50 Euro« für eine Stück intakte Natur bedeutet daher nicht nur, dass die Natur jetzt endlich zu Buche schlägt, wo sie vorher implizit mit null Euro gehandelt wurde, sondern eben auch, dass sie keinen Cent mehr als diese 50 Euro wert ist. Überwiegt der Nutzen eines Projekts auch dann, wenn die ökologischen Folgekosten eingepreist worden sind, so hat die Ökologie eben das Nachsehen. Die konsequente Ausdehnung von Eigentumstiteln, wie sie Coase vorschlug, um alle Externalitäten marktgerecht einzufangen – also eine verallgemeinerte kosmologische Harmonie, in der Kapitalismus und Ökologie versöhnt sind –, führt mithin nicht automatisch zu mehr Umweltschutz. Wo zuvor die Umwelt rücksichtslos vergiftet wurde, wird es nun zu einer empirischen, anhand einer Kosten-Nutzen-Kalkulation zu beantwortenden Frage, ob die Natur geschützt werden soll – oder ob es nicht »effizienter« ist, sie zu zerstören.

Genau dies ist der Kern des Arguments von Pearce. Der Natur ein Preisschild anheften bedeutet, dass wir sie im Zweifelsfall zu verkaufen bereit sind, und es unterstellt insbesondere, dass wir sie jederzeit gegen ein Äquivalent eintauschen können. Dies sind wohlgemerkt keine bedauerlichen Nebenfolgen der monetären Sprache, die man durch Zusatzklauseln zu unterbinden versuchen könnte. Die Integration in den Verwertungsnexus macht vielmehr den Kerngehalt ihrer Bedeutung aus, wie wir im Kapitel *Chronos* ausführlich dargestellt haben. Preise verweisen auf den Marktmechanismus zurück und bleiben an ihn gekettet. Sie können also nicht einfach als Ausdruck des Wertes unter Abstraktion vom Markt verstanden werden, wie dies in der Literatur suggeriert wird. »Wert« ist in diesem Zusammenhang ganz präzise nur die Bedingung, die bestimmt, in welchen Verhältnissen der bewertete Gegenstand auf dem Markt zu anderen Waren stehen wird, und nichts anderes.

Diese Diagnose wirft ein düsteres Licht auf die Gesamtheit der monetär basierten Instrumente in der Umweltpolitik, also z. B. künstliche Märkte für Verschmutzungsrechte (Emissionshandel), sogenannte Pigou-Steuern wie z. B. eine CO_2-Steuer und Reformen der volkswirtschaftlichen Gesamtrechnung hin zu einem *green accounting*, wie sie von den großen internationalen Organisationen und Institutionen von der UN über die Weltbank bis hin zur OECD gepriesen werden. Die grünen und sozialen Reformen der Gesamtrechnung kranken schon daran, dass sie, selbst wenn ihre Zahlen Gültigkeit hätten, sie lediglich *ex post* eine Zustandsbeschreibung liefern, aber weder die Verantwortlichen für die Erosion des natürlichen und sozialen Kapitals benennen, noch effektive Anreize schaffen, diese Kapitalbestände zu schützen. Sie können sogar dazu beitragen, solche Bemühungen zu konterkarieren, da der monetären Metrik die Möglichkeit der Kompensation strukturell eingeschrieben ist. Da es der Sinn eines Preises ist, dass das bewertete Gut einem anderen von selbigem Preis äquivalent ist und somit nach dem Maßstab der Tauschgerechtigkeit durch es ersetzt werden kann, können auch die Kapitalsorten in der erweiterten Rechnungsführung gegeneinander aufgerechnet werden. Was zählt, ist ihre Summe, und die Summe lässt sich auch dann erhalten, wenn eine irreversible Erosion des Naturkapitals durch Investition in Bildung oder Immobilien kompensiert wird. In der Literatur spricht man euphemistisch von »schwacher Nachhaltigkeit« (*weak sustainability*), wobei die Wurzel des Übels nicht im mangelnden Willen bestehen muss, sondern strukturell ist, nämlich eine direkte logische Folge der monetären Metrik. Eine CO_2-Bepreisung verfolgt im Gegensatz zur Reform der Gesamtrechnung zwar zumindest das Ziel, eine »Lenkungswirkung« zu entfalten. Aber auch hier macht sich ein Kompensationseffekt geltend, da eine schlechte Umweltbilanz in einem Betrieb durch Effizienzsteigerungen in einem anderen Betrieb »erkauft« werden kann, was in diesem Fall keine Metapher darstellt, sondern wörtlich genommen werden kann, weil dies der Sinn eines Marktes ist.

In all diesen Kritiken ist noch nicht die Frage aufgeworfen, wo die Zahlen überhaupt herkommen, schließlich müssen hier marktfremde Güter mit einem Preis versehen werden. Hier stoßen wir auf den Begriff der Externalität, wie wir ihn im Kapitel *Kosmos* schon in der Diskussion der Figur des »unsichtbaren Dritten« verwendeten. Technisch gesprochen versteht man in der ökonomischen Lehre unter Externalitäten Auswirkungen von Markttransaktionen auf unbeteiligte Dritte. Lässt man beispielsweise eine Klimaanlage installieren, hat man selbst den erwünschten und mit barem Geld bezahlten Nutzen, während die negativen Begleiterscheinungen von Betriebsgeräusch und Abwärme auf die Nachbarschaft abgewälzt werden. »Externalität« ist aber nicht einfach ein anderes Wort für »soziale und ökologische Kosten«. »Externalität« ist ein vergifteter Begriff, und zwar in zweifacher Weise. Schon von seiner ursprünglichen Intention her stellt er nichts als eine unverfrorene Absage der ökonomischen Theorie dar, negative soziale und ökologische Folgen des Wirtschaftens überhaupt nur zur Kenntnis zu nehmen. Man muss den Begriff nur beim Wort nehmen: »Externe« Folgen entfalten sich *per definitionem* außerhalb der ökonomischen Sphäre – und gehen damit die Ökonomie nichts an. Falls es sie gibt, sollen sich Ökologie und Sozialwissenschaft darum kümmern. Will man die Ökonomie nun zwingen, sich mit den Externalitäten zu beschäftigen, bietet ihr dies eine willkommene Gelegenheit für einen zweiten giftigen Biss. Denn um die Externalitäten wahrnehmen zu können, muss die Ökonomie sie »internalisieren«, sich angleichen und in genuin ökonomische Phänomene verwandeln. Sie muss ihnen mithin einen Preis geben, und damit handelt man sich, wie wir gesehen haben, die gesamte Methodik der Neoklassik mit ihren Phantasmen vom *homo oeconomicus* und der Konsumentsouveränität usw. ein. Fragt man die Ökonomen darüber hinaus um einen Rat, wie man Externalitäten auch vermeiden, also die Wirtschaft sozial und ökologisch verträglich gestalten kann, ist die Antwort *a priori* vorgezeichnet. Denn dazu müssen die Externalitäten nun nicht nur theoretisch, sondern praktisch in die Sphäre der Ökonomie – und das heißt natürlich: in den Markt – absorbiert werden. Die einzig wirksame Kur gegen das Versagen der Märkte kann also nur ein Mehr an Markt selbst sein – seine utopische Verdoppelung. Auch ernsthaft bemühte Versuche, die »wahren Kosten« unseres Konsums zu beziffern, entpuppen sich bei einem genaueren Blick in die Methodik als trojanische Pferde der utopischen Verdoppelung.

Schon vor Jahrzehnten wies Kapp darauf hin, dass monetäre Ansätze bloß die Illusion erzeugen, dass die ökologische Frage ernst genommen würde, während sie in Wahrheit ein *business as usual* befeuern.[127] Dahinter muss nicht einmal böse Absicht stecken. Seitens der Ökonomen, die für die UN, die Weltbank und die OECD auf hunderten von Seiten komplexe Methodiken entwickeln, trifft man auf einen dogmatischen, aber aufrichtigen Glauben, dass Markt und Ökologie Hand in Hand gehen können und die Ökologie, so sie denn ein rationales Ansinnen darstellt, dies auch im Begriff der neoklassisch gedachten ökonomischen Effizienz artikulieren können muss. Seitens der ökologischen Aktivisten kann man studieren, wie in der utopischen Verdoppelung die subversiven Kräfte absorbiert werden und den Status quo stabilisieren. In dem Moment, in dem *Fridays for Future* ihre Radikalität in einer Höchstforderung für den CO_2-Preis ausdrücken, haben sie schon vor der *hard modernity* kapituliert, da sie sich den Preis als einzig denkbare Dimension haben vorgeben lassen. Selbst Marxisten und kritische Sozialwissenschaftler sehen bisweilen keine andere Möglichkeit mehr, als auf die monetäre Metrik zurückzugreifen, und zwar wider besseres Wissen. Ein Beispiel bietet die bereits erwähnte Theorie des »ungleichen Tauschs«. In den 1960er- und 70er-Jahren gab es eine ernsthafte Diskussion darüber, ob man monetäre Maße überhaupt sinnvoll verwenden könne, um die Plünderung des globalen Südens durch den Norden darzustellen (und parallel gab es eine strukturgleiche Diskussion im revolutionären Kuba, ob man in der Planwirtschaft das Geld als inner- und zwischenbetriebliche Verrechnungseinheit verwenden dürfe). Die Meinungen der Autoren gingen in der Frage auseinander. Die einen bedienten sich der monetären Sprache, andere lehnten sie ab, da Preise ja genau die Funktion haben, die Ausbeutung unsichtbar zu machen, weshalb man sich von der Illusion eines »wahren« Preises verabschieden und nach anderen Wertmetriken Ausschau halten müsse (in Kuba war es Che Guevara, der in seiner Funktion als Industrie- und Finanzminister die monetäre Metrik ablehnte). Heute hat sich die Diskussion verändert. Kritische Wissenschaftler gestehen offen ein, dass es so etwas wie »objektiv richtige« Preise nicht gibt – um sodann doch einfach die monetäre Metrik zu verwenden.[128] Die wackeren Umweltschützer und Imperialismuskritiker, die dem Kapitalismus mit dem monetären Schwert zu Leibe rücken, gleichen dabei dem Ritter aus Jeremias Gotthelfs Novelle, der auszieht, die schwarze Spinne zu erlegen, nicht ahnend, dass er selbst es ist, der das Unheil durch das Land trägt: »denn auf des Ritters Helm saß schwarz, in übernatürlicher Größe die Spinne und glotzte giftig und schadenfroh ins Land. Was er suchte, das trug der Ritter und wußte es nicht«.[129]

Der Verwertungsnexus

Die Monetarisierung hält also ihr Versprechen nicht, und die Gründe dafür sind seit Jahrzehnten bekannt. Auch wenn wir die Grenzen der Marktpreise anerkennen und ihre blinden Flecken durch ausgeklügelte Methoden der Monetarisierung auszugleichen versuchen, löst sich mithin das eigentliche Grundproblem nicht, sondern stellt sich umgehend mit derselben Schärfe wieder ein. Dessen ungeachtet hat die Monetarisierung ihren Siegeszug durch die internationalen Organisationen fortgesetzt und eine regelrechte Industrie zur Entfaltung gebracht. Denken wir an Foucaults Analyse des Gefängnisses zurück, drängt sich damit als nächste Frage auf, aus welcher anderen Quelle die monetäre Sprache – nun in ihrer »utopischen Verdoppelung«: Marktpreise plus Monetarisierung – ihre Stabilität bezieht.

Foucault hält erneut einen sachdienlichen Hinweis parat. »Das Gefängnis mag offenkundig ›scheitern‹, aber es verfehlt nicht sein Ziel«, heißt es bei ihm. Der Anflug des Paradoxen löst sich auf, wenn man nur bedenkt, dass gesellschaftliche Institutionen ihre eigene Dynamik haben, was ihre eigentlichen Zwecke tendenziell zu einer unbekannten Größe werden lässt. Friedrich Engels hatte diese Lehre, welche Foucault in aller Allgemeinheit entfaltete, ja für das Geld bereits ausgesprochen (siehe das *Praeludium*). Bestünde der Zweck des modernen Gefängniswesens tatsächlich darin, die Kriminalität zu beseitigen oder effektiv zu mindern, wäre sein Scheitern vielleicht unabwendbar. Sein eigentlicher Beitrag zur bürgerlichen Gesellschaft besteht laut Foucault derweil in einem ganz anderen Mechanismus: Das Gefängniswesen erlaubt es der bürgerlichen Gesellschaft, ein »kriminelles Milieu« zu imaginieren, das all die skandalöse, sündhafte Kriminalität verkörpert und von der zugleich all jene unterschwellige Kriminalität abgekoppelt werden kann, die die bürgerliche Gesellschaft an sich selbst tolerieren will oder notgedrungen muss. Foucault nennt keine Beispiele. Die Tageszeitungen sind indes voll von Fällen hochgestellter Persönlichkeiten, die selbst dann nicht dem kriminellen Milieu zugerechnet werden, wenn sie auf frischer Tat ertappt worden sind. Es ist eben nicht die kriminelle Tat, die den Kriminellen ausmacht: Der Bürger bleibt auch in seinen Straftaten anständig, während der Kriminelle auch bei tadellosem Lebenswandel eine suspekte Person darstellt. Dies ist die eigentliche Logik der Disziplinierungsgesellschaft hinter der rein rhetorischen Fassade der Kriminalitätsbekämpfung.

Und wie steht es dann mit dem Geld in seiner utopischen Verdoppelung? Lässt sich Foucaults Analyse auf diese symbolische Form anwenden? Verbirgt sich hinter ihrem Scheitern ein geheimer Erfolg? Die Antwort auf diese Frage muss in der besonderen Logik liegen, die dem Geld eingeschrieben ist. An diesem Punkt ist es hilfreich, sich zu erinnern, dass die verschiedenen symbolischen Formen laut Cassirer nicht einfach verschiedene Momente aus der Wirklichkeit hervorheben, sondern diese subjektive Repräsentationsfunktion ohne Widerspruch noch Konflikt mit einer objektiven, sich hinter dem Rücken der Subjekte realisierenden Zwecklogik verbinden. Die symbolische Form von Mythos und Religion begründe die Sittlichkeit, Kunst die innere Freiheit, Geschichte ein politisches Selbstverständnis als *citoyen* und – für uns zentral – Sprache die »Objektivität«, also die Tatsache, dass dem Menschen eine Welt gegeben ist, die sich vor ihm als eine unabhängige Realität ausbreitet.

Wenn wir nun die verschiedenen Fäden unserer Analyse zusammenziehen, können wir mithin fragen: Wie steht es um den Zweckcharakter (Cassirer) der symbolischen Form des Geldes (Hayek und Kapp) in seiner utopischen Verdoppelung (Foucault)? Auch in der Planungsdebatte wurde das Geld in seiner abbildenden Funktion thematisiert, auch wenn es sich mit den individuellen Präferenzen auf eine subtile, in den Wollungen und Wünschen der Konsumenten versteckten Schicht der Wirklichkeit bezieht. Aber ist dies die ganze Geschichte? Bietet uns der Preismechanismus des Marktes einfach eine *Carte de Tendre*, eine Landkarte des Herzens aller Konsumenten (Abb. 6)? Ist es diese Information, die der Marktteilnehmer sucht und an den Preisen abliest? Auch wenn es diese Illusion ist, die die utopische Verdoppelung des Geldes in den ökonomischen Ansätzen der Monetarisierung nährt, so war doch auch den Marktradikalen in den Planungsdebatten der 1920er-Jahre, allen voran Hayek selbst, ein solcher Irrealismus fremd. Der Markt sorgt für eine »optimale« Verteilung der Güter in der Gesellschaft, aber auch der Ressourcen in der Produktion, nicht indem er es dem Kapitalisten erlaubt, sich auf dem Markt geflissentlich über die Sorgen und Wünsche seiner Mitbürger zu informieren. Die Preissignale zeigen dem Kapitalisten vielmehr einfach, wie er seine Kosten reduzieren kann – genau auf diese Weise beantwortet sich ja die Frage nach der Wahl der besten Produktionsmethode, mit der wir dieses Kapitel begonnen haben. Die Marktpreise erzeugen mit anderen Worten eine künstliche Landschaft, in der sich der Kapitalist weitgehend auf seinen *Profitinstinkt* verlassen kann. Auch in der symbolischen Form des Geldes stehen somit Repräsentation und Zweckhaftigkeit nicht in einem Widerspruch zueinander, sondern gehen die Synthese einer zweckorientierten Darstellung der Wirklichkeit ein. Wenn diese Einsicht in die spezielle Information, die der Markt aufbereitet, in den historischen Planungsdebatten auch immer implizit präsent gewesen sein mag, so hat erst in jüngster Zeit Evgeny Morozov im Zusammenhang mit der heutigen Diskussion um Möglichkeiten und Grenzen eines Cybersozialismus das Verdienst errungen, dies vollends deutlich zu machen und klar auszusprechen:

> Solange das Streben nach Profitabilität das übergeordnete Ziel des gesamten Systems bleibt, weiß jeder, was er zu erwarten hat. Trifft diese Bedingung nicht zu, verliert das Preissystem natürlich sofort die Magie der gesellschaftlichen Koordinationsleistung, denn Preisveränderungen werden unleserlich – so wie die Luftaufnahme des Schlachtfelds unverständlich wird, wenn eine Seite sich plötzlich zum Pazifismus bekennt. Das Preissystem kann mit so wenig so viel erreichen, gerade weil die Wirtschaftsakteure nicht zu

einem Handbuch greifen oder ihren Therapeuten konsultieren müssen, um zu wissen, was zu tun ist, wenn sich die Preise ändern.[130]

Der Markt zeichnet mithin keine *Carte de Tendre*, sondern eine *Carte de la profitabilité*. Ihre Provinzen heißen nicht Freundschaft, romantische Verse, Nachstellungen, Güte, Gemeinheit, Hochmut usw., sondern klassifizieren die Regionen absteigend von *Prime* (AAA) zu *Extremely Speculative* (CCC).

Und was bedeutet dies nun für die utopische Verdoppelung der Geldmatrix, die sich in der Monetarisierung zu einem Kosmos schließt, der zwar quantitativ noch unendlich ist (man entsinne sich des Bereicherungszusammenhangs, wie wir ihn im Kapitel *Kosmos* analysiert haben), aber auf eine einzige Dimension reduziert wurde, der also keine Heterogenitäten, Ausflüchte oder Lichtungen mehr bietet und in diesem Sinne doch wieder geschlossen ist? Kapp hat in seiner Geldkritik gezeigt, dass die Profite nicht aus dem Nichts entstehen, sondern die Preise nur diese Illusion entstehen lassen, indem sie die entsprechenden Kosten aus dem Blickfeld verschwinden lassen. Auf diese Weise hob der europäische Kapitalismus zu seinem gigantischen »*free ride*« an (wie Jason W. Moore dies einmal nannte[131]), die »Trittbrettfahrt«, wie die drollige deutsche Übersetzung lautet, die gar nicht zu der gigantischen Spur der Verwüstung passen will, die der Kapitalismus in Natur, Geist und Gesellschaft hinter sich zurücklässt. Kapp und Moore packen damit den Stier bei den Hörnern, denn jede ernsthafte Kapitalismuskritik stellt sich der Herausforderung, den Kapitalismus nicht an seiner Achillesferse zu erwischen, sondern dort, wo er sich am stärksten wähnt – nämlich in seiner Rationalität, deren Irrationalität es zu erweisen gilt. Die Monetarisierung springt gerade hier ein. Sie suggeriert, den blinden Fleck des kapitalistischen Wirtschaftens nicht als ein notwendiges Strukturmerkmal zu deuten, sondern als einen bloßen Mangel an Konsequenz und die Irrationalität als einen bloßen Mangel an Vervollständigung der Rationalität. Wenn Märkte scheitern, dann müssen sie unvollständig gewesen sein und Lücken aufgewiesen haben.

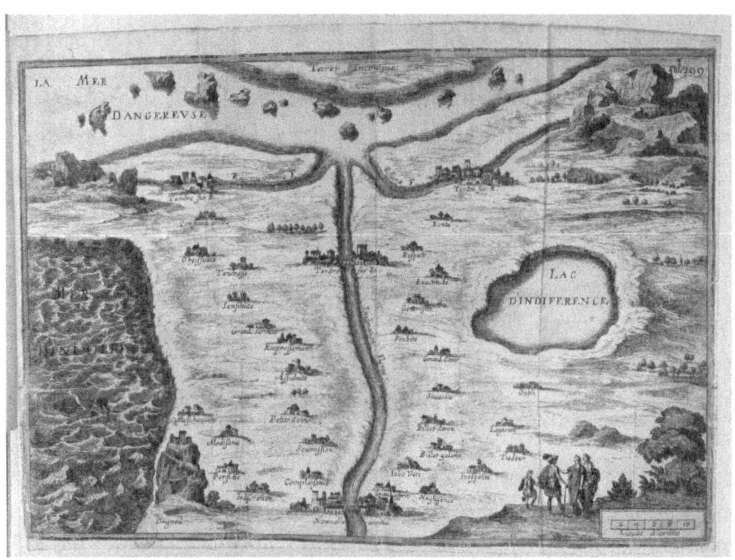

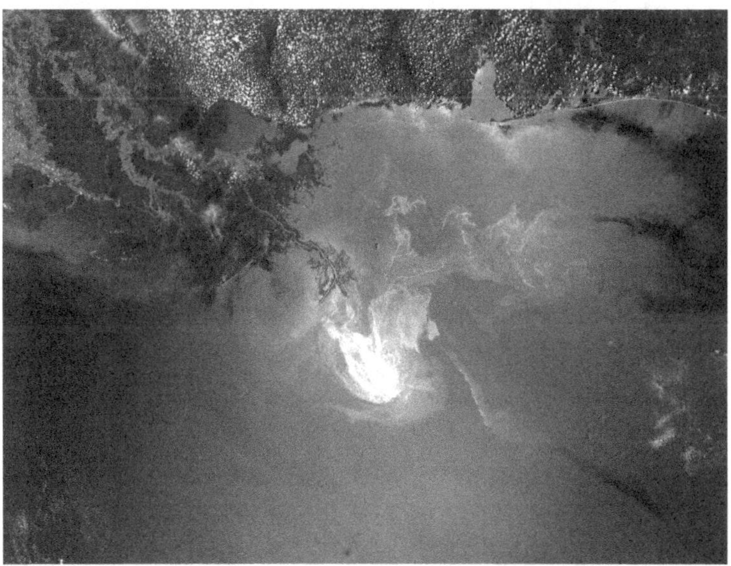

Abb. 6: Oben: Die allegorische *Carte de Tendre*, eine topographische Darstellung der verschiedenen Gefühle des Liebeslebens, von François Cauveau als Illustration zu dem Roman *Clélie* von Madeleine de Scudéry aus dem Jahr 1654. Unten: Eine *Carte de profitabilité*: Ölpest im Golf von Mexiko oder: Folgeschäden und zugleich neues Betätigungsfeld der kapitalistischen Wirtschaft.

Die Zweckanalyse der symbolischen Form des Geldes lässt uns nun endlich der Antwort auf die ursprüngliche Frage näherkommen, woher das Geld seine Stabilität bezieht. Die Antwort könnte schlicht und ergreifend lauten, dass das Geld seinen eigentlichen Zweckcharakter, eine *Karte der Profitabilität* zu entwerfen, auch in seiner utopischen Verdoppelung beibehält. Was als »wahre Kosten« versprochen wurde – und somit eigentlich als Faktor, der die Profitchancen dahinschmelzen lässt –, erweist sich vermutlich in Wahrheit einfach als eine neue Profitchance, nämlich ein neues Geschäftsfeld für den Kapitalismus. Katastrophen, die durch das an der Profitmaximierung orientierte Wirtschaften ausgelöst werden – man denke an die großen Ölkatastrophen wie die der *Deepwater Horizon* im Golf von Mexico 2010 oder den Dammbruch in einer brasilianischen Eisenerzmine bei Brumadinho 2019 –, treffen in der Regel nicht den Kapitalisten, in keinem Fall aber den Kapitalismus als solchen. Dass die Aufräumarbeiten nicht als zweite Katastrophe wahrgenommen werden, weil sie nämlich gesellschaftliche Mittel binden, die sonst andernorts viel besser hätten eingesetzt werden können, sondern im Bruttoinlandsprodukt positiv angerechnet werden, ist in gewisser Weise nur konsequent, weil sie ja wirklich eine wirtschaftliche Aktivität darstellen, die neue Gewinne generiert – und somit »Wohlstand« schafft, wenn wir uns an die Kategorien der Ökonomen halten. Der Kapitalismus überlebt immer, und die Verwüstung, die er hinterlässt, stellt ihm nur wieder ein neues Geschäftsfeld dar: die Renaturierung nach der Verwüstung, und mit beiden lässt sich Geld verdienen. Diese »Faltung« des kapitalistischen Wirtschaftsmodells auf sich selbst scheint es zu sein, was in der utopischen Verdoppelung des Geldes bloß vorweggenommen wird.

Erhellend ist in diesem Zusammenhang Philip Mirowskis Analyse der neoliberalen Antwort auf die ökologische Krise. Drei strategische Schritte zeichnen sich ab, die auf drei verschiedenen Zeitskalen arbeiten. Kurzfristig leugnet der Neoliberalismus den anthropogenen Klimawandel – ein taktisches Manöver, um Zeit zu gewinnen. Mittelfristig implementiert er Märkte für Verschmutzungsrechte, die zwar das Problem nicht lösen, aber durch die

Schaffung neuer Eigentumstitel den Kapitalismus konsolidieren. Langfristig setzt er auf Geo-Engineering. Zwar wird auch damit das Problem nicht an der Wurzel gepackt – CO_2-Ausstoß, Landnutzung, Zerstörung von Ökosystemen –, aber es eröffnet sich ein neues Geschäftsfeld für Privatunternehmen, was Investoren wie Ideologen frohlocken lässt. »Einige wenige Firmen könnten den gesamten Globus als Geisel nehmen, um kurzfristig Gewinne zu erzielen«, fasst Mirowski diese Dystopie in nüchternen Worten zusammen.[132] Der springende Punkt hierbei ist, dass niemand an die Wirksamkeit der Maßnahmen glaubt und glauben muss. Ihr Zweck ist ein ganz anderer.

Diese utopische Verdoppelung des Geldes enthüllt hier ihren vollkommen dystopischen Charakter. Nicht nur werden wir in der Monetarisierung Zeugen, wie sich das moderne Universum gleichsam auf sich selbst faltet und verschließt. Wir sehen darüber hinaus auch, dass dieser Prozess nicht *gegen* entgegengesetzt gerichtete Kräfte durchgesetzt werden muss, sondern diese kapert und als Vehikel des eigenen Anliegens benutzt. Die Kritik selbst wird hier eingebunden in einen Prozess des Abschlusses, der keinen Platz mehr für Kritik lassen wird. Strukturell hat man es durchaus mit einer Art neoliberalem *take over* eines progressiven Projekts zu tun, wie es Nancy Fraser am Fall der Neuen Linken und der *identity politics* beschrieben hat.[133] Es waren Feministinnen (»unsichtbare Arbeit«, »unbezahlte Arbeit«) und Naturschützer (die »wahren Kosten« der Produktion), die zuerst auf die Lücken in den Konten der kapitalistischen Wirtschaftsrechnung aufmerksam machten. Zumindest Erstere waren sich von Anfang an der intrinsischen politischen Uneindeutigkeit einer Forderung wie *wages for housework* bewusst. Mariarosa Dalla Costa und Selma James stellten daher 1972 klar, dass es sich nicht um eine wörtlich gemeinte Forderung handelte, sondern um eine Intervention in den politischen Raum, die letztendlich auf die Zerstörung der traditionellen Rollenverteilung und sogar des gesamten Kapitalismus zielte.[134] *Wages for housework* hieß, dass man den Kapitalismus mit seinen eigenen Waffen schlagen wollte. Aber dieses Kalkül ist nicht aufgegangen. Die subversiv gemeinte Forderung musste ja von den internationalen Organisationen wie den Vereinten Nationen oder der Weltbank einfach nur ihrem Wortlaut nach ernst genommen werden. Als sie endlich in den Nationalen Statistikbehörden ankam, brauchte es nicht einmal mehr bösen Willen seitens der Ökonometriker, um die Forderung in ihr Gegenteil zu wenden. Es reichte, den erlernten Begriffsapparat der Wirtschaftswissenschaft konsequent darauf anzuwenden.

Die Monetarisierung schreibt sich mithin nahtlos in das Manöver ein, das Nancy Fraser als »progressiven Neoliberalismus« bezeichnet hat und in dem die neoliberalen Eliten einen progressiven Diskurs kapern, um eine reaktionäre Agenda durchzusetzen (und damit nebenbei einen Großteil der Linken in komplette Lähmung versetzen). Wir werden hier Zeuge, wie sich die offene und immerhin uneindeutige Moderne zur *hard modernity* verschließt, die keine Alternativen mehr zulässt. Die monetäre Rationalität ist das einzige Gesetz, das in diesem Kosmos waltet. Und es transformiert mit dem Universum auch seine Bewohner. In der universellen Sprache des Geldes spricht, wie wir sahen, nurmehr der »souveräne Konsument«, nämlich der vom Kapital eingesetzte Marionettenkönig. Diese Feststellung schließt eine dramatische Diagnose ein. Für Cassirer und Vygotsky waren Sprache und Symbol nicht nur das Medium eines zweckhaften Weltbezugs. Sie hatten zugleich eine emanzipatorische Komponente, indem sie sich zwischen die Welt und den Menschen schoben und Letzteren von der unmittelbaren Reaktion des tierischen Reiz-Reaktions-Mechanismus befreiten. Das Symbol ist mithin nicht nur Medium des Weltbezugs, sondern auch der Selbstdistanzierung, also Medium eines Weltbezugs, das die überlegte statt der mechanischen Reaktion ermöglicht. In dieser Hinsicht ist das Geld eine paradoxe symbolische Form, da sie als a-signifikante Semiotik (Guattari) die wesentliche symbolische Funktion verfehlt. Das Geld kassiert die emanzipatorische Wirkung der Sprache. Die Konsequenz ist indes kein bloßer Rückfall des Konsumenten in den animalischen Reiz-Reaktions-Mechanismus, sondern nunmehr eine doppelte Knechtschaft. Der Konsument ist wieder Sklave – aber nicht einmal seiner Präferenzen, sondern in erster Linie der Illusion, es seien dies überhaupt seine eigenen Präferenzen. Freiheit heißt für ihn, ungestört dieser Sklave sein zu können.

Mit diesem Befund haben wir aus der Perspektive, die das Geld als Sprache betrachtet, die Ergebnisse der beiden vorangegangenen Kapitel *Chronos* und *Kosmos* reproduziert und bestätigt. Hayek präsentiert das Geld als Lösung des Rätsels, wie sich eine komplexe, hochgradig arbeitsteilige Gesellschaft dezentral organisieren kann, indem jedem Akteur diejenigen Informationen zur Verfügung gestellt werden, die es möglich machen, dass durch individuell-rationale Entscheidungen zugleich ein kollektives Optimum erreicht wird. Demnach wäre Geld eine Lösung und kein Rätsel. Diese Sicht der Dinge ist verführerisch – aber auch trügerisch. Denn das Geld kann nur eine Lösung sein, weil es insgeheim ein Rätsel bleibt. Es erlaubt uns, zu rechnen und rational zu entscheiden, weil es zuvor – aber auf eine uns unbekannte und unverfügbare Weise – die Dinge in Preise übersetzt hat. Diese geheimnisvolle Quantifizierung haben wir in *Chronos* ausführlich untersucht. Sie enthält in kondensierter Form den ganzen Kapitalismus und seine Logik, die sich als eine Ökonomie der Zeit entpuppte: das Geld als eine im Modus des Futur II agierende Maschine der Wertextraktion. Das Geld erlaubt uns mithin zu rechnen, weil es in Wahrheit dadurch selbst rechnet und es seine Logik ist, der wir gehorchen, wenn wir es benutzen, um vermeintlich unsere Logik geltend zu machen. Es liefert uns objektive Informationen über Verhältnisse, die es in Wahrheit selbst erst hervorbringt. Somit verbirgt das Geld sein Rätsel gerade in seinem Auftreten als Lösung.

Zugleich stellt die Sprache des Geldes, die Sprache der Preise, wie wir gesehen haben, eine linguistische Anomalie dar, so wie wir das Geld in *Kosmos* als ontologische Anomalie kennengelernt haben. Natürliche Sprachen geben den Sprechenden eine objektive Welt. Dazu gehören nicht zuletzt auch die Sprechenden selbst und ihr »Inneres«, was bedeutet, dass sie auch ihr eigenes Innenleben vermöge der Sprache objektivieren und sich derart von sich selbst distanzieren können. Aber die Sprachen leisten dies im Modus der *besonderen* Sprachen, deren jeweiligen blinden Flecke nur mühsam durch Übersetzung in andere Sprachen und somit auch immer nur approximativ getilgt werden können. Das Geld tritt als *universelle* Sprache auf, die in der utopischen Verdopplung noch ihre eigenen blinden Flecken auszumerzen verspricht. Der Preis ist hoch: die Preise bilden eine a-signifikante Sprache, die sich auf maschinelle Steuerungsimpulse reduziert und in der sich folglich nichts sagen und über nichts sprechen lässt. Wenn *logos* auf ein einfaches Preissignal reduziert wird, dann ist Hayeks Wissensökonomie nichts anderes als die Darstellung eines Systems konditionierter Reflexe. Der *keystroke*-Kapitalismus übersetzt sich in einen *keystroke*-Logos. In der Steuerung durch die a-signifikanten Preissignale versinkt die Welt vor unseren Augen und wir werden zu Sklaven von Bedürfnissen, von denen wir lediglich glauben dürfen, dass es unsre eigenen sind, während sich hinter unserem Rücken die Logik des sich selbstverwertenden Werts durchsetzt und unsere wohlgehegte Subjektivität dabei nur eine abhängige Variable darstellt.

Dem Fehlen eines Kapitalbegriffs, der die Tiefenstruktur des Geldes hinter seinem Schein als Lösung erhellt, korrespondiert bei Hayek spiegelbildlich das Fehlen einer Tiefenepistemologie, was es ihm erlaubte, mit der Illusion eines »flachen« Wissensbegriffs zu arbeiten, wie er seiner Analyse zugrunde liegt, wonach nämlich Preissignale objektive Informationen einfach einlesen, mitschreiben und ausgeben können. Die heutigen Konsumenten haben diesen *keystroke*-Logos in ihren alltäglichen Praktiken schon verinnerlicht: Wissen reduziert sich auf das, was bei Bedarf im Internet – per Knopfdruck – abgerufen werden kann, Verstehen löst sich in der Metakompetenz des Nutzers auf, wobei auch diese Kompetenz noch einmal interpassiv an die »Faktenchecker« delegiert wird. Wollte Kant unsere selbstverschuldete Unmündigkeit auf den mangelnden Mut und die mangelnde Entschließung zurückführen, sich selbst seines Verstandes zu bedienen, so reicht dieser Verstand heute lediglich dazu, zu wissen, wo man es abruft. Horaz' Vers »Sapere aude. Incipe! – Fasse den Muth, Weisheit zu erlangen. Beginne!«, übersetzen wir heute: Beruhige dich bei dem Gedanken, dass du es googlen könntest.

Die politischen Konsequenzen dieser theoretischen Diagnose liegen auf der Hand. Die Astrophysiker glaubten bis vor kurzem, dass sich ein sogenanntes Schwarzes Loch nur bilden kann, wenn ein Stern am Ende seines Lebens in einer Supernova explodiert, um sodann in sich selbst zu kollabieren. 1604 wurden große Teile der Welt Zeuge eines solchen Ereignisses, das Johannes Kepler als »ungewohnlichen Newen Stern« im Bild des Schlangenträgers beobachtete und beschrieb. Heute diskutiert man aber auch die Möglichkeit, dass eine Gaswolke ohne ein solches letztes spektakuläres Aufleuchten direkt in sich selbst zusammenstürzen könne, um ein schwarzes Loch zu bilden.[135] Einen solchen *direct collapse* erleben wir in einer *hard modernity,* die an sich selbst scheitert, aber auch keine Alternativen mehr zulässt und deshalb am Ende in sich selbst versinken muss. Die utopische Verdoppelung des Geldes, seine Totalisierung und sein Verschwinden in derselben sind der direkte Weg dorthin.

FINALE

Verschwinden und Zu-sich-Kommen des Geldes

Dieses Buch wurde in dem historischen Moment geschrieben, da das Geld im Verschwinden begriffen ist. Mit dem Verschwinden des Geldes ist keineswegs nur das Bargeld gemeint, das zunehmend im elektronischen Zahlungsverkehr aufgeht; im Bargeld beobachten wir nur das gleichsam sichtbarste und offensichtlichste Verschwinden des Geldes. Dieses Verschwinden ist vielmehr Symptom einer viel grundlegenderen Entwicklung, die geradezu als ein Zu-sich-Kommen des Geldes *durch* sein Verschwinden begriffen werden kann.

Das paradoxe Verschwinden im Zu-sich-Kommen bezieht sich zunächst auf diejenige Entmaterialisierung und Entgrenzung, die vor allem infolge der kleinen Sattelzeit Anfang der 1970er-Jahre mit der Entkopplung des Geldes vom Goldstandard und dem System fester Wechselkurse begann, gefolgt von der Deregulierung des Bankensektors, des Kreditsystems und des Finanzmarktes und dem Aufstieg von Investmentbanken und überhaupt des finanzmarktgetriebenen Kapitalismus, mit einer ungeheuren Ausweitung der Geldmenge und der Formen des finanziellen und fiktiven Kapitals. Diese Entwicklung hat einen »Blasenkapitalismus« hervorgebracht, der – vorläufig – in der Finanzkrise von 2008 kulminierte, deren Folgen und Lösungsversuche die eingeschlagene Entwicklung einer Ausweitung von Geldmenge und Finanzkapital aber eher fortsetzen und vielleicht sogar noch verstärken.[136] Auf die Finanzkrise folgten zudem Manifestationen der vielen weiteren Krisen (»Migrationskrise«, Klima-, Corona-, Energiekrise ...), die sich unbewältigt überlagern, die alle einen globalen Charakter annehmen und die ebenfalls von einem *quantitative easing* begleitet werden, ohne dadurch allerdings dauerhaft gelöst zu werden; die Finanz- und Geldpolitik hat eher eine aufschiebende Wirkung, durch die eine ständige Wiederkehr des Verdrängten droht. Kurz, das Verschwinden des Geldes geschieht ausgerechnet durch das ungeheure

Anwachsen einer Geldmenge, die ungreifbar und un*be*greifbar ist, sowohl in ihrer schieren quantitativen Dimension (weltweit sind mehrere hundert Billionen im Umlauf: 14 Nullen) als auch durch die gestaltlose Gestalt der Formen des finanziellen Kapitals und seines unklaren fiktiven Status.

Zu den ökonomischen Techniken des Banken- und Finanzmarkts, der Geldschöpfung und der quantitativen Ausweitung der Geldmenge kam eine neue Technologie, die auf ihre Weise zur Entmaterialisierung und zum Verschwinden des Geldes beiträgt: die Digitalisierung. Hier vollzieht sich das Verschwinden des Geldes, indem es sich in die virtuelle Welt des Digitalen und des Internets, der Daten, Programme und Algorithmen entzieht, sodass das Geld nurmehr als elektronischer Impuls mit Lichtgeschwindigkeit im Nervensystem des globalen Finanzkapitals, den elektronischen Finanznetzen, übertragen wird und zirkuliert.

Aber auch hier besteht das eigentliche Verschwinden nicht in der bloßen Entmaterialisierung: So wie es ausgerechnet die ungeheure Ausweitung der Geldmenge ist, in der das Geld verschwindet, so verschwindet das Geld durch Digitalisierung und Informationsverarbeitung nicht darum, weil die quantitative Übertragung und Vermittlung sich nurmehr quasi entmaterialisiert allein durch elektronische Impulse und in Gestalt gestaltloser Daten vollzieht, sondern weil sich dieses Übertragen in einem Status der *Überlagerung* befindet. Sobald die Vermittlung von ökonomischen Werten in die virtuelle Welt des Digitalen eingeschrieben ist, wird sie überlagert von, vereinfacht gesagt, dem gesellschaftlichen Leben, und zwar sowohl dem gesellschaftlichen Leben jedes Einzelnen wie dem gesellschaftlichen Zusammenhang als ganzem. Denn jedes individuelle ökonomische Handeln, alle Akte von Kauf und Verkauf, können nun durch ihre digitale Übertragung als *Information* lückenlos getrackt, rekonstruiert und gespeichert werden. Dieses Zusammenfallen von Wert und Information ist gleichsam der Punkt der Indifferenz in dieser Überlagerung: Ökonomische Werte sind heute ebenso digitale Informationen, und ebenso werden digitale Informationen ökonomisch in Wert gesetzt. Es ist diese Überlagerung, durch die das Geld gleichsam ungreifbar wird und verschwindet.

Die Entmaterialisierung und die Ungreifbarkeit, die das Geld in der virtuellen Welt erfährt, ist also nur die andere Seite der totalen Auslesbarkeit des Geldgebrauchs und des Geldverkehrs und der punktgenauen Ansteuerung wie Adressierung des Individuums, aber auch von Beziehungen, Gruppen, Clustern und ganzen Bevölkerungen. All die klassischen ökonomischen Gestalten, die das Geld im Kapitalismus in Wert und ins Verhältnis setzte und als Werte vermittelte: Arbeitskraft, Produktionsmittel, Waren, alle diese Gestalten werden nun zugleich als digitale Daten und Informationen in Wert gesetzt, sodass sich ökonomischer Wert und Information überlagern und auch das ökonomische Berechnen und Verrechnen des Geldes mit den digitalen Technologien des Berechnens und Verrechnens von Daten übereinkommt. Das Verwerten von ökonomischen Werten ist daher untrennbar verbunden mit dem Sammeln, Übertragen, Verarbeiten und Verwerten von Informationen, und das Geld wird seinem Wesen als universelle und zugleich spezifisch kapitalistische Technik des Sozialen durch diese Übereinkunft mit dem gesamtgesellschaftlichen Charakter der Informationstechnologien adäquat.

Mehr noch, beide, ökonomischer Wert wie Informationen, werden durch Big Data, Algorithmen und KI berechenbar, steuerbar und sogar – zumindest der Wahrscheinlichkeit nach – vorausberechenbar und antizipierbar, sodass all die individuellen ökonomischen Entscheidungen (oder auch nur Überlegungen, Interessen und Verhaltensmuster, die über »User-Verhalten« registriert werden) nicht nur in dieses Rechnen eingehen – vielmehr ist dieses Rechnen bereits vorab in individuelle Erfahrungen, Erkenntnisse und Entscheidungen eingegangen. Jede und jeder Einzelne wie die Gesellschaft als ganze befinden sich nun von vornherein und unhintergehbar in einer Situation der Verschränkung des Ökonomischen mit allen anderen Lebensbereichen und -situationen, und selbst wenn alle (Be-)Rechnungen der digitalen Technologien scheitern, so wird noch dieses Scheitern unweigerlich erneut in die Technologie und in neue Berechnungen eingeschrieben.

Ausgerechnet in dem historischen Moment also, in dem das Geld seinem nicht-materiellen Wesen durch sein nahezu immaterielles Dasein adäquat wird, und ausgerechnet in dem Moment, in dem es durch seinen Einzug in die Welt des Virtuellen auch seiner universellen Geltung am nächsten kommt, überlagert es sich mit einer Technologie, die ein lückenloses Auslesen, einen ständigen Nachvollzug und eine Formalisierung aller ökonomischen Aktionen und Trajektorien ermöglicht – sowie eine Kontrolle und Steuerung, eine (Voraus-)Berechnung und ökonomische, politische und ideologische »Bewirtschaftung« ebenso des Einzelnen wie von Gruppen und ganzen Bevölkerungen.

So sehr es bei dieser Entwicklung darum geht, die Informationen und Daten zu ökonomisieren, zu bewirtschaften und zu verwerten, so sehr kann dies indes keine rein ökonomische Situation darstellen. Die Überlagerung von ökonomischen Werten und Informationen betrifft unweigerlich auch das Politische und Öffentliche, die Kommunikation, das Kulturelle und das Soziale, die alle neuen, eben auf der digitalen Technologie basierenden Formen der Kontrolle, Regulierung und Steuerung, aber auch der Manipulation unterworfen werden, neuen Formen der Macht und der Herrschaft sowie der Ideologieproduktion und -verbreitung. Wir haben es hier aber auch mit Prozessen der Aktivierung und Mobilisierung zu tun, die insofern unverfügbar sind, als sie zerstreut und dezentral geschehen und im Modus einer Selbstaktivierung und Selbstmobilisierung funktionieren – ohne zentrale Steuerung, *ohne Schaltzentrale der Macht*. So wie einer jeden Politik und einem jeden Souverän – ob dem Staat, dem »Volk«, einer Klasse oder einer Bewegung – das Geld der kapitalistischen Ökonomie letztlich unverfügbar bleibt, so entzieht sich auch die Eigendynamik der Ökonomie des Netzes und der Informationsverarbeitung letztlich einer jeden Autorität und bleibt für alle und jeden unverfügbar.

Diese Unverfügbarkeit: dass das Be- und Verrechnen von Werten und Informationen sich im Zustand der Überlagerung befindet, verschiedene gesellschaftliche Bereiche ineinander verschränkt und zudem weder chronologisch und geschichtlich rekonstruierbar noch formallogisch kohärent nachvollziehbar und aufzuklären ist, diesen unverfügbaren und undurchschaubaren Zustand, den Mark Fisher als kapitalistischen Realismus thematisierte, haben wir

»Hyperfetischismus« genannt. Das Geld verschwindet in einem Zustand, der weder mit den Mitteln von Wissenschaft und Theorie noch durch politische Praxis zu bewältigen ist.

Indes bleibt der Gebrauch des Geldes wie der Informationen genuin kapitalistisch, d. h. all die Berechnungen, so undurchschaubar, selbststeuernd und unverfügbar sie auch sein mögen, sind letztlich, oder vielmehr von vornherein, auf Vermehrung ausgerichtet, auf Vermehrung von ökonomischem Reichtum in rein quantitativer Gestalt, aber auch von Wissen, politischer Macht und Kontrolle, von Einfluss, Aufmerksamkeit, Erregung usw. Die Gegenwart der finanzkapitalistischen Informationsgesellschaft (um ihr einen provisorischen Namen zu geben) wird zum Derivat des Versuchs, diese zukünftige Vermehrung zu berechnen und dadurch ebenso zu antizipieren wie zu bewirken; und noch – oder vielmehr gerade – die Unberechenbarkeit und die Risiken, die dieses Verschränken der Gegenwart mit »ihrer« Zukunft mit sich bringt und zeitigt, soll und muss eingehegt werden, ökonomisch vor allem durch Derivate, die zur Finanztechnik schlechthin aufgestiegen sind.

Doch Derivate und Hedging sind mehr als nur eine ökonomische Bewirtschaftung einer risikoreichen Zukunft, sie sind Symptome des Hyperfetischismus und *das* Signum und Paradigma unserer Zeit. Politisch und ideologisch entspricht diesem Versuch der ökonomischen Einhegung durch Derivate der weltweite Aufstieg des Rechtspopulismus und des neuen Faschismus mit ihren Versprechen, die Entgrenzungen und Zersetzungen, die durch Neoliberalismus, Globalisierung, Finanzkapitalismus, Eliten, Gender- und Queerpolitik usw. angeblich bewirkt werden, ihrerseits einzuhegen durch Maßnahmen des ökonomischen Protektionismus, der kulturellen (völkischen, nationalen, heterosexuellen ...) Identitätssicherung, der politischen Schließung und Grenzsicherung, der Besitzstandswahrung etc.

Aber auch die linken Gegenentwürfe müssen sich dem Verdacht aussetzen, noch in solchen Versprechen der Einhegungen befangen zu bleiben. Wir denken hier natürlich in erster Linie an neo- oder post-keynesianische Konzepte wie die *Modern Monetary Theory* (MMT). Stephanie Keltons These, wonach ein (Geld-)Souverän (ob

Staat, Bankensektor, Finanzinstitute und Kreditschöpfer aller Art) nicht wie ein Haushalt buchführt, sondern seine Geldpolitik (wenn es der Staat ist) an den klassischen Zielen wie Vollbeschäftigung und Preisstabilität ausrichten muss, ist zwar verdienstvoll (wenn es den Staat angeht und dieser eine entsprechende Sozialpolitik betreibt). Aber es ist keineswegs ausgemacht, ob die dem eignen Verständnis nach »postkeynesianischen« Rezepturen der MMT etwas an der kapitalistischen Gigantomachie verändern können. In dieser Gigantomachie, dieser Entfesselung von Kräften, Dispositiven und brachliegenden Ressourcen, ist der Kapitalakkumulationsprozess der Schrittmacher für allerlei Kreativitäten – aber diese Kreativitäten in Musik, Architektur, Schriftstellerei, Performances (allen Bereicherungszusammenhängen in Politik, Technik, Wissenschaft, Öffentlichkeit usw.) sind nicht autotelische Prozesse, sondern direkt oder indirekt auf diesen Akkumulationsprozess rückführbar. Ganz im Gegensatz zu den politischen Machbarkeitsvorstellungen der MMT stehen damit die Chancen eines Ausbeutungsterrors im Modus eines Schneeballsystems oder, wie man in der Ökonomie sagt, Ponzischemas, nie so gut wie heute. Aller Technik zum Trotz ist der Ausbeutungsprozess ungehemmt wie eh und je; die zunehmende Distanzierung (*actio per distans*) anästhesiert den Terror nur. Die Tatsache, dass Geld aus dem Nichts *ad infinitum* »geschöpft« werden kann, dass damit ein titanesker *Green New Deal*, ein universelles Grundeinkommen, ja gar ein »Luxuskommunismus« finanziert werden können, heißt nicht, dass die fundamentalen Antagonismen der kapitalistischen Klassenherrschaft und dass die Notwendigkeit produktiver Verwertung aus der Welt geschafft würden; es heißt im Gegenteil, sie noch wirksamer zu verschleiern und ihren Geltungs- wie Verblendungszusammenhang noch unbarmherziger wirken zu lassen. Nicht nur müssen die Armen dieser Welt ihr Grab selbst schaufeln, sie müssen den Totengräbern noch dankbar sein, ihnen die Schaufeln im Pump auf ihre Zukunft finanziert zu haben.

Diese kurzen Ausführungen zu den Techniken des Finanzwesens einerseits und zu den digitalen Technologien andererseits, zu ihrer wechselseitigen Überlagerung und zu den ohnmächtigen Reaktionen einer in ihren mutigsten Momenten bloß nur neokeynesianischen Linken zeigen bereits, dass das Verschwinden des Geldes nichts mit einer Gesellschaft *nach* dem Geld zu tun hat und auch nicht in diese Richtung geht. Es findet keine Entwicklung in ein »nach« statt, weder im logischen noch im chronologisch-geschichtlichen Sinne. Wir haben mit den drei Dimensionen Chronos, Kosmos und Logos vielmehr drei Weisen des Verschwindens thematisiert, die jeweils zeigen, dass das Geld verschwindet *und zugleich* zu sich kommt. Ja es kommt im Verschwinden zu sich, indem es derjenigen Bestimmung adäquat wird, die es von Anfang an auszeichnete und die es von Anfang an zu verfolgen schien, nämlich seiner kapitalistischen Bestimmung. Das Geld verfolgte seine historische Mission, indem es chronologisch, kosmologisch und logisch seinem kapitalistischen Selbstbezug adäquat wurde und ihn heute gleichsam beschließt:

Chronologisch: Das Geld wird durch seine Entmaterialisierung und durch sein digitales Dasein seinem Wesen adäquat, im Quantifizieren gesellschaftlicher Verhältnisse und im Vermitteln und Verwerten rein quantitativer Größen die Gesellschaft in eine Ökonomie der Zeit zu versetzen und sie in der Geschichte zugleich durch ihre eigene Zeitökonomie hindurchzuführen. Das Geld ist im Quantifizieren und Vermitteln nichts als die Schnittstelle – oder *das* Nichts *als* Schnittstelle – zwischen einer scheinbar vorgängigen und äußeren, von der Natur gegebenen physikalischen Zeit, die durch die Geldfunktionen in Anspruch genommen wird, die je quantifiziert in die Gesellschaft eintritt und der Gesellschaft zum negativen und doch je endlich-quantitativen Wesen wird. Das Geld vergesellschaftet also die Gesellschaft, indem es sie durch seine Funktionen und die Quantifizierung gesellschaftlicher Verhältnisse an das Maß einer scheinbar natürlich-physikalischen Zeit hält und darüber für die Gesellschaft beständig dasselbe zeitliche Selbstverhältnis herstellt, das es durch Werte herausstellt, quantitativ aufbewahrt und gegenwärtig hält, ein Selbstverhältnis, dem es aber durch seine Kapitalform den Freiraum des Prozessierens einräumt. Kurz, durch das Geld erhebt sich die Zeit zum Maß der kapitalistischen Gesellschaft, und das Verschwinden des Geldes im rein quantitativen Prozessieren entspricht einer Zeit, die beständig durch endliche Werte sowohl atualisiert wird als auch nur im Übergehen und mithin im Verschwinden gegenwärtig ist.

Kosmologisch: Das Geld wird im Bereicherungszusammenhang seinem Wesen adäquat in einer *harten Moderne*, in der schließlich alle Bereiche, alle Dinge und alle Eigenschaften als Gelegenheit einer exzessiven Vermehrung wahrgenommen werden. Während das Geld seinem zeitlichen Wesen adäquat wird, indem es, ganz wie die Zeit selbst, gestaltlos wird und die Zeit zugleich rein quantitativ einlöst, wird es der Unabschließbarkeit des Bereicherungszusammenhangs adäquat durch seine ungeheure quantitative Ausweitung – ohne dass absehbar ist, ob das Geld seine eigene Vermehrung und Ausweitung je wird einholen können und auf welche Weise es diese Notwendigkeit des »Einholens« in den Bereicherungszusammenhang einschreibt. Wie kann das Geld auf die Notwendigkeit zurückkommen, durch eine Ökonomie der Zeit quantitativ noch in Wert gesetzt und abgegolten werden zu müssen? Kann das Geld dauerhaft gleichsam »über seine Verhältnisse leben«? Oder stehen Prozesse der Geldentwertung, der Kapitalvernichtung und der ökonomischen Krisen an? Und ist es nicht so, dass noch jede Krise des Kapitalismus zu Strukturwandlungen geführt hat, die seine Plastizität, seine Dynamik, seine Antagonismen und vor allem seine Stabilität vergrößert haben? Verweist diese schier unglaubliche Metastabilität, sich noch durch die eigenen Krisen zu rekonstituieren, nicht auf ein *missing link* in der Kritik der politischen Ökonomie, die am Ursprung des Bereicherungszusammenhanges liegt: dass die allgemeine Bereicherung *per se* knapper Ressourcen durch einen externalisierten Dritten einerseits möglich gemacht wird, dieser Dritte aber andererseits nie die fällige Rechnung stellt? Und hat diese Knappheitsverdrängung nicht genuin mit einem kosmologischen Wandel zu tun, der an die Stelle eines geordneten, endlichen und erschöpfbaren Kosmos ein unendliches All setzt, in dem, ähnlich wie bei immateriellen Ressourcen, Knappheit durch bisher undenkbare und ungedachte Synergien sublimiert wird: Durch ein Geld, das diesen kosmologischen Zusammenhang nicht nur beständig verzeitlicht, sondern ihn als *ex nihilo* und *ad infinitum* geschaffenes Artefakt perhorresziert, ewig verlängert, die Abrechnung immer weiter aufschiebt?

Logisch: Und schließlich wird das Geld logisch seiner Bestimmung adäquat, wenn es alles monetarisiert und somit den monetären Kosmos, der sich quantitativ ins Unendliche erstreckt, qualitativ in sich schließt und auf eine einzige Dimension reduziert. Oder vielmehr wird das Geld durch die totale Monetarisierung nicht logisch seiner Bestimmung adäquat, sondern tautologisch: Wenn noch die Folgen der kapitalistischen Vergesellschaftung nicht nur als Kosten monetär bilanziert werden, sondern auch wiederum finanziell bewirtschaftet werden, etwa indem schädliche Emissionen in finanzielle Assets gewandelt und auf Märkten gehandelt werden oder wenn zukünftige Risiken und Ereignisse durch Derivate ökonomisch bewertet und bewirtschaftet werden, dann verschwindet das Geld gerade durch die totale Austauschbarkeit und seine Allgegenwart. Logisch gesehen ist es potenziell und spekulativ überall und jederzeit anwesend, weil alles durch Geld signifizierbar ist und weil auch Information und Preis endgültig, wenn auch anders als bei Hayek u. a. ursprünglich vorgesehen, austauschbar geworden sind.

Alle drei Dimensionen, Chronos, Kosmos und Logos, haben zum gemeinsamen Fluchtpunkt, dass das Geld in diesen drei Weisen seines Verschwindens seiner kapitalistischen Bestimmung adäquat wird, und konsequenterweise fallen sie tendenziell ebenfalls in einer – um es in der Sprache der Quantenphysik auszudrücken – Überlagerung zusammen. Zwar befanden sich auch Chronos, Kosmos und Logos von Beginn der kapitalistischen Vergesellschaftung an im Status einer Überlagerung. Aber es scheint, dass ihr neuer »Ort« – oder besser ihr gemeinsamer Fluchtpunkt – fortan in jenen ökonomischen Techniken des finanziellen Kapitalismus und in jener Technologie des Digitalen zu suchen ist. Überlagern sich nicht schon jetzt alle drei in derjenigen *dritten Natur*, die von der digitalen Technologie hergestellt wird und in der bereits die Quantifizierung der ersten, äußeren, ebenso wie der zweiten, gesellschaftlichen Natur übereingekommen sind? Und ist nicht diese dritte Natur genau das, was wir Hyperfetischismus genannt haben? Daten und Informationen, Programme und Codes, Algorithmen und KI vermögen nicht nur beide Naturen, sowohl die erste, äußere Natur als auch unsere zweite, gesellschaftliche Natur, in Daten und Informationen zu übersetzen und ihre jeweilige Bedeutung zu generieren – sie sind dadurch ihrerseits zur eigenständigen Wirklichkeit einer dritten Natur geworden. Diese dritte Natur ist die Wirklichkeit ebendieser Signifizierung und Formalisierung sowohl von Naturprozessen als auch der Prozesse des Sozialen durch digitale Informationen, sodass das Rechnen mit der ersten und der zweiten Natur, das einst die neuzeitliche quantifizierende Naturwissenschaft und das kapitalistische Geld auf sich genommen haben, nun in Programme und Algorithmen überführt und durch sie eingelöst wird.

Wie dem Geld entkommen?

Wenn eine (kleine) Philosophie des Geldes mit dem Paradox konfrontiert ist, dass das Geld im Entzug und Verschwinden zu sich kommt, dann muss auch die Frage, wie eine Gesellschaft ohne oder nach dem Geld aussehen könnte, es »zuerst« mit eben diesem Paradox aufnehmen. Aber kann überhaupt etwas überwunden werden, das sich erst im Verschwinden adäquat wird? Was bedeutet dieses Paradox des Geldes für seine Überwindung?

Es war Foucault, der in *Die Ordnung des Diskurses* im Jahr 1966, mithin am Beginn unserer heutigen Ära der digitalen Technologien und der Technologien des Finanzkapitals, für Hegels Philosophie feststellte, dass eine ganze Epoche ihr zu entkommen trachte. Mit Hegels Philosophie waren das Hermetische und die Immanenz seiner spekulativen Dialektik und des »Absoluten« gemeint. Hegels Begriff für dieses Spekulative und Absolute war bekanntlich *Geist*, und die Kritik nach Marx hegte stets den Verdacht, dass dem *Geist* zu entkommen materialistisch gewendet heißen muss, dem kapitalistischen Geld zu entkommen. Doch Foucault fügte hinzu: »Aber um Hegel wirklich zu entrinnen, muß man ermessen, was es kostet, sich von ihm loszusagen; muß man wissen, wie weit uns Hegel insgeheim vielleicht nachgeschlichen ist; und was in unserem Denken gegen Hegel vielleicht noch von Hegel stammt; man muß ermessen, inwieweit auch noch unser Anrennen gegen ihn seine List ist, hinter der er uns auflauert: unbeweglich und anderswo.«[137]

Gilt diese Warnung nicht auch für das kapitalistische Geld? Ist nicht auch unsere Epoche, ja vielleicht das ganze Zeitalter des Kapitalismus gefordert, der hermetischen Immanenz, die im kapitalistischen Selbstbezug des Geldes liegt, zu entkommen? Und können wir auch im Fall des Geldes überhaupt ermessen, was es hieße, sich vom Geld loszusagen und ihm zu entkommen? Hieße dem Geld entkommen nicht, einem ganzen Kosmos, einer Logik und unserem Chronos, d. h. unserer Zeit und Zeitlichkeit, entkommen zu müssen? Ja, ist es nicht auch und gerade, wie es vom Hegel'schen Geist angenommen wurde, unser Denken, das vom Geld herstammt? Dann wäre nicht nur unklar, inwiefern unser Bewusstsein und unsere Rationalität, unser Denken und unsere Denkformen sowie unser Handeln untrennbar mit dem Geld verbunden sind, mit seinen Funktionen und mit seiner Geltung, mit seinem Quantifizieren, Bewerten und Verrechnen unserer gesellschaftlichen Verhältnisse. Unklar wäre auch, wie ein solches durch das Geld bestimmtes Denken überhaupt eine Gesellschaft ohne und nach dem Geld soll *denken können*. Und noch diese Verlegenheit scheint sich zu verlagern, indem sich das Geld ins Netz und die digitalen Technologien entzieht – denn mit dem Geld entziehen sich auch gleichsam unsere Rationalität und unser Denken und Handeln ins Netz. Wenn also Hegels Begriff für den Entzug, durch den die Gesellschaft zugleich zu sich kommt und präsent wird, *Geist* war, so ist dieser Geist heute, sowohl materialistisch gewendet als auch im Sinne der Digitalisierung aktualisiert, der Entzug des Geldes in die digitale Technologie und in eine dritte Natur, die mit und für uns rechnet. Wir müssten demnach unser Denken und Handeln »zuerst« von diesem Entzug her denken; wir müssen von demjenigen Denken her denken, das jenes digitale Geld vollzieht und das sich mit Informationen aller Art überlagert, um so unser Denken mit einem Hyperfetischismus zu konfrontieren.

Genauer gesagt, wäre die gleichsam erste Aufgabe zu begreifen, was das Geld uns seit jeher zu denken *erspart*, denn nur auf diese Weise wäre das Wesen des Geldes angemessen zu ermessen. Nicht nur, dass das Geld, gleich einem überindividuellen Geist, für uns denkt und mit unseren Verhältnissen buchstäblich rechnet, wenn es all unsere Arbeiten, all die individuellen Kapitale und all die Dinge und Leistungen hinter unserem Rücken in ein gemeinsames Verhältnis setzt und vermittelt, während es uns dieses Setzen und dieses Vermitteln zugleich durch und unmittelbar *als* Werte präsentiert und nur durch diese Werte zu denken gibt. Vielmehr gibt es uns durch diese Werte eben ein Setzen und ein Vermitteln zu denken, die es für uns immer schon übernommen und auf sich genommen hat. Es gibt uns in den realisierten Werten also zu denken, was es uns zu tun und denken *erspart* hat und uns doch durch das Geld *gegeben* ist, und so ist es genau dieses Methodische des Geldes, das sich entzieht. Das Geld steht wie der Geist für eine Vermittlung, die unsere ureigenste ist und der wir doch *enthoben* sind.

Unsere Situation ist also in der Tat ganz wie von Foucault für Hegels Geist angedeutet: Insofern wir nicht ermessen können, was das Geld für uns und unsere Gesellschaft bedeutet, können wir auch nicht wissen, wie dem Geld zu entkommen wäre und was eine Gesellschaft nach dem Geld bedeuten würde. Marx wusste dies. Die Forderung der Sozialistischen Deutschen Arbeiterpartei in ihrem »Gothaer Programm«, den gesellschaftlichen Reichtum nach Maßgabe der geleisteten Arbeit zu verteilen, das Geld also *de facto* durch ein Arbeitszeitkonto zu ersetzen, akzeptierte er nur unter äußerstem Vorbehalt: »Womit wir es hier zu thun haben ist eine kommunistische Gesellschaft, nicht wie sie sich auf ihrer eignen Grundlage *entwickelt* hat, sondern umgekehrt, wie sie eben aus der kapitalistischen Gesellschaft *hervorgeht,* also in jeder Beziehung, ökonomisch, sittlich, geistig noch behaftet ist mit den Muttermalen der alten Gesellschaft, aus deren Schoos sie herkommt.«[138] Und insofern wir gar nicht ermessen können, inwiefern sowohl unsere individuelle Subjektivität als auch der »Geist« unserer Gesellschaft dem Geld nicht nur entspringt, sondern dieses geradezu *ist,* können wir vorerst auch nichts an seine Stelle setzen. Nichts kann das Geld übernehmen oder ersetzten, keine Politik und kein Staat, kein Souverän und keine demokratische oder kollektive Organisationsform. Ja, es ist nicht einmal klar, ob wenigstens eine Art Regulierung und Einhegung des Geldes möglich ist. Nicht, weil das Geld so umfassend und total ist, dass es durch keine Politik zu bewältigen wäre, sondern weil im Kapitalismus die Formen der politischen Regulierung, Einhegung und überhaupt des politischen Umgangs mit dem Geld, kurz: diese relative Autonomie, nur die andere Seite der Unverfügbarkeit des Ökonomischen ist.

Die Gesellschaft nach dem Geld, wie wir es kennen

Wir befinden uns also weder in einer Gesellschaft nach dem Geld oder auf dem Weg dahin, noch ist überhaupt eine Gesellschaft nach dem Geld ohne Weiteres denkbar oder könnte gar durch Theorie und Wissenschaft vorweggenommen werden. Aber: Wir befinden uns durchaus in einer Gesellschaft nach dem Geld, *wie wir es kennen*, nämlich nach, vereinfacht gesagt, dem Geld der kapitalistischen Moderne, wie wir es noch in Bressons Film zirkulieren sahen. Es ist *dieses* Geld, das zu sich gekommen und zugleich im Verschwinden begriffen ist: das abstrakt-anonyme, universelle Geld, dasjenige Geld, das einst in jedem Kaufakt spurlos verschwand und als verschwindender Vermittler uns dieselbe Gegenwart, denselben Kosmos, dieselbe Logik durch quantitative Werte präsentierte, in der das Geld selbst existierte – ohne dass es bereits in Information verdoppelt gewesen wäre und ohne dass es, statt spurlos zu verschwinden, in der virtuellen Welt gespeichert und in Algorithmen ein- und durch sie fortgeschrieben würde. Jenes Geld der Moderne war uns selbstverständlich geworden, so selbstverständlich, wie uns bald selbstverständlich und zu einer dritten Natur geworden sein wird, dass das Geld ein elektronischer Träger von Informationen ist und dass diese Informationen *arbeiten* und unsere gesellschaftlichen Verhältnisse und unser Verhalten *ver*arbeiten. Und noch diesen Verlust vermögen wir zwar nostalgisch zu betrauern, aber nicht recht zu ermessen. Wir können nicht einmal wissen, was der Verlust des Geldes der Moderne bedeutet, weil wir nicht ermessen können, was dieses neue Geld bedeutet oder vielmehr, welche Bedeutung es auslesen und speichern, übertragen, verarbeiten und verbreiten und, vor allem, welche Bedeutung es allererst generieren wird.

Will man dem Geld entkommen, muss man also zunächst seinem Entzug folgen, um diesen Entzug zu begreifen – er allein führt »direkt« zum Wesen des Geldes. So wie Gott von Hegel »logifiziert« und aufgehoben wurde, aber als Geist wiederkehrte, und so wie Marx den Geist wiederum materialistisch vom »Kopf auf die Füße« stellen und »vergesellschaften« wollte, indem er den Geist auf den kapitalistischen Selbstbezug des Geldes und die Verwertung des Werts zurückführte, so werden wir in Zukunft das Geld, wollen wir es irgendwie zu fassen kriegen und uns ein Bild von ihm machen, auf eine erneut verschobene Weise suchen müssen: verschoben in die Techniken des finanziellen Kapitals und in die digitale Technologie der Informationsverarbeitung. In diesem ungeheuren Rechnen der Gesellschaft sowohl mit Werten als auch mit Informationen über sie selbst muss das Wissen, muss sich die Produktivkraft und muss sich das Wesen unserer eigenen Gesellschaft befinden – wie in einem gewaltigen Makroprozessor.

Die Verlegenheit der Geld-Gesellschaft

Dass uns das Geld im Entkommen verfolgt oder vielmehr, dass es uns, mit Foucault gesprochen, »nachgeschlichen« ist und uns »auflauert«, zeigt sich in der Verlegenheit, mit der die klassischen Ideen einer zukünftigen, anderen, nicht-kapitalistischen Gesellschaft ungewollt und unbewusst gleichsam vom Standpunkt des Geldes aus entworfen wurden und sich geradezu an die Stelle des Geldes zu setzen versuchten. Ja, sie trachten ausgerechnet das spezifisch Kapitalistische des Geldes, dem es doch zu entkommen gälte, auf sich zu nehmen. Wie ist das gemeint?

Das spezifisch Kapitalistische des Geldes besteht darin, dass es nicht nur die Waren quantitativ ins Verhältnis setzt, sondern auch die Bestandteile ihrer Produktion, und zwar indem es sich selbst in sie verwandeln und in Arbeitskräften einerseits und Produktionsmitteln andererseits qualitative Gestalt annehmen muss. Auf diese

Weise können sich Arbeitskräfte und Produktionsmittel einerseits getrennt voneinander eigenständig entwickeln und differenzieren, müssen aber andererseits zueinander in ein produktives Verhältnis treten, sich als ökonomische Werte verwerten und mit diesen Werten die Objektivität ihres eigenen gesellschaftlichen Verhältnisses erzeugen. Nun war es aber die klassische Idee einer sozialistischen oder kommunistischen Gesellschaft, die gesellschaftliche Bestimmung und die produktive Kraft genau dieser beiden Bestandteile einer bewussten, basisdemokratischen und gesamtgesellschaftlichen Planung und Kontrolle zuzuführen – um so ihrer gesellschaftlichen Bestimmung und produktiven Kraft allererst adäquat zu werden. Ausgerechnet dasjenige Wesen unserer Gesellschaft also, das ins Geld und seinen kapitalistischen Selbstbezug fällt und sich ebenso objektiv wie ungeplant und im Rücken der Akteure vollzieht, das noch im Fortschritt der Produktivkraft sich krisenhaft auswirkt und zu Ungerechtigkeit und Ungleichheit führt, ausgerechnet dieses Wesen sollte einer selbstbestimmten und gesamtgesellschaftlichen Planung unterzogen werden. Ob durch Staat und politische Institutionen oder ob durch Formen der kollektiven, basisdemokratischen (Selbst-)Organisierung und (Selbst-)Verwaltung, stets ging es darum, eine Vermittlung anzueignen, zu übernehmen und in gesamtgesellschaftliche und bewusste Anwendung und Planung zu überführen, die wir im Geld buchstäblich in den Händen halten, die aber durch Geld ebenso buchstäblich entzogen und unverfügbar gehalten ist.

Diese Idee einer anderen, nicht-kapitalistischen Gesellschaft hat sich ebenso gewandelt und aktualisiert, wie die kapitalistische Gesellschaft selbst sich im Lauf der Zeit verändert und entwickelt hat. Einst hatte die sozialistische Arbeiterbewegung mit der Übernahme der industriellen Produktionsmittel ihrer Zeit auch deren politische Machtmittel übernehmen wollen, um sie über den Staat, über Räte oder auch durch Formen der (Arbeiter-)Selbstverwaltung zu organisieren. Durchgesetzt hat sich ein Realsozialismus, der versuchte, über einen zentralistisch-autoritären Planungsstaat die gesellschaftliche Vermittlung durch bürokratische Verwaltung zu organisieren, und da sozialistische Staaten sich vor allem in der kapitalistischen Peripherie durchsetzten und nicht in den »entwickelten« Industrienationen, mussten sie die Industrialisierung auch allererst nachholend ins Werk setzen, samt dem Aufbau einer industriellen Infrastruktur, Elektrifizierung und Alphabetisierung etc., und so glich denn auch die sozialistische Planung dem Muster fordistisch-tayloristischer Arbeitsabläufe und -organisation. In der industriellen Entwicklung schien indes eine solche staatliche Übernahme und bürokratisch-technische Vermittlung von Arbeitskräften und Produktionsmitteln in ihrer beider Konzentration und Zentralisierung, in ihrer Formierung und Homogenisierung schon angelegt und vorbereitet zu sein.

Heute sind Arbeitermassen und Produktionsmittel nicht mehr in den Fabriken und der Industrie konzentriert und zentralisiert. Sie stellen sich im post-industriellen Informationszeitalter und der Dienstleistungsgesellschaft entgrenzt, dezentralisiert und individualisiert dar, was sich einerseits in einer dekonstruktiven und poststrukturalistischen Gesellschaftskritik reflektiert und andererseits zu Konzepten von Biopolitik, General Intellect, Multitide u. Ä. geführt hat. Die Homogenisierung und Formalisierung von Arbeit und Arbeitsorganisation, von Produktion, Wissen und Produktivkraft vollzieht sich nicht mehr durch die klassische Verwissenschaftlichung und fordistisch-tayloristische Organisationsformen, sondern durch Digitalisierung, Codes und Programme, und auch die großen Konzerne der Industrie werden abgelöst von High-Tech-Konzernen, Plattformen und Sozialen Medien. Heute muss daher, so scheint es, kein zentralistisch-autoritärer Planungsstaat mehr die Vermittlung auf sich nehmen, vielmehr scheinen in Plattformen, sozialen Medien, Kommunikationsstruktur, Algorithmen und KI die Möglichkeit einer horizontalen Selbstverwaltung und neue Formen der Autonomie, Selbstbestimmung und -verwaltung angelegt zu sein, ja sie scheinen reif für eine gesellschaftliche Übernahme und Vergesellschaftung zu sein und dies geradezu von sich aus zu verlangen. Kein bürokratisches Planungsmonster muss mehr für uns und anstelle des Geldes rechnen, wir alle rechnen durch unsere kleinen Rechenmaschinen und durch Algorithmen und selbstlernende Systeme auf individuelle Weise zugleich mit unseren gemeinsamen gesellschaftlichen Verhältnissen; wir teilen dasselbe Wissen, das wir im Teilen produzieren, vermehren und kommunizieren – ohne jegliche Vermittlung, weder durch Partei und Staat noch durch Geld und klassische Formen der politischen und ökonomischen Repräsentation. Erneut scheint es, wie schon im Fall der industriellen Massenproduktion, als sei die Produktion quasi bereits an sich sozialistisch vergesellschaftet und gerate zu ihrer kapitalistischen Form und ihren kapitalistischen Produktionsverhältnissen – falls sie nicht bereits schlicht und ergreifend über sie hinausgewachsen ist – in einen immer schärferen Widerspruch.

Doch dass wir noch in den cybersozialistischen Ideen und Entwürfen einer anderen, nicht-kapitalistischen Gesellschaft einfach den Platz des Geldes einnehmen, um an seiner Stelle mit unserer Gesellschaft zu rechnen, nur eben auf bewusste und geplante, gerechte und wahrlich universelle Weise, das ist nur die eine Seite der Verlegenheit, in die uns das Geld bringt. Die andere Seite sind jene Gestalten, sind jene Arbeitskräfte und Produktionsmittel, mit denen das Geld rechnet, indem es sie quantitativ ins Verhältnis setzt und sie als Werte vermittelt. Denn die List des Nachschleichens und Auflauerns ist nichts anderes als die Methode des Geldes selbst: die Methode, sich in dieselben Gestalten zu entziehen, die es ins Verhältnis setzt und vermittelt. Das Geld war nie die Münze in der Tasche oder der Betrag auf dem Konto. Geld ist die Art und Weise unserer Produktion, und diese Produktions*weise,* dieses Methodische muss sich materialisieren.

Es ist dieses Methodische und Technische, das uns nachgeschlichen ist und uns in den Entwürfen einer nicht-kapitalistischen Gesellschaft wieder begegnet und schon auf uns wartet. Denn das Methodische und Technische des Geldes erschöpft sich nicht darin, Produzenten und Produktionsmittel ebenso zu trennen wie ins Verhältnis zu setzen, zu vermitteln und zur Form ihrer Verwertung zu werden, sondern das Methodische und Technische bringt jene Gestalten zugleich hervor und nimmt buchstäblich in ihnen Gestalt an. Das betrifft zuerst das Geld selbst, das jenes Methodische verkörpert und verdinglicht und ihm Gestalt geben muss, ob als Münze und Edelmetall, ob als Papiergeld oder als elektronisches und digitales Geld. Aber während das Geld selbst diesem Methodischen gerade durch seine *Ent*-Materialisierung eine passende Gestalt gibt und ihm adäquat wird, müssen die Bestandteile der Ökonomie, müssen die Arbeitskräfte und die Produktionsmittel dieses Methodische und Technische des Geldes materialisieren und durch ihre besonderen qualitativen Gestalten im Materiellen austragen. Sie sind ihrerseits durch diese Produktionsweise schon produziert worden und auf produktive Verhältnisse ausgerichtet; sie stellen den Entzug des Geldes nicht nur als quantitative Wertgrößen, sondern auch durch ihre qualitative Bestimmung und Beschaffenheit an sich dar und bringen die kapitalistische Bestimmung des Geldes mit, Wert zu erhalten und zu vermehren, ganz so, als ob das Geld in ihren Gestalten auf latente und spekulative Weise anwesend ist und in Kraft tritt. So haben sie in ihren *qualitativen* Gestalten diejenige kapitalistische Bestimmung an sich, die sie *quantitativ* austragen, und weil das Geld die Quantifizierung gesellschaftlicher Verhältnisse *ist* und die Verhältnisse durch Werte überträgt und vermittelt, darum ist das Geld regelrecht in sie eingeschrieben.

Weil die kapitalistische Form der Verwertung und Vermittlung in die Produktionsmittel eingeschrieben ist, darum schien ihr Charakter ambivalent zu sein und war umstritten. Das galt sogar für (Natur-)Wissenschaft und Technik, die einerseits universell und insofern zeitlos gültig und andererseits spezifisch kapitalistisch zu sein scheinen. Aber lassen sich die Produktionsmittel und lassen sich (Natur-)Wissenschaft und Technik umwidmen oder transformieren, können sie in einer anderen Gesellschaft für (ganz) andere Zwecke angewendet werden? Oder sind sie kapitalistisch bestimmt und schon durch die kapitalistische Form produziert? Haben (Natur-)Wissenschaft und Technik einen überhistorischen, universellen Charakter, der offen ist für unterschiedliche Zwecke, oder gilt ihr Universalismus nur in der und für die kapitalistische Produktionsweise und ihre quantifizierende, objektivierende Logik, die Arbeit und Produktionsmittel in Kraft setzt und ihre Produktivkraft steigert? Oder ist ihr Universalismus überhaupt keiner?

Schlagend deutlich wird dieses Dilemma am klassischen Produktionsmittel des Kapitalismus schlechthin, der Maschine. Die Maschine war ursprünglich wohl ein Spielzeug zur kontemplativen Erbauung, aber kein Produktionsmittel zur Anwendung von Arbeitskräften; dann wurde sie Kriegsmaschine zum Raub und war produktiv auf destruktive Weise. Erst die kapitalistische Maschine wird nicht nur zum Produktionsmittel, sie wird Mittel zur Produktion von *Mehrwert*. Die kapitalistische Produktionsweise ist in ihr vergegenständlicht und ist ihr eingeschrieben, weil die Maschine als Wertbestandteil in ein Verwertungsverhältnis eintritt, das produktiv ist, wenn die Produktionsmittel und die Arbeitskräfte als quantitative Größen und Wertbestandteile ins Verhältnis treten – aber so wird die Maschine zum quantitativen Bestandteil des produktiven Umgangs mit einer Zeit, die naturgegeben und universell zu sein scheint, und sie wird zum Mittel der Anwendung und Umsetzung einer (Natur-)Wissenschaft, die ebenfalls universell zu gelten scheint; die Maschine ist Mittel zur Verwissenschaftlichung der Produktion im Maß dieser Zeit.

Auch Marx blieb genau hier, im Fall der Maschine, dem Produktionsmittel schlechthin, ambivalent. Einerseits war er es, der als Erster klar ausgesprochen hat, dass die Maschine nicht den Zweck hat, Mittel der Bedürfnisbefriedigung zu sein, ja nicht einmal den Zweck hat, Arbeit zu erleichtern oder Arbeitszeit zu ersparen. Sie ist eine produktive Maschine, weil sie durch die Reduzierung von Warenwerten auch die Reproduktionskosten der Ware Arbeitskraft senkt und so zur Umwandlung von notwendiger in zusätzliche Arbeitszeit und zur Steigerung der Produktivkraft beiträgt, kurz: zur Produktion von Mehrwert; diese Umwandlung ist gleichsam das Maschinische der Maschine und spezifisch nur für den Kapitalismus. Andererseits sah Marx in dieser Produktivkraftsteigerung einen ungeheuren Fortschritt der Menschheit, und er ging davon aus, dass die Maschine und überhaupt die Produktionsmittel unter anderen gesellschaftlichen Bedingungen anderen Zwecken werden dienen können. Doch was ist nun wahr: Ist die Maschine produktiv nur unter kapitalistischen Bedingungen, nur wenn die beiden Produktionsbestandteile, Arbeitskraft und Produktionsmittel, quantitativ ins Verhältnis treten und Mehrwert produzieren? Oder ist sie ein an-sich neutrales und universelles Mittel, das zu ganz unterschiedlichem und gegensätzlichem Gebrauch offen ist?

Dieselbe Frage wird heute für die universelle Maschine diskutiert, die Rechenmaschine oder den Computer. Auch hier ist umstritten, ob die Formalisierung der Arbeit und der Produktion durch Digitalisierung, Programme, Algorithmen und Informationsverarbeitung neutral sein kann oder ob ihnen unweigerlich unterschiedliche Formen eines kapitalistischen Bias eingeschrieben sind und mit ihnen fortgeschrieben und reproduziert werden, etwa Geschlechterverhältnisse, Rassismus und ökonomische Ungleichheit und Klassenverhältnisse? Und auch hier spannt sich die Diskussion letztlich zwischen denselben zwei Polen auf: Auf der einen Seite steht die Kritik einer kapitalistischen (Herrschafts-)Technik, die es abzuschaffen gilt, und auf der anderen stehen emphatische Erwartungen an die Möglichkeit horizontaler, basisdemokratischer und universeller Formen der Kommunikation und Produktion, der Vermittlung und des (Ver-)Teilens.

Die Frage von Neutralität oder Nicht-Neutralität der Produktionsmittel hängt anscheinend an der Form des Ein- und Fortschreibens selbst: dass nämlich das Geld die kapitalistische Ökonomie – und mithin seine eigene Bestimmung – in all ihre Elemente einschreibt. Darum sind auch und gerade die klassischen physikalischen Maschinen nicht nur Anwendung und Umsetzung von Wissenschaft und Technik, um physikalische Eigenschaften für bestimmte Zwecke zu reproduzieren, sondern dieser natürliche, physikalische Prozess überlagert sich mit der ökonomischen Produktion und Verwertung; in der Maschine überlagert sich die Anwendung einer quantifizierten *ersten* Natur mit der ebenfalls quantifizierten *zweiten*, gesellschaftlichen Natur. Dasselbe gilt für die Formalisierung, die durch Digitalisierung und Informationsverarbeitung in einer Art dritten Natur gelingt. Auch in dieser Formalisierung überlagert sich die Verarbeitung von Informationen mit der ökonomischen Formalisierung und In-Wert-Setzung des Sozialen, die das Geld durchführt.

Kurzum, alle Maschinen, ob klassische physikalische Maschine oder ob die universelle Rechenmaschine, der Computer, sind nur produktiv in einer Gesellschaft, die mit ihnen das Maschinische des Geldes und seine kapitalistische Bestimmung umsetzt: dass sich Produktionsmittel und Arbeitskräfte als Wertbestandteile quantitativ ins Verhältnis setzen und einen Mehrwert produzieren müssen. Und so stellt sich die Frage der Neutralität oder Nicht-Neutralität nicht nur für die Maschine und überhaupt für die verschiedenen Produktionsmittel. Sie stellt sich zuerst für das Mittel der kapitalistischen Produktion schlechthin, die Maschine des Sozialen: das Geld. Auch das Geld scheint einerseits neutrales und universelles Mittel zu sein, und andererseits ist es die Form der kapitalistischen Verwertung schlechthin. Es erhält seine Geltung wie seinen quantitativen Wert durch dieselbe Ökonomie, die es aufseiten der Arbeitskräfte und der Produktionsmittel in Kraft setzt und vermittelt. Und wie bei den physikalischen Maschinen und wie bei der universellen Rechenmaschine, dem Computer, besteht auch beim Geld, der Maschine des Sozialen, das Maschinische in der Formalisierung und Reproduktion von Eigenschaften, die genuin kapitalistisch sind, nämlich in der Formalisierung und Reproduktion von quantitativen Werten, die als ökonomische Eigenschaften der Arbeitskräfte, der Produktionsmittel und der Waren erscheinen.

Das Geld bringt die Suche nach einer post-monetären Gesellschaft also in eine doppelte Verlegenheit. Zum einen entzieht sich das Geld unserem Zugriff und unserem Wissen und ist unverfügbar wie ein Geist, und dieser Entzug existiert heute in den Techniken des finanziellen Kapitals und in den Technologien des Digitalen. Und zum anderen ist das Technische und Methodische des Geldes noch in unseren Vorstellungen und Entwürfen einer anderen, nicht kapitalistischen Gesellschaft präsent; es ist einer Gesellschaft nach dem (kapitalistischen) Geld schon nachgeschlichen oder vielmehr immer schon vorausgeeilt, um uns in unseren Utopien aufzulauern. Wir müssen vertrackterweise, wollen wir eine Vermittlung unserer Gesellschaft und einen produktiven Umgang mit unserer Arbeit und den Mitteln der Produktion auf eine universelle und rationale Weise denken, uns gleichsam an die Stelle des Geldes setzen, und zudem müssen wir mit *seinen* Gestalten produktiv umgehen, mit denjenigen Gestalten, die im Kapitalismus eine »Ökonomie der

Zeit« quantitativ teilen und das in ihrer qualitativen, materiellen Beschaffenheit an sich haben. Sie bringen diese Ökonomie der Zeit in diejenige zukünftige Gesellschaft mit, die doch eine Zeit *nach* dem Kapitalismus sein soll, oder vielmehr, in der die Zeit selbst anders sein soll.

Foucault sprach Hegel die List zu, uns nachzuschleichen und aufzulauern, aber es war Hegel selbst, der genau in diesem Sinne von der »List der Vernunft« sprach. Und ist das Methodische des Geldes nicht diese List der Vernunft? Erscheint es uns nicht als vernünftig, dass wir die produktive Kraft der Arbeit und der Produktionsmittel reflektieren müssen, als ob sie subjektive Eigenschaften der Arbeitskräfte und objektive Eigenschaften der Produktionsmittel seien – obwohl wir doch genau wissen, dass sie diese produktive Kraft nicht unmittelbar an sich haben, sondern nur durch ihr gemeinsames ökonomisches Verhältnis erlangen, und dass dieses ökonomische Verhältnis kapitalistisch ist? Und müssen wir dieses gemeinsame Verhältnis, um es objektiv bestimmen und produktiv nutzen zu können, nicht quantifizieren und auch diese Werte wie Eigenschaften reflektieren, obwohl wir doch wissen, dass auch der Wert ein gesellschaftliches Verhältnis ist? Und *ist* das Geld nicht diese Vernunft, unsere Verhältnisse zu quantifizieren und sie uns durch all die Werte der Arbeitskräfte, der Produktionsmittel und der produzierten Waren auf objektive Weise zu denken zu geben?

In diesen Werten wäre, mit Foucault gesagt, der Preis zu ermessen, den wir zu zahlen hätten, wollten wir dem Geld entkommen.

Abbildungsverzeichnis:

Anmerkungen

1 Charles Baudelaire, *Die Blumen des Bösen.* Übersetzung von Wolf Graf von Kalckreuth, Leipzig 1907.

2 Adrian Martin, »*L'argent:* The Weight of the World«, 2017, {https://www.criterion.com/current/posts/4719-l-argent-the-weight-of-the-world}, zuletzt abgerufen am 21. Februar 2023.

3 {https://newsroom.deatch.paypal-corp.com/PayPal-PoS-Umfrage}, zuletzt abgerufen am 21. Februar 2023.

4 Paul Lafargue, *Das Recht auf Faulheit,* Göttingen und Zürich 1884; Karl Kautsky, »Das Recht auf Arbeit«, in: *Die Neue Zeit,* 2. Jg. (1884), S. 299–303; zur aktuellen Debatte z. B. Nicolas Bueno, »From the Right to Work to Freedom from Work: Introduction to the Human Economy«, in: *International Journal of Comparative Labour Law and Industrial Relations* 33(4) (2017), S. 463–487.

5 Vgl. Frank Engster, »Im Spiegel-Selfie-Stadium. The Downloaded Men. Subjektivierung im digitalen Kapitalismus und der zweite Ursprung der Akkumulation«, in: *Zeitschrift für deutsche Kulturphilosophie* 2 (2018), S. 259–279; ders., »Secondary Original Accumulation and its Complementary Valorization in Illiberal Politics and Art«, in: Anselm Franke und Kerstin Stakemeier (Hg.), *illiberal arts,* Berlin 2021, S. 169–202.

6 Antonio A. Casilli, »Waiting for Robots: The ever-elusive myth of automation and the global exploitation of digital labor«, in: *Sociologias* 23(57) (2021), S. 112–133.

7 {https://www.zionandzion.com/research/food-delivery-apps-usage-and-demographics-winners-losers-and-laggards/}, zuletzt abgerufen am 21. Februar 2023.

8 Aaron Bastani, *Fully Automated Luxury Communism. A Manifesto,* London 2019.

9 Aaron Sahr, *Keystroke-Kapitalismus. Ungleichheit auf Knopfdruck,* Hamburg 2017.

10 Philip Mirowski, »Learning the Meaning of a Dollar: Conservation Principles and the Social Theory of Value in Economic Theory«, in: *Social Research* 57(3) (1990), S. 689–717, hier S. 712 f., deutsche

Übersetzung mit leichten Modifikationen zitiert nach ders., »Die Bedeutung eines Dollars: Erhaltungssätze und die gesellschaftliche Theorie des Werts in der Ökonomie«, in: *Prokla. Zeitschrift für kritische Sozialwissenschaft* Heft 88, 22(3) (1992), S. 388–412, hier S. 406 f.

11 Blaise Pascal, *Gedanken*, Bremen 1777, S. 192 f.

12 Charles Augustin Sainte-Beuve, *Port Royal*, Bd. 2, Paris 1842, S. 492 f.

13 Aldo Haesler, *Hard Modernity. Le perfectionnement du capitalisme et ses limites*, Paris 2018.

14 Siehe Naomi Klein, *The Shock Doctrine. The Rise of Disaster Capitalism.* New York 2007, Kapitel 2 und 3.

15 David Foster Wallace, *This Is Water*, New York 2009.

16 Friedrich Engels, *Der Ursprung der Familie, des Privateigentums und des Staates*, in: MEW Bd. 21, Berlin 1975, S. 110 f.

17 *»There is no essential meaning«, »nothing is fundamental«*, in: Paul Rabinow (Hg.), *The Foucault Reader*, New York 1984, S. 86 und S. 247, unsere Übersetzung.

18 Fragment 115, in Hermann Diels, *Die Fragmente der Vorsokratiker*, Berlin, 3. Aufl. 1912, S. 100.

19 Interview mit Radio Australia, Juni 1998. {https://web.archive.org/web/19991014035948/http://abc.net.au/money/vault/extras/extra1.htm}, zuletzt abgerufen am 21. Februar 2023.

20 Friedrich Nietzsche, *Nachgelassene Fragmente*, in: Werke in drei Bänden, München 1954, Bd. 1, S. 884 f.

21 Karl Marx, *Das Kapital. Kritik der politischen Ökonomie*, Bd. III, in: Marx-Engels-Werke (MEW) Bd. 25, Berlin/DDR 1964, S. 870; ähnlich ders., *Elend der Philosophie*, in: MEW Bd. 4, S. 107.

22 Marx, *Kapital*, S. 62.

23 Karl Marx, *Das Kapital*, Bd. III, in: MEW Bd. 25, S. 825.

24 Marx, *Kapital*, S. 106.

25 Nietzsche, *Nachgelassene Fragmente 1872/73*, S. 156.

26 Nadine de Courtenay, Olivier Darrigol und Oliver Schlaudt (Hg.), *The Reform of the International System of Units (SI). Philosophical, Historical and Sociological Issues*, London 2019.

27 Marx, *Kapital*, S. 62 ff.

28 »Hier gilt es … zu leisten, was von der bürgerlichen Ökonomie nicht einmal versucht ward, nämlich die Genesis dieser Geldform nachzuweisen, also die Entwicklung des im Wertverhältnis der Waren enthaltenen Wertausdrucks von seiner einfachsten und unscheinbarsten Gestalt bis zur blendenden Geldform zu verfolgen.« Marx, *Kapital*,

S. 62 ff. Marx beansprucht, in der Wertformanalyse die Genese des Geldes zu entwickeln. Allerdings ist umstritten, wie diese Analyse zu lesen und wie mithin die Genese des Geldes auszulegen sei. Was immer Marx' eigene Intention mit der Analyse gewesen sein mag – er sagt zwar explizit, die Form des Geldes entwickeln zu wollen, aber er spricht nicht explizit vom Maß, sondern von der »Geldware« als »allgemeinem Äquivalent« –: Der Logik nach lässt sie sich in eine Analogie bringen zum Ausschließen und Fixieren eines Maßes, wie es für die Naturwissenschaft skizziert wurde.

29 Marx, *Kapital*, S. 86.

30 Marx, *Kapital*, S. 101. Ähnlich ist auch in der bereits zitierten Stelle das Ausschließen ein gesellschaftlicher Akt der Waren: »Andrerseits befindet sich eine Ware nur in allgemeiner Äquivalentform (Form III), weil und sofern sie durch alle andren Waren als Äquivalent ausgeschlossen wird.« Ebd., S. 83.

31 Karl Marx, »Thesen über Feuerbach«, in: MEW Bd. 3, S. 7.

32 Achim Landwehr, *Geburt der Gegenwart. Eine Geschichte der Zeit im 17. Jahrhundert*, Frankfurt a. M. 2014.

33 Karl Marx, *Grundrisse*, in: MEW Bd. 42, S. 445.

34 Davor Löffler, *Generative Realitäten I. Die Technologische Zivilisation als neue Achsenzeit und Zivilisationsstufe. Eine Anthropologie des 21. Jahrhunderts*, Weilerswist 2019.

35 Heinrich Rombach, *Substanz System Struktur: Die Ontologie des Funktionalismus und der philosophische Hintergrund der modernen Wissenschaft*, 2 Bde., Freiburg / München 1965/66.

36 Georg W. F. Hegel, »Differenz des Fichte'schen und des Schelling'schen Systems der Philosophie« (1801), in: Hartmut Buchner, Otto Pöggeler u. a. (Hg.), Georg Wilhelm Friedrich Hegel. *Gesammelte Werke* (Hegel Werke), Hamburg 1968, Bd. 4, S. 24.

37 Vgl. Marshall Sahlins in seinen *Sidney W. Mintz Lectures* von 1995: Marshall *Sahlins*, »*The sweetness of sadness*: the native anthropology of Western cosmology«, in: *Current Anthropology* 37 (1996), S. 395–428; David Graeber, »It is that brings universes into being«, in: *HAU. Journal of Ethnographic Theory* 3(2) (2013), S. 219–243.

38 2020 betrug das Weltbruttoinlandprodukt 87,55 Billionen US-Dollar. {https://de.statista.com/statistik/daten/studie/159798/umfrage/entwicklung-des-bip-bruttoinlandsprodukt-weltweit/}, zuletzt abgerufen am 17. Februar 2023.

39 Jeremy Rifkin, *The Age of Access: The New Culture of Hypercapitalism, Where All of Life is a Paid-For Experience*, New York 2000.

40 Clarisse Herrenschmidt, *Les trois écritures. Langue, nombre, code,* Paris 2007.

41 Jean Joseph Goux, »Cash, Check, or Charge?«, in: *Communications* 50 (1990), S. 7–22.

42 Thomas Piketty, *Le capital au XXIe siècle,* Paris 2013, S. 714–723.

43 So hat Achim Szepanski vorgeschlagen, den Warenfetisch kurzerhand durch den Geldfetisch zu ersetzen: {https://non.copyriot.com/kritk-des-konzepts-der-abstrakten-arbeit/}.

44 Georg Simmel, *Philosophie des Geldes,* Berlin und Leipzig 1900.

45 Arthur O. Lovejoy, *The Great Chain of Being. A Study of the History of an Idea,* New York 1963.

46 Benjamin Nelson, *The Idea of Usury. From Tribal Brotherhood to Universal Otherhood,* Princeton: Princeton UP 1949.

47 Philippe Descola, *Par-delà nature et culture,* Paris 2005.

48 Zitiert nach Christof Rapp: *Die Vorsokratiker,* München 1997, S. 45.

49 Als kleines moralphilosophisches Traktat über die »Freude« des Verschuldetseins ist Nathalie Sarthou-Lajus *Lob der Schulden* (Berlin 2013) zu empfehlen.

50 Michel de Montaigne, *Essais,* Übersetzung von Hans Stilett, Frankfurt a. M. 1998, S. 60.

51 Thomas von Aquin, *Summa theologica,* II, II, qu. 77, Art. 1.; vgl. Aldo Haesler, *Tausch und gesellschaftliche Entwicklung. Zur Prüfung eines liberalen topos.* Dissertation, Hochschule St. Gallen 1984, S. 313–320.

52 Agnès Lejbowicz, *Philosophie du droit international. L'impossible capture du droit international,* Paris 1999, insb. S. 77–128.

53 Arthur O. Lovejoy, *The Great Chain of Being. A Study of the History of an Idea,* New York 1963.

54 Wir beziehen uns auf die wichtigen Studien von Laurence Fontaine über die Ausdehnung der Kreditwirtschaft ab 1600 in Frankreich (*L'Économie morale. Pauvreté, crédit et confiance dans l'Europe préindustrielle,* Paris 2009, bzw. *The Moral Economy. Poverty Credit and Thrust in Early Modern Europe,* New York 2014) sowie die ausgedehnte Bibliographie zu diesem Thema in ganz Europa bei Tim Neu, »Geld gebrauchen: Frühneuzeitliche Finanz-, Kredit- und Geldgeschichte in praxeologischer Perspektive«, in: *Historische Anthropologie: Kultur – Gesellschaft – Alltag* 27(1) (2019), S. 75–103.

55 Lucien Goldmanns *Le Dieu caché* (1959) steht daher in enger Resonanz mit Lukács' »transzendent[al]er Obdachlosigkeit«, die er in seiner *Theorie des Romans* formuliert hatte.

56 Simmel, *Philosophie des Geldes,* 3. Aufl. 1920 [1900], S. 128.

57 Elfriede Jelinek, *Rein Gold. Ein Bühnenessay*, Hamburg 2013.

58 Georg Simmel, *Briefe*, Bd. 1, in: ders, *Gesamtausgabe*, Bd. 22, Berlin 2017, S. 119 f., Kommentar.

59 Ausführlichere Angaben finden sich in Aldo Haesler, »Die Doppeldeutigkeit des Fortschritts in der ›Philosophie des Geldes‹ Georg Simmels«, in: H.-C. Binswanger und P. v. Flotow (Hg.), *Geld und Wachstum. Zur Philosophie und Praxis des Geldes*, Stuttgart 1994, S. 61–80.

60 Rolf-Dieter Grass und Wolfgang Stützel, *Volkswirtschaftslehre. Eine Einführung auch für Fachfremde*, München 1983.

61 Bruno Liebrucks, »Über den logischen Ort des Geldes. Vorbereitende Bemerkungen«, in: *Kantstudien* 61 (1970), S. 159–189.

62 https://taz.de/Damals-bei-Adorno/!1406101/

63 Was *genau* bei solchen Transaktionen passiert, haben wir vor einiger Zeit zu erkunden versucht, siehe Aldo Haesler, *Sociologie de l'argent et postmodernité. Recherches sur les conséquences sociales et culturelles de l'électronisation des flux monétaires*, Genf und Paris 1995.

64 Sacha Bourgeois-Gironde (mit Dominique Dimier), *Comment l'esprit vient à l'argent. Etude d'une représentation polymorphe*, Paris 2009.

65 Dan Ariely und Jeff Kreisler, *Dollars and Sense: How We misthink Money and How to Spend Smarter*, New York 2017.

66 Zum Beispiel: »Praxis war der Reflex von Lebensnot; das entstellt sie noch, wo sie die Lebensnot abschaffen will. Insofern ist Kunst Kritik von Praxis als Unfreiheit; damit hebt ihre Wahrheit an. Der Abscheu vor Praxis, die heute allerorten so hoch im Kurs steht, läßt schockhaft sich nachfühlen an naturgeschichtlichen Phänomenen wie den Bauten der Biber, der Emsigkeit der Ameisen und Bienen, der grotesk mühseligen Geducktheit des Käfers, der einen Halm transportiert. Jüngstes verschränkt in Praxis sich mit einem Ältesten; sie wird abermals zum heiligen Tier, so wie es in der Vorwelt als Frevel dünken mochte, nicht mit Haut und Haaren dem selbsterhaltenden Betrieb der Gattung sich auszuliefern.« (Theodor W. Adorno, »Marginalien zu Theorie und Praxis«, in: ders., *Gesammelte Schriften*, Bd. 10/2, Frankfurt a. M. 1997, S. 762.)

67 Georg Helm, *Die Lehre von der Energie historisch-kritisch entwickelt. Nebst Beiträgen zu einer allgemeinen Energetik*, Leipzig 1887.

68 Jacques Lacan, »Du discours psychanalytique (12 mai 1972)«, in: *Lacan en Italie 1953–1978*, Mailand 1978, S. 35: »Maintenant c'est trop tard. La crise, non pas du discours du maître, mais du discours du capitaliste qui en est le substitut, est ouverte. C'est pas du tout que

je vous dise que le discours capitaliste soit moche, c'est au contraire quelque chose de follement astucieux, hein ? De follement astucieux, mais de voué à la crevaison. Enfin c'est après tout ce qu'on a fait de plus astucieux comme discours. Ça n'en est pas moins voué à la crevaison.« Wobei »Scheitern« viel harmloser klingt als »crevaison«. Crevaison hat mit »crever« (krepieren) zu tun, als Mensch, Granate (Rohrkrepierer), Reifen oder Luftmatratze.

69 Patrick Artus und Olivier Pastré, *L'économie post-COVID*, Paris 2020.

70 Christian Enzensberger, *Größerer Versuch über den Schmutz*, München 1968, S. 126.

71 David Ramsay Steele, *From Marx to Mises. Post-Capitalist Society and the Challenge of Economic Calculation*, La Salle 1992.

72 Friedrich August Hayek (Hg.), *Collectivist Economic Planning*, London 1935. Der Band enthält den Aufsatz von Mises sowie Hayeks Weiterentwicklung des Arguments.

73 Paul Samuelson, »A Note on the Pure Theory of Consumer's Behavior«, in: *Economica* V (1938), S. 61–71, und ders., »The Problem of Integrability in Utility«, *Economica* XVII (1950), S. 355–385.

74 Walter Benjamin, »Kapitalismus als Religion«, Fragment von 1921, in: ders., *Gesammelte Schriften*, Bd. VI, Frankfurt a. M. 1985, S. 100–103, hier S. 100.

75 Friedrich A. Hayek, »The Use of Knowledge in Society«, in: *American Economic Review* 35(4) (1945), S. 526 f.

76 Philip Mirowski, »Postface: Defining Neoliberalism«, in: Philip Mirowski und Dieter Plehwe (Hg.), *The Road from Mont Pelerin. The Making of the Neoliberal Thought Collective*, Cambridge (MA) 2009, S. 417–455, hier S. 435.

77 Walter Otto Ötsch, *Mythos Markt. Mythos Neoklassik. Das Elend des Marktfundamentalismus*, Marburg 2019.

78 Mark Twain, *Tom Sawyer und Huckleberry Finn*, München 2012, S. 62 f.

79 Davor Löffler, *Generative Realitäten I*, Weilerswist 2019.

80 Siehe Merlin Donald, »The Exographic Revolution: Neuropsychological Sequelae«, in: Lambros Malafouris und Colin Renfrew (Hg.), *The Cognitive Life of Things. Recasting the Boundaries of the Mind*, Oxford 2010, S. 71- 79.

81 Ernst Cassirer, *Was ist der Mensch?*, Stuttgart 1960, S. 39.

82 Lev Vygotsky und Alexander Luria, »Tool and Symbol in Child Development«, in: R. Van der Veer und J. Valsiner (Hg.), *The Vygotsky Reader*, Oxford 1994, S. 120–122.

83 Cornelius Castoriadis, *L'Institution imaginaire de la société*, Paris 1975, insb. S. 305 ff., S. 335 ff. und S. 362.

84 Georg Cantor, »Beiträge zur Begründung der transfiniten Mengenlehre«, in: *Mathematische Annalen* 46(4) (1895), S. 481–512.

85 Jacques Bouveresse, *Le Mythe de l'intériorité. Expérience, signification et langage privé chez Wittgenstein*, Paris 1987, Kap. 4.1.

86 Cornelius Castoriadis, *L'Institution imaginaire de la société*. Paris 1975, S. 362: »L'opération des schèmes essentielles du *legein [distinguer-choisir-poser-rassembler-compter-dire]* présuppose que ces schèmes ont déjà opéré avant d'opérer et pour pouvoir opérer : comment séparer, si l'on ne dispose pas d'un trait séparateur, lui-même séparable et séparé ?«

87 Ernst Cassirer, *Was ist der Mensch?* Stuttgart 1960, S. 51.

88 Ebd., S. 276.

89 Siehe Louis Couturat, *La Logique de Leibniz d'après des documents inédits*, Paris 1901, S. 98.

90 Siehe Maurizio Lazzarato, »Der ›semiotische Pluralismus‹ und die neue Regierung der Zeichen. Hommage an Félix Guattari«, in: *transversal.at*, Juni 2006, {https://transversal.at/transversal/0107/lazzarato/de}, letzter Zugriff am 17. Februar 2023.

91 Peter Self, *Econocrats and the Policy Process. The Politics and Philosophy of Cost-Benefit Analysis*, London 1975.

92 Ken Alder, »A Revolution to Measure: The Political Economy of the Metric System in France«, in: M. Norton Wise (Hg.), *The Values of Precision*, Princeton 1994, S. 39–71, unsere Übersetzung.

93 G. E. M. de Sainte Croix, »Greek and Roman Accounting«, in: A. C. Littleton und B. S. Yamey (Hg.), *Studies in the History of Accounting*, Homewood 1956, S. 14–74.

94 Karl Marx, *Das Kapital. Erster Band*, in: Karl Marx, Friedrich Engels, *Werke* (MEW), Bd. 23, Berlin 1975, S. 74: »Daß aber in der Form der Warenwerte alle Arbeiten als gleiche menschliche Arbeit und daher als gleichgeltend ausgedrückt sind, konnte Aristoteles nicht aus der Wertform selbst herauslesen, weil die griechische Gesellschaft auf der Sklavenarbeit beruhte, daher die Ungleichheit der Menschen und ihrer Arbeitskräfte zur Naturbasis hatte.«

95 Werner Sombart, *Der moderne Kapitalismus*, München und Leipzig – in der ersten Auflage (1901) siehe Bd. 1, S. 391 ff., ab der zweiten Auflage (1916) Bd. 2, Erste Hälfte, S. 110 ff.; Max Weber, *Wirtschaft und Gesellschaft*, Tübingen 1922, S. 49. Vergleiche auch Eve Chiapelle, »Accounting and the Birth of the Notion of Capitalism«, in: *Critical Persepctives on Accounting* 18 (2007), S. 263–296.

96 Jacques Richard und Alexandre Rambaud, *Economics, Accounting and the True Nature of Capitalism*, London 2022.

97 Karl Marx und Friedrich Engels, *Briefwechsel Januar bis Dezember 1851*, in: Karl Marx, Friedrich Engels, *Gesamtausgabe* (MEGA), Bd. III.4, Berlin 1984, S. 84 und S. 87 f.

98 Jacques Richard und Alexandre Rambaud, *Economics, Accounting and the True Nature of Capitalism*, London 2022, Kapitel 5.

99 Jacques Richard (mit Alexandre Rambaud), *Révolution comptable. Pour une entreprise écologique et sociale*, Ivry-sur-Seine 2020.

100 *Grundrisse*, MEW Bd. 42, Berlin 1983, S. 395.

101 Johann Wolfgang von Goethe, *Wilhelm Meisters Lehrjahre. Ein Roman*, Erster Band, Berlin 1795, S. 81 f.

102 Vgl. Wilhelm Ostwald, *Energetische Grundlagen der Kulturwissenschaft*, Leipzig 1909, S. 2.

103 Jacques Richard und Alexandre Rambaud, *Economics, Accounting and the True Nature of Capitalism*, London 2022, S. 114; zur Bedeutung siehe Raymond de Roover, *Business, Banking, and Economic Thought in Late Medieval and Early Modern Europe*, Chicago 1974, S. 72.

104 Brian Rotman, *Signifying Nothing. The Semiotics of Zero*, Stanford 1993.

105 Karl Marx, *Das Kapital. Kritik der politischen Ökonomie. Erster Band*, in: MEW Bd. 23, S. 562 und S. 609.

106 Arghiri Emmanuel, *L'échange inégal: Essais sur les antagonismes dans les rapports économiques internationaux*, Paris 1972.

107 K. William Kapp, *Planwirtschaft und Aussenhandel*, Genf 1936.

108 Walter Otto Ötsch, *Mythos Markt. Mythos Neoklassik. Das Elend des Marktfundamentalismus*, Marburg 2019.

109 K. William Kapp, *The Social Costs of Business Enterprise*, London 1963, S. 246.

110 Philip Mirowski, *Never let a serious crisis go to waste. How Neoliberalism survived the financial meltdown*, London 2013, S. 115.

111 Zahlen vom US-amerikanischen Gesundheitsministerium, {https://www.hhs.gov/opioids/statistics/index.html}, letzter Zugriff am 17. Februar 2023.

112 {https://theconversation.com/purdue-pharma-taps-a-gilded-age-history-of-pharmaceutical-fraud-112363}, letzter Zugriff am 17. Februar 2023.

113 Melissa Farley et al., »Prostitution and Trafficking in Nine Countries: An Update on Violence and Posttraumatic Stress Disorder«, in: *Journal of Traumatic Practice* 2(3/4) (2003), S. 33–74; S. Zumbeck, F. Teegen, Bernhard Dahme und Melissa Farley, »Posttraumatic stress dis-

orders in prostitutes: Results of a study in Hamburg in the context of an international project«, in: *Zeitschrift für Klinische Psychologie, Psychiatrie und Psychotherapie* 51 (2003), S. 121–136.

114 Karl Marx, *Ökonomisch-Philosophische Manuskripte (1844)*, in: MEW, Bd. 40, S. 538, Anm. 1.

115 *Grundrisse*, MEW Bd. 42, Berlin 1983, S. 723.

116 Alain Supiot, *La Gouvernance par les nombres. Cours au Collège de France (2012–2014)*, Paris 2015, S. 287, unsere Übersetzung.

117 K. William Kapp, *Towards a Science of Man in Society*, Den Haag 1961, S. 109.

118 Hanno Pahl, *Geld, Kognition, Vergesellschaftung. Soziologische Geldtheorie in kultur-evolutionärer Absicht*, Wiesbaden 2022, S. 28.

119 William James, *Der Pragmatismus. Ein neuer Name für alte Denkmethoden*, Leipzig 1908, Kapitel 5.

120 Mark Fisher, *Capitalist Realism. Is there No Alternative?* Winchester (UK) 2009, S. 18.

121 Jean Baudrillard, *La Société de consommation, ses mythes, ses structures*, Paris 1970, S. 46, hier zitiert nach: *Die Konsumgesellschaft. Ihre Mythen, ihre Strukturen*, Wiesbaden 2015, S. 60 f.

122 Johann Heinrich von Thünen, *Der isolirte Staat in Beziehung auf Landwirtschaft und Nationalökonomie. Zweiter Theil, zweite Abtheilung*, Rostock 1863 – vgl. Oliver Schlaudt, *Die politischen Zahlen. Über Quantifizierung im Neoliberalismus*, Frankfurt a. M. 2018, S. 121.

123 Dora L. Costa und Matthew E. Kahn, »The Rising Price of non-market Goods«, in: *The American Economic Review* 93(2) (2003), S. 227–237.

124 Robert Costanza et al., »The value of the world's ecosystem services and natural capital«, in: *Nature* 387 (1997), S. 253–260.

125 Judy Clark, Jacquelin Burgess und Carolyn M. Harrison, »›I struggled with this money business‹: respondents' perspectives on contingent valuation«, in: *Ecological Economics* 33 (2000), S. 45–62; Dan Vadnjal und Martin O'Connor, »What is the Value of Rangitoto Island?«, in: *Environmental Values* 3(4) (1994), S. 369–380.

126 David Pearce, »The Limits of Cost-Benefit Analysis as a Guide to Environmental Policy«, in: *Kyklos* 29(1) (1976), S. 97–112.

127 K. William Kapp, *The Heterodox Theory of Social Costs*, London 2016, S. 146.

128 Ein aktuelles Beispiel: Jason Hickel, Christian Dorninger, Hanspeter Wieland und Intan Suwandi, »Imperialist appropriation in the world economy: Drain from the global South through unequal exchange, 1990–2015«, in: *Global Environmental Change* 73 (2022): 102467, S. 2.

[129] Jeremias Gotthelf, »Die schwarze Spinne«, in: ders., *Bilder und Sagen aus der Schweiz*, Bd. 1, Solothurn 1842, S. 79.

[130] Evgeny Morozov, »Digital Socialism? The Calculation Debate in the Age of Big Data«, in: *New Left Review* 116/117 (2019), S. 46, unsere Übersetzung.

[131] Jason W. Moore, *Capitalism and the Web of Life*, New York 2015.

[132] Philip Mirowski, *Never let a serious crisis go to waste. How Neoliberalism survived the financial meltdown*, London 2013, S. 341; vgl. auch Philip Mirowski, Jeremy Walker und Antoinette Abboud, »Beyond denial«, in: *Overland* 210 (2013), {https://overland.org.au/previous-issues/issue-210/feature-philip-mirowski-jeremy-walker-antoinette-abboud/}, zuletzt abgerufen am 17. Februar 2023.

[133] Nancy Fraser, »Progressive Neoliberalism versus Reactionary Populism: A Choice that Feminists Should Refuse«, in: *NORA* 24(4) (2016), S. 281–284.

[134] Mariarosa Dalla Costa und Selma James, *The Power of Women and the Subversion of the Community*, Bristol 1972.

[135] J. Regan, E. Visbal, J. Wise et al., »Rapid formation of massive black holes in close proximity to embryonic protogalaxies«, in: *Nature Astronomy* 1 (2017): 0075.

[136] Siehe Michael Hudson, *The Destiny of Civilization: Finance Capitalism, Industrial Capitalism or Socialism*, Dresden 2002, S. 174.

[137] Michel Foucault, *Die Ordnung des Diskurses*, Frankfurt a. M. 1988, S. 44.

[138] Karl Marx, »Randglossen zum Programm der Deutschen Arbeiterpartei« (1875), in: *MEGA* Bd. I/25, Berlin 1985, S. 13.